신성종 목사

핵심스마트설교 ①

핵심스마트설교 ①

양은 그의 음성을 듣나니

신성종 목사 지음

도서출판 한글

‖ 머리말 ‖

당신은 왜 사는가?

신성종 목사(크리스천 문학나무 편집인)

우리가 살다 보면 왜 사는지 종종 잊을 때가 있다. 그래서 가끔은 자신에게 나는 왜 사는가 하고 물어볼 필요가 있는 것이다. 사실 산다는 것은 생각처럼 간단하지 않다. 많은 일들이 연결되기 때문에 마침내는 삶의 목적과 목표를 혼동할 수가 있다. 그래서 많은 사람들이 불행해지고 인생에 실패를 한다. 나는 아침에 일어나면 오늘은 무엇을 해야 할 것인가 하고 그날의 계획을 세워 본다. 가장 좋은 방법은 묵상기도를 통해 자신의 모습을 살펴보면서 나를 향한 하나님의 뜻을 찾으면서 목표를 세우는 것이다.

여기서 중요한 것은 인생의 목적과 목표는 다르다는 점을 분별하는 일이다. 목적은 내 인생의 궁극적 이유를 말하는 것이고, 목표란 그 목적을 이루기 위한 구체적인 수단과 방법을 말하는 것이다. 목적은 추상적인 것이 일반적이지만 목표는 구체적인 것이 특징이다. 그러나 많은 사람들은 이 목적과 목표를 혼동한다. 그래서 돈 버는 일에 일생을 다 허비하고 사업을 한다고 허비를 한다. 그러다가 늙고 죽을 때가 되어서야 내가 살아온 목적이 잘못된 것을 발견하고 후회를 하지만 그때는 이미 늦는다. 필자는 대학에 들어간 후에는 등록금을 벌기 위해서 가정교사를 하기도 하고 미국에 가서는 방학 때 농장에 가서 노동을 하기도 했다. 정원에 가서 풀을 깎기도 하고, 식당에 가서 접시 닦는 일을 하기도 했다. 그러나 등록금을 번 후에는 다시 공부하는 데 전념했다. 박사학위를 받은 후에는 가르치고 책을 쓰기 위해서 공부를 지금도 계속하고 있지만 다행히도 목적과 목표를 혼동하지는 않았다. 그러나 방황이 전혀 없었다고 하면 그것은 거짓이다. 그래서 노년이 되어 자신을 살펴보면 남들처럼 벌어놓은 재물은 없지만 한 번도 굶은 적은 없었다. 빈

손으로 왔다가 빈손으로 가는 인생이니 후회는 없다. 그러다 보니 그동안 4만여 권의 책을 읽었고 백사십 권이 넘는 책을 썼다.

나의 인생의 목적은 나의 설교와 강의와 글을 통해 하나님의 영광을 드러내려고 최선을 다한 것이다. 내가 살아온 것이 성공인지 실패인지는 후세가 평가하겠지만 확실한 것은 곁눈질하지 않고 열심히 외길로 살아왔다고 생각한다.

나는 목표를 시간적 순서에 따라 정한다. 어떻게 보면 좀 따분한 삶이기는 하지만 그러나 후회는 없다. 지금까지 살아온 대로 다시 살라고 하면 그렇게 열심히 살 것 같지는 않다. 하나님께 영광이란 목적을 위해 때로는 목회를 했고, 때로는 학교에서 강의를 했고, 선교를 하기도 하였다. 나의 잡념을 정리하기 위해 시를 쓰다가 시인으로 등단하기도 했다.

사랑하는 형제자매들이여, 당신들의 삶의 목적은 무엇이며 그것을 이루기 위해서 어떤 목표를 세우고 있는가? 과연 당신의 목표가 목적과 상충되지는 않는가? 우리들의 삶의 목적은 하나님이 기뻐하시는 것인가? 목표는 당신의 목적과 직접 연결이 되고 있는가? 혹시나 방황하고 있지는 않는가? 인간이 산다는 것은 간단하지 않기 때문에 방황할 때도 없지 않지만 그러나 그것이 하나님께서 기뻐하시는 것인가를 자신에게 자주 물어보아야 한다.

그때 필요한 것이 묵상기도이다. 많은 사람들은 예배 때만 묵상기도 하는 것으로 알고 있지만 아침마다 일어나서 매일 매순간 점검해 보지 않으면 허송세월을 할 수 있음을 잊지 말자.

이번에 심혁창 장로님의 도움으로 그동안 내가 설교했던 내용들을 모아 수십 권의 책들을 출판하게 된 것을 주님께 감사한다. 별로 잘 쓴 글들은 아니지만 많은 후배 목사들에게 자신의 설교와 비교해 보고 또 요약해서 나름대로 살을 붙이면 좋은 자기 설교가 되리라 믿고 감히 나의 치부들을 내놓는다. 일반 성도들은 가족과 함께 큰소리로 읽어보면 큰 은혜가 될 것이다.

작은 종 신성종 드림.

목 차

환상을 본 후에

(행16:1-10)

바울은 제1차 선교여행을 끝내고, 제2차 선교여행을 어디서부터 시작해야 할지 결정하려고 비시디아의 안디옥에 머물러 있었습니다. 그런데 6절에 보니까 놀라운 일이 벌어졌습니다. "성령이 아시아에서 말씀을 전하지 못하게 하시거늘", 성령이 금하셨다는 것입니다.

여기서 우리는 선교에 있어서 성령의 주도권이 얼마나 중요한가를 기억해야 합니다. 성령이 때때로 우리를 저지함으로써 단계적으로 인도하십니다. 그러므로 우리의 계획이 이루어지지 않을 때에도 낙심하지 말아야 합니다. 왜냐하면 성령의 또 다른 계획이 있기 때문입니다. 때로는 우리의 원하는 것이 안 되는 것도 하나님의 인도하심이란 말입니다. 우리는 하나님의 주권을 인정해야 합니다.

놀라운 것은 성령께서 아시아로 가는 길을 막으셨고(6), 다음에는 비두니아로 가는 것도 막으셨고(7), 다만 드로아로 가도록 하셨다는 것입니다(8). 그리고 9절에 보면 그 유명한 마게도냐인의 환상을 보여주셨습니다. 이 환상을 본 후에 바울의 유럽 선교와 세계의 복음화는 이루어지게 됩니다.

1. 환상의 중요성

잠언 29:18절에 "묵시가 없으면 백성이 방자히 행하거니와 율법을

지키는 자는 복이 있느니라"고 했습니다. 방자히 행한다는 말은 '망한다'
는 뜻입니다. '벌거숭이가 된다'는 뜻입니다. 이것은 이스라엘과 유다의
두 분열왕국이 환상을 잃고 난 뒤에 망하게 된 역사적인 교훈을 우리들
에게 연상케 해줍니다. 그래서 호세아는 "내 백성이 지식이 없으므로 망
하는 도다"(호4:6)라고 탄식했습니다. 그 지식은 우리들이 흔히 말하는
그런 이론적인 지식이 아닙니다. 하나님이 누구이시며 우리들이 순종해
야 할 그의 뜻이 무엇인가를 아는 계시의 지식을 말합니다.

2. 우리에게 주시는 오늘의 환상은 무엇입니까?

우리는 우리가 처한 현실 속에서 환상을 발견해야 합니다. 야곱이 꿈
을 꾼 것은 편안할 때가 아니라 광야에서였습니다. 그 꿈은 땅에서부터
사닥다리가 하늘에 닿는 그런 꿈이었습니다. 환상은 땅과 하늘을 연결
시키는 고리가 되어야 한다는 뜻입니다.

당시 바울은 유럽의 복음화에 대한 환상을 가지고 있었습니다. 그것
이 선교로 표현되었을 때에 세계는 변했습니다.

3. 어떻게 환상의 사람이 될 수 있는가?

야곱이 광야에서 꿈을 가지게 된 것은 하나님께서 주신 것입니다. 요
셉이 꿈을 가지게 된 것도 하나님께서 주신 것입니다.

(1) 믿음의 사람이 되어야 합니다. 다음은 기도의 사람이 되어야 합니다.

그러면 성령과 함께 비전을 가지게 됩니다. 성경은 말합니다. "말세에
내가 내 영으로 모든 육체에 부어 주리니 너희의 자녀들은 예언할 것이
요, 너희의 젊은이들은 환상을 보고, 너희의 늙은이들은 꿈을 꾸리라"
(행2:17).

(2) 비전과 꿈은 밤에 더 분명하게 가지게 됩니다.

본문 9절에 "밤에 환상이 바울에게 보이니"라고 했습니다. 비전과 환상은 밤에 가지게 됩니다. 인생의 밤에 가지게 됩니다. 고난과 역경의 밤에 비전을 가지게 됩니다. 낮에는 별이 잘 안 보입니다. 그러나 밤에는 누구나 별을 볼 수 있습니다.

4. 환상을 주실 때 우리들이 해야 할 것은?

11절의 말씀처럼 순종만 하면 됩니다. "드로아에서 배로 더나 다모드라게로 직행하여 이튿날 네압볼리로 가고". 결코 생각해 보고가 아닙니다. "예, 주님. 제가 가겠습니다." 하고 즉시 순종하면 놀라운 하나님의 역사가 나타납니다.

중요한 것은 비전과 환상을 가진 사람은 절대로 다른 일에 전념해서는 안 됩니다. 왜냐하면 그의 비전과 환상이 사라지기 때문입니다.

맺는 말

히 11:13절에 "이 사람들은 다 믿음을 따라 죽었으며 약속을 받지 못하였으되 그것들을 멀리서 보고 환영하며 또 땅에서는 외국인과 나그네라 증거하였으니". 히브리서 11장에 나오는 위대한 믿음의 영웅들은 다 '멀리서 보고', 즉 비전과 환상을 가지고 신앙의 생활을 하였다는 것입니다. 우리도 비전과 환상을 가지고 살면 우리들에게도 놀라운 역사가 일어날 줄로 믿습니다.

박해는 부흥의 시작

(행4:1-12)

사람은 누구나 고난과 역경이 있습니다. 바라기는 이 고난과 역경이 우리들에게 축복이 되기를 축원합니다.

바람이 불 때 배는 오히려 빨리 달릴 수 있듯이 박해가 일어나면 신앙은 깊어지고, 부흥이 시작됩니다. 이것은 지금까지 기독교가 걸어온 2000년의 역사입니다.

1. 박해의 의미

교회에 시험이 크게 일어나면 바로 부흥을 알리는 신호입니다. 핍박이나 시험이 많은 교회는 성령의 역사도 크게 일어납니다. 마찬가지로 핍박과 시험이 시작되면 이것은 바로 개인적인 축복의 시작이기도 합니다. 언제나 부흥과 축복은 박해나 시험과 함께 오기 때문에 우리들은 박해와 시험을 두려워해서는 안 됩니다.

본문에도 박해가 일어날 때 믿는 사람들이 5천 명이나 되었다고 했습니다. 한국도 일제 때 수많은 순교자를 내었고, 그 결과 해방 후에 놀라운 성장을 가져왔습니다. 땅도 비가 온 후에 단단해집니다.

그러면 박해와 고난과 시험의 의미는 무엇입니까?

(1) 박해와 고난과 시험은 바로 축복을 받게 하는 그릇 준비의 신호입니다. 아브라함과 요셉의 경우가 그런 것이었습니다.

아브라함은 세 가지의 어려움을 당했습니다.

첫째는 가나안 땅에 일어난 기근이었습니다. 그러나 그때 아브라함은 불행하게도 인간적인 방법을 사용했습니다. 가뭄이 없는 애굽으로 내려갔습니다. 그것은 아주 쉬운 방법입니다. 그러나 그 결과 거짓말을 하게 되었고, 또 하나님이 도와주지 않았더라면 그의 아내를 빼앗길 뻔했습니다.

둘째는 조카인 롯과의 불화와 첩과 아내 사이에 일어난 갈등이었습니다. 물론 아브라함과 롯의 두 사람 사이에는 아무런 문제가 없었지만 그러나 종들 사이에 우물 문제로 다툼이 일어났습니다. 이때에 아브라함은 조카인 롯에게 먼저 우선권을 주어서 네가 우하면 나는 좌하고, 네가 좌하면 나는 우 하리라고 양보를 했습니다.

그러나 아들을 얻기 위해서 첩인 하갈을 취한 것은 아브라함의 신앙이 흔들렸다는 증거요 실수였습니다. 아브라함의 제일 큰 시험은 하나님께서 주신 하나밖에 없는 아들 이삭을 제물로 바치라고 했을 때였습니다. 이때 아브라함은 주신 이도 하나님이시오 달라는 분도 하나님이시니 능력 많으신 하나님이 또 주시지 않겠느냐 하고 바치려고 했을 때 하나님께서 말씀하셨습니다. "내가 이제야 네가 하나님을 경외하는 줄을 아노라"(창22:12)고 믿음의 조상의 자격을 얻게 되고, 마침내는 하나님의 친구라는 인정을 받게 된 것입니다.

요셉의 경우도 그릇 준비하는 기회였습니다. 요셉은 부잣집 아들로 태어나 세상물정 모르고 자랐습니다. 그러나 그가 형들의 시기를 받아 겨우 죽임을 면하고, 애굽의 종으로 팔려가서 보디발의 집에서 종노릇할 때 고생이 얼마나 많았겠습니까? 여기서 그는 성실을 배웠습니다. 게다가 모함까지 받아 옥에 갇혔을 때에 그 고생은 말로 할 수 없을 정도였을 겁니다. 그러나 그가 갇힌 곳이 바로 정치범들이 수용되는 곳이

어서 그는 그곳에서 정치, 경제, 사회 등 많은 것을 들었고 배웠습니다. 그것이 바로 애굽의 총리가 되는 자격을 얻게 한 것입니다. 배우지 못한 요셉에게 대학 중에 최고의 대학인 고생대학을 졸업하게 한 것입니다. 이 고생을 통해서 요셉의 인격이 다져지고, 세상을 보는 눈이 생기고, 사람들을 구별할 수 있게 된 것입니다. 고난은 연단을 통하여 자격을 구비하게 하는 축복을 담는 그릇을 준비하는 것입니다.

(2) 하나님의 뜻을 깨닫게 하려고 박해와 고난을 주실 때도 있습니다.

초대교회에 박해가 온 것은 당신 성도들이 멀리 가서 전도하지 않으니까 이들을 흩어놓기 위해서 핍박이 왔습니다. 사도행전 8:4절에 "그 흩어진 사람들이 두루 다니며 복음의 말씀을 전할세"라고 했습니다. 마태복음 28:19절에 보면 주님은 제자들에게 복음을 모든 민족에게 전하라고 했습니다. 그러나 제자들은 하지 않았습니다. 사도행전 2장을 보면 제자들이 마가의 다락방에서 성령의 충만을 받았습니다. 이제는 복음을 전해야 합니다. 그러나 그들은 여전히 주변에서만 맴돌고 있었을 뿐 멀리 가서 복음을 전하지 않았습니다. 그래서 하나님께서 사용하신 방법이 바로 핍박을 통해서 흩어놓는 방법이었습니다. 사도행전 8:4절을 보면 마침내 제자들과 성도들은 살기 위해서 예루살렘을 떠나 여기저기로 흩어졌습니다.

(3) 다윗의 경우를 보면 죄의 대가로 고난이 많았습니다.

밧세바와의 관계로 음행과 살인을 하여 그 사이에서 태어난 자녀가 죽고, 다말이란 딸이 배 다른 오빠인 암논에게 강제로 폭행을 당하고, 압살롬이 그 형을 죽여서 가족 간에 불행한 사건이 계속되었습니다. 그뿐입니까? 가장 사랑하는 압살롬이 아버지를 배신하여 반역을 일으키고, 그 결과 얼마나 많은 고생을 했습니까? 그래서 하나님의 마음에 합한 사람이 되었습니다. 그러므로 우리가 당하는 고생과 시험이 비록 죄의 결과라고 해도 결과적으로 우리들에게 회개할 기회를 주고, 마침내는 축복의 시작이 되는 것입니다.

 (4) 우리에게 핍박이 있고 고난이 오는 것은 세상 줄을 끊으라는 하나님의
     뜻이 있는 것입니다.

 참 이상한 것은 하나님께서 우리에게 물질을 주시고, 복을 주시면 "감사합니다." 하면서 전보다 더 신앙생활을 잘해야 하는데 실제는 그렇지 않습니다. 오히려 더 게을러지고, 비루해지고, 매를 맞아야 그제야 정신을 차리고 신앙생활을 하는 경우가 많습니다. 우리들에게 고난이 있으면 세상 줄을 끊으라는 신호일 수 있습니다.

2. 박해가 올 때 초대교회는 무엇을 했는가?

 스데반의 순교를 시작으로 유대교인들은 베드로와 요한을 체포하고 기독교인들을 핍박을 가하기 시작하였습니다. 오늘 본문 1절에 보면 이들을 체포하였습니다. 3장에 보면 앉은뱅이가 치유함을 받게 되었는데 그때에 수많은 군중들이 사도들을 따랐습니다. 그 흥분과 소란은 사람들의 주의를 끌기에 충분했습니다. 지금도 거룩한 무질서가 필요합니다.

 (1) 베드로와 요한이 어려움을 겪고 있을 때에 교회는 더욱 똘똘 뭉쳤고,
     전도하였습니다.

 박해를 두려워하지 않았습니다. 우리가 주님을 증거하는 일 때문에 박해를 받아본 적이 있습니까? 놀라운 것은 너무 평안할 때에는 주님의 권능을 체험하지 못합니다. 그러나 핍박이 있고 시험이 심하게 일어날 때에 더욱 기도하게 되고, 또 주님의 임재를 체험하고 권능이 나타납니

다. 그 체험이 있을 때에 교회는 부흥하고 개인은 복을 받습니다.

(2) 초대교회가 고난을 이긴 것은 주님의 약속을 믿는 가운데 기도했기 때
문입니다.

사도행전 12:5절에 "이에 베드로는 옥에 갇혔고, 교회는 그를 위하여
간절히 하나님께 빌더라". 바로 이렇게 기도할 때에 기적이 일어났습니
다. "홀연히 주의 사자가 곁에 서매 옥중에 광채가 조요하며 또 베드로
의 옆구리를 쳐 깨워 가로되 "급히 일어나라 하니 쇠사슬이 그 손에서
벗겨지더라"(행12:7).

우리 개인에게 핍박이 있습니까? 역경이 다가왔습니까? 기도하라는
하나님의 명령인 것을 믿으시기 바랍니다.

(3) 금식하면서 하나님께서 모든 문제를 해결해 줄 것을 기다렸습니다.

금식은 국가적인 위기를 당할 때 하였습니다. 슬픈 일을 당할 때 금
식하였습니다. 큰 걱정이 생길 때 금식하였습니다. 임박한 위험이 있을
때 금식하였습니다. 직분을 받게 될 때에도 금식하였습니다. 그러므로
금식은 큰 문제를 해결하는 비결입니다.

3. 우리 개개인에게 다가오는 박해를 우리는 어떻게 해야 할 것인 가?

(1) 무엇보다도 모든 것을 부정적으로 보지 말고, 긍정적으로 보고 대처해
야 합니다.

긍정적으로 보는 사람에게는 박해나 시험이 다 연단의 기회로 보고,
축복을 주시려는 하나님의 뜻으로 보는 것입니다.

(2) 환난과 핍박이 올 때에 어떤 마음가짐을 가져야 하는가?

첫째로 겸비해야 합니다. 내가 얼마나 연약한가를 깨닫고, 주여 도와
주지 않으면 나는 감당할 수 없습니다. 하고 겸비해야 합니다
둘째로 회개할 것을 찾아 기도해야 합니다. 절대로 남을 원망하지 말
고, 나의 잘못을 깨달아야 합니다.
셋째로 주님의 뜻을 거역한 것이 무엇인가를 찾아내야 합니다.
넷째로 주님을 더욱 굳건하게 붙들고 의뢰해야 합니다.
다섯째로 주님께 온전히 순종해야 합니다. 우리는 조건적으로 순종하
였고, 반만 순종하였기에 백지 수표를 쓰듯이 완전히 내어 맡
기지 못했습니다.
여섯째로 인내하여야 합니다. 참지 못하여 죄를 지은 것이 많습니다.

맺는 말

핍박과 고난은 부흥의 시작입니다. 그래서 야고보는 1:12절에서 "시
험을 참는 자는 복이 있도다. 이것에 옳다 인정하심을 받은 후에 주께
서 자기를 사랑하는 자들에게 약속하신 생명의 면류관을 얻을 것임이니
라"고 했습니다. 그러므로 연단하여 자격을 갖게 하시고, 하나님의 도구
로 쓰심을 믿고, 고난과 역경이 왔을 때에 주님을 더욱 붙들고, 의뢰할
수 있기를 축원합니다.

가정과 치유사역

(행9:30-35)

사탄이 세상에서 제일 먼저 시작한 것이 가정의 파괴였습니다. 왜냐하면 가정은 작은 교회이기 때문입니다. 사탄은 아담의 가정을 파괴하는데 성공했습니다. 아담의 아들인 가인이 동생 아벨을 죽일 정도로 가정교육에 실패하였기 때문입니다.

누가 가정교육에 실패하는가?

자기의 문제를 해결하지 못하는 사람은 가정교육에 실패합니다. 아담은 자기의 아내 하나 제대로 다루지 못했습니다. 오히려 선악과를 따먹는데 동참했습니다.

본문 31절에 초대교회의 성장의 비결이 나옵니다.

첫째는 평안하여 화목하였다고 했습니다.

둘째는 든든히 서 가고 안정이 있었다.

셋째는 주를 경외함과 믿음이 있었다.

넷째는 성령의 위로로 진행하여, 성령의 위로함이 있었다.

이것은 작은 교회인 가정도 마찬가지입니다. 이런 네 가지의 역사가 있을 때에 가정은 행복의 시온소가 되고, 행복을 만들어 내는 공장이 되고, 행복을 가르치는 학교가 됩니다.

우리 가정의 문제점이 무엇인가?

한마디로 말해서 사랑과 신뢰와 진실의 불이 꺼졌을 때 문제가 생깁니다. 왜 그런가? 다섯 가지의 경우에 위기가 있습니다.

(1) 소명의식이 상실될 때입니다.

가정에 대한 소명의식이 계속되어야 합니다. 소명의식이 사라지면 결혼의 근본목적을 상실하게 됩니다.

결혼의 목적이 무엇인가요? 크게 네 가지입니다.

첫째는 연합입니다.

성경은 교회와 주님과의 신비적 관계로 부부관계를 비유하였습니다. 에베소서 5장 23절에 "이는 남편이 아내의 머리됨이 그리스도께서 교회의 머리됨과 같음이니 그가 친히 몸의 구주시니라". 남남이었던 사람이 그리스도 안에서 만나 하나님의 축복 가운데 끊임없이 연합을 경험하는 것이 바로 결혼의 첫 번째 목적이란 말씀입니다.

둘째는 완성입니다.

창 2:28절에 "사람이 독처하는 것이 좋지 못하니 내가 그를 위하여 돕는 배필을 지으리라"고 했습니다. 여자는 남자를 돕기 위해서 창조된 존재이고, 남자는 여자의 도움이 없이는 절대로 완전할 수 없는 존재입니다. 여기서 완전이란 생활의 완전만이 아닙니다. 영적 필요와 정신적 필요와 인격적 필요를 주고받음으로써 서로 성숙해 가는 것입니다.

셋째는 축복의 계승입니다.

창1:28절에 "하나님이 그들에게 복을 주시며 그들에게 이르시되 생육하고, 번성하여 땅에 충만 하라, 땅을 정복하라. 바다의 고기와 공중의 새와 땅에 움직이는 모든 생물을 다스리라 하시니라". 하나님께서 아담과 하와를 창조하신 목적이 축복하시는 일이었습니다. 그 축복을 자녀들을 통해서 계승하는 것도 목적입니다.

넷째는 천국의 구현입니다.

흔히 연애할 때 보면 눈과 눈 사이에 남들도 볼 수 있도록 사랑의 불이 왔다 갔다 합니다. 지금의 상태는 어떤가?

연애시절로 돌아가려면 먼저 아내가 남편에게 예뻐 보여야 합니다.

그러면 언제 아내가 예뻐 보일까요?

20대에는 예쁜 아기를 낳아주면 됩니다.

30대에는 집이 왜 이렇게 좁아요 하고 종알거리지 않으면 됩니다.

40대에는 남편에게 보약이나 비아그라를 사다 주면 됩니다.

50대에는 남편의 건강에 관심을 가져주면 됩니다.

60대에는 당신 젊었을 때 참 멋있었지 라고 해주면 됩니다.

70대에는 우리 죽거든 함께 묻힙시다 라고 해주면 됩니다

결혼에는 누구나 위기가 옵니다. 특별히 중년기가 그런 때인데 이때가 제2의 사춘기입니다. 몇 가지의 혼란이 일어납니다. 그것은 정체성의 혼란, 신체의 변화, 감정의 변화, 가정생활의 스트레스, 직장생활의 스트레스 그리고 빈 둥지의 허무입니다. 이럴 때 우리에게 사명감이란 것이 있으면 위기를 잘 극복할 수 있습니다.

(2) 부부간에 책임감을 망각했을 때입니다.

부부간엔 항상 책임감이 있어야 합니다. 남편은 아내에 대하여 그리고 아내는 남편에 대하여 사명감이 있어야 합니다. 책임감이 없는 가정은 불행한 가정입니다. 남편이 가정에 대한 책임감이 없으면 그 가정은 깨어집니다.

아내가 남편으로부터 원하는 것이 무엇인가?

첫째는 안정감을 갖는 것이고

둘째는 남편으로부터 애정표현을 받는 것이고

셋째는 남편과 대화를 하고 싶어 하고

넷째는 남편으로부터 경제적 지원을 받는 것이고

다섯째는 남편이 가정에 대한 책임을 함께 져주는 것입니다.

아내가 남편으로부터 원하는 책임감은 아내를 보호해주고 자녀에 대한 책임을 져주기를 원합니다.

(3) 의사소통에 혼선이 생길 때입니다.

한 지붕 밑에 산다고 저절로 의사소통이 되는 것은 아닙니다. 여자는 돈이나 가져다주는 남편을 원하지 않습니다. 오순도순 이야기하는 잔재미 있는 남편, 친구가 되어주는 남편을 원합니다.

(4) 경제적으로 관리하지 못했을 때입니다.

가정에 경제적으로 문제가 생기면 경제 자체보다는 서로가 짜증을 내고, 서로가 책임을 상대방에게 떠맡기는데 더 문제가 있습니다. 그리고 다른 사람들과 비교를 하게 되면 비교의식 때문에 문제가 생기게 됩니다.

(5) 외부에서 적이 침입했을 때입니다.

가정은 외부의 침입으로부터 안정을 유지해야 합니다. 아브라함의 가정에서도 하갈이라는 제3의 여자가 개입이 되니까 가정의 평화가 깨어졌고, 불안과 고통이 시작이 되었습니다. 외부로부터 이상한 전화가 와도 안되고 이상한 사람이 찾아 와도 가정에 문제가 생깁니다.

맺는 말

가정의 위기를 가져오는 문제점들과 치유를 위해서는 가장 중요한 것은 주님을 가정에 주인으로 모시는 것입니다. 왜냐하면 주님 안에 해결방법이 있기 때문입니다. 주님의 십자가는 부부와 가정을 연결시키는 비결이기 때문입니다.

양은 그의 음성을 듣나니

(요10:1-6)

1. 본문의 배경

요한복음 1장을 흔히 선한 목자장이라고 부릅니다. 구약에 보면 하나님을 목자라, 오실 메시야를 목자라고 불렀습니다. 목자라는 개념은 양이란 개념과 서로 짝이 되는 개념입니다.

시편 23편 1절에 "여호와는 나의 목자시니 내가 부족함이 없으리로다"는 구절은 주일학교 아이들도 잘 아는 구절입니다. 이 구절의 뜻은 여호와를 목자로 삼고 있는 한 자족하는 생활을 할 수 있다는 뜻입니다.

이사야 40:11절에 "그는 목자같이 양 무리를 먹이시며 어린 양을 그 팔로 모아 품에 안으시며"란 구절은 목자 되신 하나님의 하시는 일이 무엇인가를 잘 보여줍니다.

예레미야 31:10절에서도 여호와께서 목자가 그 양 무리에게 행함같이 지키시리로다고 했습니다.

에스겔 34장에서는 자기만 먹이는 이스라엘의 목자들에게 화가 있을 것을 말씀하면서 목자가 없으므로 양들이 흩어지며 들짐승의 밥이 되었도다고 한탄했습니다.

스가랴 11:7절에 보면 하나님께서 이스라엘의 목자가 되셔서 두 개의 막대기로 그들을 먹일 것이라고 했습니다. 두 막대기란 하나는 은총의 막대기요 다른 하나는 연락(연합)의 막대기라고 했습니다.

시편 23편에서는 지팡이와 막대기라고 구별하여 말씀하고 있습니다. 지팡이란 능력을 말하고, 막대기란 사랑의 채찍의 의미입니다.

시편 100:3절에 "우리는 그의 백성이요, 그의 기르시는 양이로다"고 했습니다.

신약에 보면 예수님은 무리들을 보시면서 "그 목자 없는 양 같음을 인하여 불쌍히"여기셨다고 했습니다.

그런데 이 목자는 어진 왕을 뜻할 때에도 사용되었고, 능력 있는 지도자를 말할 때에도 사용된 은유입니다.

본문에서의 목자는 주님 자신을 말하고, 양의 무리는 교회를 의미하고, 문지기는 성령을 의미하고, 양떼들은 교인들을 의미하는 것입니다.

2. 우리에게 주시는 세 가지 교훈은?

(1) 우리의 참 목자는 누구인가를 가르쳐 줍니다.

목사는 본래 목자라는 뜻입니다. 목자란 말은 방목하는 사람이란 뜻입니다. 그런데 이 세상에는 네 가지 종류의 목자가 있다고 했습니다.

첫째는 1절에 보면 절도(竊盜) 타입의 목자입니다.

둘째는 같은 구절에 강도(强盜) 타입의 목자입니다.

셋째는 12절에 보면 삯꾼 타입의 목자입니다.

넷째는 5절에 보면 타인(他人) 타입의 목자입니다.

그러나 다섯째는 11절에 나오는 선한 목자 타입의 목자가 있습니다.

절도와 강도 타입의 목자들의 특징은

첫째로 문으로 들어가지 않는다는 것과

둘째는 양을 삼키는 자들이란 점이고

셋째는 오직 자신만을 위해서 목양한다는 것입니다.

절도와 강도의 차이는 절도는 속여서 목양을 하고, 강도는 힘과 협박으로 목양을 한다는 차이점뿐 거의 비슷한 성격을 가지고 있습니다.

삯꾼 타입의 목자의 특징은

첫째로 위험이 다가올 때에 피한다는 것

둘째는 자신이 받는 임금만큼만 봉사하고 절대로 희생적인 면이 없다는 점입니다.

넷째 타입의 목자는 타인 타입입니다.

양떼의 형편에 대해서 전혀 관심이 없고, 다만 이용만 하는 것입니다. 그러나 우리가 알아야 할 것은 선한 목자가 게십니다. 바로 우리 주님이십니다.

(2)우리의 선한 목자 되신 주님이 하시는 일을 보여줍니다.

첫째는 양떼들을 인도해 주십니다.

4절에 "앞서 가면". 뒤에 가면서 인도하는 것이 아니라 앞서 가면서 인도합니다. 마치 이스라엘 백성들이 광야에 있을 때에 낮에는 구름기둥으로 밤에는 불기둥으로 이스라엘을 인도하셨던 하나님처럼 앞서 가면서 인도하시는 것입니다. 그것도 3절의 말씀처럼 "의의 이름을 각각 불러 인도하여 내느니라"고 했습니다.

우리의 목자가 되신 주님은 푸른 초장과 잔잔한 물가로 양떼들을 인도합니다. 그런데 양들이 얼마나 게으른지 모릅니다. 특히 식곤증이 아주 심합니다. 그래서 한 곳에 누워 있으면 되새김을 하면서 그냥 졸고 있습니다. 해가 지면서 누웠던 곳에 그늘이 없지만 움직일 줄 모릅니다. 그래서 반드시 목자들은 염소를 함께 기릅니다. 양이 움직여야 할 때

안 움직이면 주인은 염소를 풀어 놓습니다. 그러면 염소는 돌아다니면서 양들을 일으켜 세우고 몰고 갑니다. 그래서 운동을 시킵니다. 소화가 잘 되도록 만들어 줍니다. 이처럼 주님은 지금도 우리의 유익을 위해 어떤 때에는 이해되지 않는 일을 하시기도 합니다.

둘째는 언제 어디서나 양떼들을 보호해 주십니다.

밤이 되면 맹수들이 나타납니다. 특별히 이리떼들이 제일 무섭습니다. 늑대들도 나옵니다. 다윗은 목자 생활 속에서 자기의 양떼들을 보호하기 위해서 연습했던 것이 마침내 골리앗을 물리치는데 사용될 줄은 아무도 상상할 수 없었습니다.

유독 양은 자신을 보호할 지혜도 힘도 없습니다. 그래서 희생 제물로 드릴 때에도 조금도 반항하지 않습니다. 따라서 목자가 보호하지 않으면 자신의 힘으로는 아무것도 할 수 없습니다.

이사야 53:6절에 "우리는 다 양 같아서 그릇 행하여"라고 했습니다. 우리도 마찬가지입니다. 그래서 주님도 제자들을 파송하면서 하신 말씀이 무엇입니까? 내가 너희를 이리가운데 보내는 것과 같다. 그러니 비둘기처럼 순결하고, 뱀처럼 지혜로우라고 했습니다. 이것이 바로 양들이 세상을 살아갈 때에 가져야 할 자세입니다.

셋째는 잃은 양들을 찾아 헤맵니다.

양들은 목자가 한눈을 팔면 금방 어디로 가버리기에 길을 잃습니다. 왜 주님이 세상에 오셨습니까? 잃은 양들을 찾아 구원하기 위해서입니다. 그러므로 우리도 잃은 양들에 대한 관심을 가져야 합니다.

넷째는 양들을 위해서 자신을 희생합니다.

15절에 "나는 양을 위하여 목숨을 버리노라"고 했습니다. 목자는 양들을 위해서 시간을 희생하는 것은 물론 필요한 경우에는 자신이 죽는 한이 있어도 양들 곁에 있습니다. 주님이 십자가에서 우리를 위해 희생

제물이 되어 죽으신 것은 바로 이런 사랑을 잘 보여주는 내용입니다.

　(3) 주님의 양들인 우리가 어떻게 해야 복을 받을 수 있는지를 말해 줍니
　　 다.

　첫째 우리는 자신을 믿지 말아야 합니다.

　양은 힘도 없지만 어리석기 때문에 맹수와 대항할 무기가 없습니다.
그러나 양들의 특징은 목자를 찾지 않습니다. 그래서 "우리는 다 양 같
아서 그릇 행하여"라고 한 것입니다.

　둘째 목자만을 믿고 따라야 합니다.

　목자는 경험이 많고, 양들을 위하여 항상 준비하고 다니기 때문에 어
떤 때 어떤 경우에도 목자만 놓치지 않으면 됩니다. 목자가 함께 있는
한 안전합니다. 목자가 지정한 경내에만 있으면 안전하고 자유롭습니
다. 언제나 풍성합니다. 그러나 목자를 떠나면 언제 웅덩이에 빠질지
모릅니다.

　셋째 우리를 떠나지 말아야 합니다.

　요한복음 10장에 보면 두 가지 종류의 양 우리가 나옵니다.

　먼저는 산간벽지에 있는 양을 몰아들이기 위해서 돌로 에워 쌓아 만
든 것입니다. 여기에는 문이 없습니다. 다만 목자가 문 앞에 앉아서 가
로막고 있을 뿐입니다. 7절에서 예수님께서 내가 양의 문이라고 했을
때에 바로 이런 사정을 생각하면서 말씀하신 것입니다.

　다음은 보다 섬세하게 만들어진 것입니다. 이것은 동네나 마을에서
볼 수 있습니다. 거기에는 문이 달려 있습니다. 양들은 밤중에 문지기
의 보호를 받습니다. 아침이 되면 목자가 양 우리에 가서 양들을 하나
씩 불러냅니다. 그리고 다음에 양들을 목자가 푸른 초장으로 인도합니
다.

그러면 '양 우리'는 무엇입니까?

첫째 유대교입니다.

주님은 이들을 유대교에서 불러내어 밖으로 인도하시기를 원합니다. 왜냐하면 우리가 영원한 안식처가 되지 못하기 때문입니다.

둘째 양 우리는 교회입니다.

그 안에만 있으면 안전합니다. 자유롭습니다. 풍성합니다. 그러나 건물로서의 교회당을 말하는 것은 아닙니다. 교인들의 모임입니다. 그래서 새 신자들은 반드시 교회에 들어가서 성도들과의 교제를 나누어야 합니다. 이것이 없으면 언제 이리 떼들에게 물려 가는지도 모르게 사라집니다.

참으로 풍성한 삶을 살려면

(요10:10)

1. 구원이란 무엇인가?

(1) 죄 용서함을 받는 것(애굽에 가면 독사와 족제비가 아주 많음)

그런데 독사가 족제비를 물면 그 독으로 인해 금방 죽습니다. 그런데 놀라운 것은 독을 제거시키는 풀이 있습니다. 이 풀을 족제비가 뜯어 먹으면 죽지 않고 금방 살아납니다. 우리는 다 사탄이란 독사에게 물려 지금 죽어가고 있는데 예수님께서 십자가에서 죽으심으로 용서하여 주셨습니다. 문제는 믿고 영접해야 합니다. 그러면 예수님의 피가 우리 죄의 독을 다 씻어주고 깨끗케 하십니다.

(2) 천국에 가는 것

구원은 이 땅에서 끝나는 것이 아닙니다. 영원한 천국으로 가는 것입니다.

2. 우리는 실제로 풍성한 삶을 살지 못하고 있습니다.

세계 곳곳에 가난으로 인해 죽어가는 사람들이 너무도 많습니다. 나는 국제기아대책위원회 이사이기 때문에 소말리아, 르완다 등 여러 곳에서 일어나고 있는 일들을 잘 알고 있습니다. 왜 인간은 가난, 질병, 무지로 인해 고통스러운 삶을 살아야 하는가? 그 이유는 인간에게 죄,

그 중에서도 미움이란 병으로 인해 질병에 걸리고, 불신과 교만으로 인해 싸우고 고통을 당하기 때문입니다.

그러므로 우리 모두가 풍성한 삶을 살기를 바랍니다. 과연 풍성한 삶이란 무엇인가요?

하나님의 자녀로서의 삶을 사는 것을 말합니다. 구체적으로 말하면

(1) 인간의 가장 큰 문제점은 죄책감입니다.

여기서 해방되어 하나님의 자녀의 지위(양자됨)를 가지는 것을 말합니다. 죄는 인간을 노예화합니다. 무서운 것입니다. 여기서 모든 인간의 불행은 시작되기 때문입니다.

(2) 이미 주신 것을 누리며 자족하며 사는 것입니다.

우리 집 아이들은 내일을 염려하지 않습니다. 용돈이 떨어져도 아버지가 주실 것이고, 내일도 밥을 먹여줄 것이고, 옷이 해지면 또 사줄 것이라고 믿고 삽니다. 그래서 항상 염려 없이 기쁨으로 삽니다. 그런데 우리 인생은 무엇을 쌓아놓고 살려고 하기 때문에 항상 부족을 느낍니다. 인생이 죽을 때까지 쌀 80가마니만 있으면 충분합니다. 인간에게 참으로 필요한 것은 그렇게 많은 것이 아닙니다. 문제는 욕심입니다.

(3) 하나님의 자녀들에게는 유산이 있습니다.

우리들에게도 수많은 유산이 있습니다. 바로 천국입니다. 문제는 예수님이 유일한 중보자이십니다. 예수님을 통해서 주십니다. 그러므로 주님 모시고 살면 모든 것이 합력하여 선을 이룹니다.

3. 풍성한 삶을 사는 비결은?

(1) 영적 세계를 소유할 때입니다.

영적 세계는 나의 죄를 회개하고 예수님을 나의 구주로 믿으면 됩니다.

(2) 생명의 주가 되신 주님의 뜻에 따라 살면 됩니다.

그 비결은 시편 23:1절에 나옵니다. "여호와를 나의 목자로 삼고 있는 한 부족함이 없으리로다." 목자로 삼는다는 말은 나의 양됨을 인정하고 그의 인도하심에 따라 사는 것을 말합니다.

(3) 믿음, 소망, 사랑을 가지고 날마다 승리하며 사는 것입니다.

그리스도로 말미암아

(롬1:1-7)

1. 로마서는 성경이란 반지의 다이아몬드와 같은 부분입니다.

물론 성경의 모든 말씀이 다 귀하지만 그 중에서도 로마서는 그 핵심이요 결론입니다. 그래서 좀 어렵기는 하지만 그러나 역사를 보면 많은 사람들이 로마서를 통해서 은혜를 받고, 깨달음을 얻고, 힘을 얻고, 변화 받은 것을 볼 수 있습니다. 종교개혁가인 루터나 칼빈이 그렇고, 현대의 최대의 신학자인 바르트가 그랬습니다. 지금도 수많은 목회자들과 성도들도 로마서를 통해서 큰 변화가 일어나고 있습니다. 그래서 저는 시간이 있는 대로 로마서를 강해하려고 합니다. 여러분들도 큰 은혜를 받기를 바랍니다.

2. 인간에게는 두 가지 태어남이 있습니다.

(1) 자연인의 태어남은 어머니의 뱃속에서 태어남으로 이루어집니다.

(2) 하나님의 자녀의 태어남은 성령을 통한 중생으로 이루어집니다.

그런데, 이 중생, 거듭남은 하나님의 부르심으로 시작됩니다. 오늘 사도 바울이 말하고 있는 1절의 "사도로 부르심을 받아"란 말이나 6절의 "예수 그리스도의 것으로 부르심을 입은 자니라"에서 보여주는 부르심은 바로 하나님의 자녀로 태어날 때 일어나는 현상입니다.

3. 하나님의 부르심의 종류는?

(1) 일반적 부르심

가장 대표적인 구절이 구약의 이사야 43장 1절(너는 두려워 말라, 내가 너를 구속하였고, 내가 너를 지명하여 불렀나니 너는 내 것이라), 또 55장 1절(너희 목마른 자들아, 물로 나아오라. 돈 없는 자도 오라)는 구절이나 신약의 마태복음 11:28절(수고하고 무거운 짐 진 자들아 다 내게로 오라 내가 너희를 쉬게 하리라)는 구절들입니다.

(2) 특별한 부르심

오늘의 본문 1절의 "예수 그리스도의 종 바울은 사도로 부르심을 받아."

중요한 것은 우리가 신자가 되는 데는 물론 특별히 직분자가 되는 데는 반드시 하나님의 부르심이 있다는 점입니다. 문제는 본인이 그것을 깨달았는가 못 깨달았는가입니다. 여러분들은 하나님의 자녀로 부르심을 받았다는 확신이 있습니까? 없다면 오늘 이 시간을 통해서 새로운 확신을 가지시기 바랍니다. 특별히 직분자들은 내가 하나님의 부르심을 받았다는 확신이 없이는 결국 하나님이 하시는 일에 방해꾼밖에는 안됩니다.

이 세상에는 세 가지 종류의 사람들이 있습니다.

(가) 하나님의 하시는 일에 협력자

(나) 모든 일에 구경꾼

(다) 하나님의 일에 방해꾼.

우리는 다 하나님의 하시는 일에 협력자가 될 때에 축복을 받고, 참으로 의미 있는 삶을 살게 됩니다. 그런데 우리가 참으로 하나님의 하시는 일에 협력자가 되려면 먼저 조건이 있습니다. 그것은 하나님의 부르심의 체험입니다. 6절을 함께 읽겠습니다. "너희도 그들 중에 있어 예수 그리스도의 것으로 부르심을 입은 자니라." 나는 하나님의 부르심을 받았다고 믿는 분들은 다 같이 한번 아멘 하시기 바랍니다.

4. 왜 하나님이 우리를 부르시는가?

1절을 다 같이 한번 같이 읽겠습니다. "예수 그리스도의 종 바울은 사도로 부르심을 받아 하나님의 복음을 위하여 택정함을 입었으니."

（1）하나님의 복음을 위하여 부르셨습니다.

그러면 복음이 무엇입니까? Good News가 바로 복음입니다. 아주 옛날 헬라시대에는 전쟁에서 승리를 했을 때 그것을 복음이라고 불렀습니다. 그러나 신약시대에 와서는 예수님께서 전파하신 소식이 바로 복음이었습니다. 쉽게 말씀드리면 Good News란 God News입니다. 요즈음 신문에 보면 참 소식이 많습니다. 그러나 한국의 소식을 보면 노태우 얘기를 빼면 없습니다. 얼마 전에는 성수대교가 무너졌다느니 삼풍백화점이 무너졌다느니 웬 대형사고가 계속 일어나고 있습니다. 소식이란 것이 다 나쁜 소식일 뿐입니다.

엘에이의 신문을 보니까 거기도 좋은 소식보다는 나쁜 소식들뿐입니다. 그래서 오늘의 우리들에게 참 좋은 소식은 하나님의 소식, God News뿐입니다. 믿습니까? 그러면 하나님의 복음의 핵심은 무엇입니까? 바로 예수 그리스도입니다. 이 주님을 위해서 우리는 부르심을 받은 것입니다. 이것을 바로 깨달을 때에 우리의 삶의 의미가 결정되고, 삶의 방향이 결정되고, 삶의 질이 결정됩니다. 그러므로 저와 여러분들은 복음과 관련된 삶을 살아야 합니다.

(2) 상처를 싸매주고 사랑하고 섬기라.

그리스도의 손이 되어 많은 사람들의 상처를 싸매주고, 도와주고, 사랑하고 섬기라고 부르신 것입니다. 주님이 하시던 일을 계속하라고 부르신 것입니다.

5. 복음과 관련된 삶을 살려면?

(1) 먼저 하나님의 은혜부터 받아야 합니다.

그러나 불행하게도 우리는 은혜란 말을 잘못 이해하고 있습니다.

(예화) 은혜 받았습니다. 졸고도 나갈 때 인사법으로 변하고 있습니다. 재미있게 설교를 들었으면 은혜 받았다고 합니다. 이것을 영어로 변역하면 I received grace. 이런 영어가 있습니까? good message 라고 하든가 아니면 I enjoyed your sermon very much.라고 말합니다.

(2) 은혜 받는 비결은?

여러 가지가 있습니다만 본문에는 두 가지의 비결이 나옵니다.

첫 번째 비결은 '성도로 부르심을 입은 자 모든 자들에게' 하나님의 은혜가 임합니다. 두 번째 비결은 7절 하반절에 '하나님 우리 아버지와 예수 그리스도로 좇아 임합니다.' 평안도 하나님 우리 아버지와 예수 그리스도로 좇아 임합니다. 그런데 많은 사람들은 다른 데서 평안을 찾습니다. 바로 여기에 문제가 있습니다.

다음으로 중요한 것은 하나님이 은혜를 주실 때 우리들에게 그 은혜를 받는 손이 있어야 합니다. 그 손이 다름 아닌 '믿음'이란 손입니다. 그러므로 하나님 우리 아버지와 예수 그리스도를 통해서 은혜받기를 원하시는 분들은 다 믿음의 소유자가 되시기를 축원합니다.

(3) 은혜 받은 뒤에는?

5절에 보면 "직분을 받아"라고 했습니다. 은혜 받으면 그냥 평신도로 지나면 안 됩니다. 믿음이 성장하지 않습니다. 우리가 건강하려면 운동을 해야 하듯이 교회에서 봉사해야 믿음이 성장합니다. 왜 직분을 받습니까? 직분은 오래 나온 사람들에게 주는 벼슬이 아닙니다. 명예직도 아닙니다. 섬기는 직분입니다. '믿어 순종케 하나니'. 믿음의 본질은 순종하는데 있습니다. 직분의 본질도 섬기는데 있습니다. 은혜 받은 뒤에는 믿고 순종하는 자리에 임해야 합니다.

6. 믿으면 어떤 결과가 오는가?

(1) 먼저 마음의 평강이 옵니다.

죄의 사함을 받게 되었을 때에 제일 먼저 찾아오는 것이 바로 마음의 평강입니다.

(2) 가정의 화평이 찾아옵니다.

미국에서 가장 큰 부자의 한 사람이 휴즈라는 부자였습니다. 유명한 배우들과 염문을 피우기도 하고, 에버 가드너 같은 사람과 결혼도 하고. 그러나 그가 죽을 때 마지막 남긴 말은 '나는 참으로 불행했다'고 했습니다. 인간은 돈 가지고 행복한 것도 아니고, 높은 자리에 올라간다고 행복한 것도 아닙니다. 예수 믿어야 행복합니다. 사죄함을 받고 하나님의 자녀가 되어야 행복합니다.

(3) 평강

이란 다른 말로 말하면 하나님의 나라가 이루어진다는 뜻입니다. 이것을 마음의 천국이라고 말합니다.

(4) 가장 중요한 것은 하나님의 일을 하게 됩니다.

안 믿을 때에는 사탄의 일을 하게 되고, 자신의 영광을 추구하게 되지만 예수 믿으면 하나님의 손이 되어 하나님의 영광을 드러내는 보람 있는 일을 하게 되는 것입니다. 이때에 성취감도 생기고, 삶의 의미도 생기고, 기쁨도 생기는 것입니다. 교회의 직분자 가운데는 때로는 믿음 없이 인간적인 열심으로 일할 때가 있습니다. 그 경우 하나님의 일을 하는 것 같지만 사실은 자기의 일만 하고 맙니다.

7. 그러므로 우리는 복음과 관련된 삶을 살 수 있기를 주님의 이름으로 축원합니다.

그러려면 하나님의 부르심을 먼저 받아야 합니다. 과연 우리는 하나님의 부르심을 체험했습니까? 믿으면 됩니다. 지금이라도 믿으면 받습니다. 그리고 나만을 위한 삶이 아니라 복음과 관련된 삶을 살 수 있기를 바랍니다. 그러면 날마다 천국이 임하고 주님과 동행하는 아름다운 삶을 사는 축복이 임합니다. 이런 삶을 우리 모두가 살 수 있기를 축원합니다.

에베소 교회에 보내는 편지

(계2:1-7)

1. 일곱 교회란 무엇을 의미하는가?

(가) 당시에 있었던 대표적 교회이기 때문에 그들에게 실제로 필요한 메시지를 주려는 데 있습니다.

(나) 일곱 교회를 일곱 시대로 세대주의자들은 말합니다.

(다) 그러나 가장 중요한 것은 각 시대마다 존재하는 여러 유형의 교회라고 보는 것이 옳습니다.

에베소 교회는 사랑 없는 교회의 모형입니다. 현대 정통교회의 모형이기도 합니다. 2:1절의 주님의 모습은 그가 주권적 심판자이심을 보여 줍니다. (가) 오른 손에 일곱 별을 붙잡고 (나) 금 촛대 사이에 다니시는 이로 묘사되어 있습니다.

2. 에베소 교회는 어떤 교회인가?

에베소란 말의 뜻은 '완만'이란 말로서 '될 대로 되라'는 적당주의의 뜻을 가지고 있습니다. 에베소 교회에 대해서는 사도행전 18:18-19:10절까지 상세히 설명하고 있습니다. 당시 초대교회의 삼대 교회라면 예루살렘 교회, 안디옥 교회, 그리고 에베소 교회를 들 수 있습니다. 이 에베소 교회는 바울의 제삼차 전도여행 중에 아굴라와 브리스길라의 부부와 사도 바울에 의하여 설립된 교회입니다. 이곳은 바울이 삼 년이나 오랫동안 머물면서 목회를 했던 곳이기도 합니다. "그러므로 너희가 일 깨어 내가 삼 년이나 밤낮 쉬지 않고 눈물로 각 사람을 훈계하던 것을 기억하라"(행20:31) 첫 번째 감독은 디모데였습니다. 사도 요한이 노년 에 머물기도 한 교회입니다.

3. 당시 최대의 항구도시이기도 하였습니다.

에굽의 피라밋과 함께 고대 7대 불가사의의 하나인 아데미 여신인 다 이아나(로마명;은으로 만들어짐) 신전이 있는 곳이기도 하며(행19:27), 또한 신비주의의 온상이요 부적 판매의 중심지이기도 하였습니다. 수천 대를 내려오는 산돼지상이 건립되어 있는 곳이기도 합니다. 이곳에는 올림픽 경기(제우스신을 찬미, 기념하기 위하여 4년마다 올림푸스 산에서 열림)를 모방하 여 매년 아데미 여신을 찬미, 기념하는 경기를 가졌는데 바울은 이 기 회를 이용하여 전도하였습니다(고전16:8).

원형 극장은 2만 5천 명을 수용하는 대규모의 극장이었으며 이것은 항구로 연결되는 아카디안로로 이어집니다.

4. 칭찬과 책망을 동시에 받은 교회입니다.

(1) 칭찬은 크게 일곱 가지였습니다.

행위(일), 수고(분투하며 지닌 힘을 다 소모할 정도 큰 노력을 뜻하는 말입니 다.), 인내, 악한 자들을 용납지 아니함, 게으르지 아니함, 예수 그리스 도의 이름을 위하여 참고 견딤, 거짓 사도를 드러냄 : 특별히 니골라당 의 행위를 미워하였음(영지주의적 이단으로서 이들은 율법의 무용론, 영혼의 무죄 설, 무도덕주의를 주장하였음).

(2) 책망은?(4절)

처음 사랑을 버림 '마리아와 마르다의 차이점은 무엇인가? 마리아는 주님께 대한 사랑이 깊었으나 마르다는 일을 앞세웠다. 그래서 주님은 눅 10장 41-42절에서 마리아를 칭찬하였습니다.'

사랑의 종류는? 스톨게, 에로스, 필레오, 아가페.

여기서는 (가) 그리스도에 대한 사랑과 (나) 형제들에 대한 사랑, 그리고 (다) 신앙적 열정으로 볼 수 있습니다. 중요한 것은 '처음' 사랑이란 말입니다. 첫 사랑은 특징이 있습니다. 뜨겁다. 순수하다. 희생적입니다. 처음에는 에베소 교회는 오순절의 뜨거운 사랑과 유무상통하는 실천적인 사랑이 있었으나 나중에는 다 식고 말았습니다. 사랑이 식은 교회의 특징은 전도나 선교를 하지 않습니다.

5. 주님의 경고는?

(1) 네게 임하여

미래의 뜻을 가진 현재능동형입니다. 주님은 장차 올 자, 즉 최후의 심판자이십니다.

(2) 촛대를 옮기리라.

이 예언의 말씀대로 과거 에베소 교회는 아시아의 관문이요 아시아의 시장이요 아시아의 등대였으나 지금은 폐허가 되어 카이스터 강은 파도에 밀려온 침적토로 인해 바다에서 10킬로미터나 떨어진 늪이 되어 갈대만 무성히 자라고 있습니다.

6. '그러므로'(5절) 사는 비결은?

(1) 기억하라(생각하여).

탕자의 타락은 아버지의 사랑과 그 참된 행복을 기억하지 못하는 데서 온 것입니다.

(2) 회개하라.

마음을 돌이키는 것, 목적을 바꾸는 것, 방향을 바꾸는 것을 말합니다.

(3) 처음 행위를 가지라.

사랑을 회복하는 것이 참된 회개입니다.

(4) 들을지어다.

신령한 귀를 소유한 자들은 성령이 교회들에게 들려주시는 말씀을 들어야 합니다.

7. 이기는 자에게 주시는 축복은

에베소 교회에 보내는 편지는 초청과 약속으로 끝납니다. 그러므로 우리는 반드시 응답해야 합니다.

(1) 하나님의 낙원에 들어갑니다.

낙원이란 말은 성경에 3번밖에 나오지 않습니다(눅23:43; 고후12:4, 계2:7). 원문에는 파라다이스라고 되어 있습니다. 이 말은 페르시아어로서 선과 미와 쾌락이 가득 찬 곳이란 뜻입니다. 당시 유대인들은 하늘을 셋으로 나누었습니다. 첫째는 지구를 둘러싼 구름이 덮인 하늘, 둘째는 태양, 달, 별이 있는 하늘, 셋째는 하나님이 계신 하늘을 말하는데 여기서는 셋째 하늘을 말합니다.

구약에서는 에덴동산을 뜻하며 궁극적으로는 장차 우리가 가게 될 천국을 뜻합니다.

(2) 생명나무의 과실을 먹는다.

　창세기 2장 8-9절에 보면 영생하는 나무라고 하였습니다. 따라서 그리스도의 모형입니다. 고난과 죽음이 없는 영생을 뜻합니다.

　데살로니가 교회처럼 믿음의 역사와 사랑의 수고와 소망의 인내를 가져야 합니다. 물론 에베소 교회는 수고를 한 것은 사실이지만 사랑이 부족했습니다. 에베소 교회는 정통 교회이나 타락되고 만 것을 기억해야 합니다. 그러므로 냉랭한 현대교회는 회개해야 합니다. 극도의 개인주의에 빠져 성도간의 사랑이 없는 것을 회개해야 합니다. 맡겨주신 일에 대한 열정이 사라지고 있는 것을 회개해야 합니다. 이제 신앙생활의 초기에 가졌던 뜨거운 사랑을 다시 회복해야 합니다.

신앙의 사람 노아의 가정

(창6:5-22)

5월은 가정의 달입니다. 지금 우리 사회는 농경사회의 그 평화로운 시대가 지나가고 산업사회의 잔재물인 이혼율이 점점 높아지고 있고 게다가 정보화시대가 되면서 이제 앞으로는 결혼제도는 물론 가정이란 것이 없어질 것이라는 충격적인 예언들이 여기저기서 나오고 있는 형편입니다. 그래서 이 시간에는 신앙의 사람인 노아의 가정을 중심으로 우리 가정의 현주소는 무엇인가를 살펴보면서 함께 우리 각 가정의 문제점들을 점검해 보기를 원합니다.

1. 오늘의 가정의 위기는 무엇인가?

(1) 현대의 가정 실태

오늘날의 가정은 파선된 배처럼 조각나고 있습니다. 30년 전 미국의 저명한 사회학자인 Sorokin은 앞으로, 이혼과 별거가 증가되어 가정이란 단순히 남녀의 동거생활이 되는 단순히 하룻밤을 묵는 숙박처가 될 것이라는 예언을 한 적이 있습니다. 그것이 그대로 들어맞은 것은 아니지만 지금 점차적으로 이루어지고 있습니다. 영국의 런던 「Observer」 잡지는 '우리는 마지막 결혼 세대인가?'라는 질문을 표제로 실은 적이 있습니다. 심지어 뉴스위크지 편집장인 Boeth는 결혼이란 제도가 하나의 옛말이 될 때가 올 것이라고 말했습니다. 지금 통계표에 의하면 미

국에서 1930년대에는 6쌍 중 하나가 이혼을 하였고, 오늘날에 와서는
세 쌍 중에 두 쌍이 이혼을 한다는 충격적인 통계가 나오고 있습니다.
이렇게 오늘날에는 점차적으로 가정들이 파괴되고 있습니다. 작년 한
해만 해도 우리나라에 6만 쌍이 이혼하였습니다. 그것도 대부분이 5년
이내에 한 것입니다.

(2) 현대 가정에는 뿌리가 없다.

산업사회가 되면서 인구의 반 이상이 해마다 주거지를 옮기고 있습니
다. 35세 이하의 가장을 가진 가정들의 3분의 1이 매년 옮겨 다니고 있
습니다. 바로 이 유동성이 가정의 뿌리를 흔들고 있습니다. 물론 가정
이란 집을 의미하는 것은 아닙니다. 그러나 이 장소란 단순한 공간을
의미하는 것이 아니라 마음의 고향이기 때문에 아주 중요한 의미를 가
집니다.

(3) 대화가 메마른 가정

가정 안에서 대화가 없는 것은 물론 다른 가족과는 더구나 대화가 없
는 외로운 가정들이 되고 있습니다. 일본의 경우 자녀가 아버지와 대화
하는 시간은 하루에 평균 1분 정도라는 통계가 나왔습니다. 그래서 어
머니는 본래의 이미지가 없어지고 엄하게 되어 동성연애자들이 늘어난
다는 것입니다.

가족들 간의 대화도 없지만 이웃가정과의 대화는 더구나 없습니다.
나는 경남 아파트에 3년 이상 살았으나 얼굴을 아는 가정은 불과 다섯
명 이내입니다. 반상회란 것이 있어서 좀 도움을 주나 이것도 여자들에
게 한하고 있을 뿐입니다. 더구나 그들 가정의 내용을 전혀 모릅니다.

(4) 부모의 죄

부모들의 죄 때문에 가정이 죄로 물들고 그 결과로 가정이 오염되고 있습니다. 출 20:5에 "나 여호와 너의 하나님은 질투하는 하나님인즉 나를 미워하는 자의 죄를 갚되 아비로부터 아들에게로, 삼사 대까지 이르게 한다"고 하였습니다. 지금 매초마다 세상 어디엔가 어린 생명이 하나씩 태어나고 있습니다. 그런데 이 아이들은 대개 비참하고 불행하게 자라고 있습니다. 왜냐하면 부모들의 죄 때문입니다. 부모의 이혼, 부모의 나쁜 습관, 부모의 위선 등이 자녀들에게 끼치는 영향은 대단히 큽니다. 계속해서 범죄율이 증가하는 것은 바로 부모들의 죄 때문입니다.

2. 성공적인 가정이 되려면 어떻게 해야 하나?

두 말할 필요도 없이 노아의 가정처럼 하면 됩니다. 그러려면

(1) 하나님의 말씀위에 세워진 가정이 되어야 합니다.

유대인들은 자녀들에게 신명기 6장의 쉐마를 늘 가르쳤습니다. 말씀 위에 가정을 세운 것입니다. 이것이 유대인 가정의 성공의 비결입니다. 노아의 가정도 마찬가지였습니다. 노아는 하나님이 그에게 이르신 대로 방주를 만들었고 실천에 옮긴 것입니다. 22절에 "노아가 그와 같이 하되 하나님이 자기에게 명하신대로 다 준행하니라." 얼마나 많은 비난이 있었을 것이며 또 세상을 심판하는 홍수라니 믿어지지 않는 것이었지만 그러나 노아는 믿고 그 말씀 위에 그의 가정을 세운 것입니다. 이것이 그 가정의 8식구가 구원받은 축복이 됩니다.

(2) 성공적인 가정

성공적인 가정은 훌륭한 부모에게서 생겨나기 때문에 부모들이 항상 모범을 보여주어야 합니다. 잠22:6에 "마땅히 행할 길을 아이에게 가르

치라 그리하면 늙어도 그것을 떠나지 아니하리라"고 하였습니다. 바울은 에베소교회에 보내는 편지에서(6:4) "또 아비들아 너희 자녀를 오직 주의 교양과 훈계로 양육하라"고 하였습니다.

(3) 성공적인 가정

성공적인 가정은 항상 교회와 관계를 가집니다. 노아는 13절에 보면 "곧 그날에 노아와 그의 아들 셈, 함, 야벳과 노아의 처와 세 자부가 다 방주로 들어갔고"라고 했는데 여기서 방주란 궁극적으로는 예수님을 상징하며 제도적으로는 교회를 상징합니다. 물론 오늘날 제도로서의 교회가 많은 비난을 받고 있는 것도 사실이고 또 비난받을 짓도 하고 있습니다. 그러나 비록 교회가 잘못은 있어도 교회를 대신할 기관은 세상에 없고 또 하나님은 교회를 통해서 구원사역을 하십니다. 그러므로 참으로 자녀들을 사랑한다면 우리는 자녀들의 교회생활에 항상 관심을 가져야 합니다.

(4) 의인의 가정

무엇보다도 중요한 것은 노아의 가정은 먼저 하나님과 바른 관계를 가진 의인의 가정이었다는데 있습니다. 창 6:9 "노아는 의인이요, 당세에 완전한 자라"(사람들 보기에 완전한 자. 즉 윤리적으로 허물이 없었다는 뜻입니다.). 어떻게 의인의 가정이 될 수 있는가? 마르틴 루터는 이것 때문에 고민하다가 시편 31:1절에서 "주의 의로 나를 건지소서"라는 구절에서 깨닫게 됩니다. 그 후 갈라디아서 연구를 통하여(3:11 "이는 의인이 믿음으로 살리라 하였음이니입니다."), 끝으로 로마서 1:17을 통하여 확신하게 되어 그의 종교개혁의 삼대 표어(만인제사장 주의, 오직 성경, 이신칭의)의 하나가 됩니다. 여기서 의인이란 윤리적인 의미가 아니라 관계개념입니다. 즉 하나님과 바른 관계를 가졌다. 바로 이것이 중요하다. 그런데 하나님과 바른 관계를 가진 사람의 특징은 하나님과 동행하는 생활입니다. 하나님이 동행한다는 말은 기도하는 생활을 의미합니다.

(5) 은혜 입은 가정

무엇보다도 중요한 것은 노아의 가정은 하나님께 은혜를 입은 가정이란 점입니다. 창 6:8절 "그러나 노아는 여호와께 은혜를 입었더라." 사실 어떤 가정이든 하나님의 은혜를 입지 않으면 불행해질 수밖에 없다. 그러므로 우리가 참으로, 행복한 가정이 되려면 하나님의 은혜를 입어야 합니다. 그러면 누가 은혜를 입는 가정이 되는가? 믿음으로, 하나님이 주신 것을 잘 받아들이는 사람이어야 합니다. 예수님은 이런 사람의 대표로서 어린이를 예로 들었습니다. 어린아이들은 부모가 주는 것을 거절하지 않고 잘 받아들인다. 겸손의 표시입니다.

맺는 말

이제 우리는 가정의 달을 맞아 우리의 가정을 한번 하나님의 말씀의 저울대에 놓고 달아보아야 합니다. 과연 우리의 가정은 파괴되어 물이 새고 있지는 않는가? 뿌리도 없고 대화도 없고 죄로 인해 오염되어 자녀들의 생명을 죽이고 있는 것은 아닌가? 이제 바라기는 노아의 가정처럼 과연 말씀의 터 위에 세워지고 있는가? 교회와의 관계는 바로 되어 있는가? 더구나 하나님과의 관계는 바로 이루어지고 있는가? 과연 부모들이 자녀들에게 모범을 보여주고 있는가? 이 시간을 통해 우리의 가정이 새롭게 되는 놀라운 축복이 함께하시기를 축원합니다.

부족함이 없는 삶의 비결

(시 23편)

1. 도입

TS. Elliot의 황무지란 시를 보면 이 세상은 (1) 가득 찬 세상이요 (2) 텅 빈 세상이라고 묘사했습니다. 사실 이 세상에는 있어서는 안 될 것(미움, 음란, 전쟁, 시기와 질투, 불신앙, 의심 등)은 가득 차 있고, 꼭 있어야 할 것(믿음, 소망, 사랑, 화목 등)은 텅 비어 있습니다.

우리가 한 해를 지나 지금 곰곰이 생각해 보면 부족한 것이 너무도 많은 한 해였습니다.

왜 우리에게 이처럼 부족한 것이 많은가? 이유는 간단합니다. 말씀대로 살지 않았기 때문입니다. 그러므로 금년에는 보다 풍성한 한 해가 되기를 축원합니다.

2. 왜 하나님은 부족함이 없게만 하시는가?

우리는 풍성한 것을 원하고 충만하기를 원합니다. 그런데 시편 23편에서는 '부족함이 없으리로다'고 했습니다. 무엇 때문인가?

(1) 교만하지 않게 하기 위해서입니다.

사람은 너무 풍족하면 교만해집니다. 배가 너무 부르면 소화불량에 걸리듯이 가장 좋은 것은 알맞은 것입니다. 잠언에도 교만은 패망의 선봉이요 거만한 마음은 넘어짐의 앞잡이니라고 하였다(잠16:18). 그래서 솔로몬은 모든 영광을 다 누린 후에 이렇게 고백을 하였습니다. "나로 가난하게도 마옵시고, 부하게도 마옵시고 오직 필요한 양식으로 내게 먹이시옵소서. 혹 내가 배불러서 하나님을 모른다, 여호와가 누구냐 할까 하오며 혹 내가 가난하여 도적질하고 내 하나님의 이름을 욕되게 할까 두려워 함이니다."(잠30:8-9).

(2) 너무 많으면 항상 위험이 따르기 때문입니다.

부자한테는 도적과 강도가 따릅니다. 사기꾼이 따르고 심지어 원수들이 많아져서 정치적으로도 문제가 생깁니다.

(3) 관리하기

관리하기에 어렵고, 쓸데없는데 바쁘기 때문입니다. 그래서 보다 귀한 일을 할 수가 없다.

3. 어떻게 할 때에 부족함이 없는가?

(1) 가장 근본적인 것

가장 근본적인 것은 여호와를 목자로 삼는 한 부족함이 없습니다. 시편 23편 1절의 말씀은 여호와를 나의 목자로 삼는 한 부족함이 없으리로다고 번역할 수 있습니다.

양에게는 몇 가지의 특징이 있습니다.

가) 무지

무지입니다. 독초를 구별 못합니다. 오염된 물을 마십니다.

나) 무능

무능합니다. 모든 동물이 다 자신을 보호하는 지혜, 냄새, 뿔, 다리,

독소, 날개 등 다 있으나 양만은 없습니다. 양은 희생의 제물로 쓰기에 합당한 것입니다.

다) 본능

또 귀소본능이 없어서 양은 우리를 못 찾아온다.

라) 무력

넘어질 때 혼자서 못 일어납니다. 그러므로 양은 목자 없이는 살 수 없는 동물입니다. 이 세상에서는 주의 종들을 목자라고 하는데 세 가지 종류의 목자가 있습니다.

첫째는 절도며 강도 타입의 목자가 있다(요10:1).

둘째는 선한 목자가 있다(요10:11).

셋째는 삯군 타입의 목자가 있다(요10:12).

그러면 선한 목자는 어떤 사람인가요? 첫째로 양을 알고 둘째는 양을 위하여 목숨을 버리고, 셋째는 푸른 초장과 쉴만한 물가로 인도하는 자입니다.

(2) 하나님의 인도를 받을 때 부족함이 없다.

(3) 주님과 함께 할 때 부족함이 없다.

원님 덕에 나팔 분다는 말이 있습니다. 또 못된 놈 옆에 있다가 벼락 맞는다는 말도 있습니다. 결국 누구와 함께 있느냐에 따라 팔자가 변하고, 인생이 변한다는 뜻입니다.

주님은 두 가지를 가지고 우리를 인도합니다. 지팡이(보호, 능력 인도) 막대기(징계). 그래서 양은 목자가 함께 하면 두려워 아니합니다. 아기는 엄마만 옆에 있으면 만사 오케이듯이.

(4) 베푸시는 상(table)과 발라주시는 기름으로 바를 때

하나님이 베푸시는 상(table)과 발라주시는 기름으로 바를 때 부족함이 없다. 이 기름은 직임을 뜻하기도 하고 축복을 뜻하는 말이기도 합니다. 사실 엄마의 밥상만큼 풍성한 것은 없다. 마찬가지로 하나님의 베푸시는 상.

(5) 여호와의 집에 거할 때 부족함이 없다.

왜요? 아버지의 집은 안전하고 아버지의 집은 풍족하고 아버지의 집은 없는 것이 없기 때문입니다. 세상에 거하니 부족함이 많으리로다. 무엇이 여호와의 집인가? 하나님을 모신 영혼, 주님을 섬기는 교회, 하나님의 나라를 말합니다. 그러므로 항상 아버지의 집에 거하는 성도들이 되시기를 축원합니다.

맺는 말

이 세상에서 가장 행복한 삶은 부족함이 없는 삶입니다. 그래서 저는 목회철학도 부족함이 없는 목회자가 되려고 힘씁니다. 바라기는 새 해에는 우리 모두가 시편 23편의 말씀처럼 부족함이 없는 한 해가 되시기를 축원합니다.

지금 당신은 어디로 가고 있는가?

(시1:1-6)

1. 도입

(1) 인생은 다 길 가는 나그네.

(예화) 우리는 엄마 태에서 태어나면서부터 죽음의 정거장을 향하여 갑니다. 태어날 때에는 응아하고 울고, 죽을 때에는 가족들의 곡하는 소리, 울음을 들으면서 갑니다.

(2) 성경에 기록된 두 개의 길

마 7:13~14절에 보면 주님은 세상의 넓은 길과 생명으로 인도하는 좁은 길을 비유적으로 말씀하고 있고, 본문에서는 (복 있는 사람의 길이 무엇인가를 말씀해 주고 있다). 시편 1편은 시편 전체의 요약이요 서론입니다. 우리의 축복의 비결을 잘 말해 줍니다.

2. 성공의 길 불행의 길

그런데 중요한 것은 우리가 '어떤 길을 가느냐에 따라' 성공할 수도 있고, 불행하게도 실패를 할 수도 있습니다.

오늘 본문에 보면 어디로 가야 할 것을 분명히 밝혀주고 있습니다. 그러므로 오늘 이 본문에서 우리는 내가 지금 어디로 가고 있는지를 발견하고 방향이 잘못되었으면 빨리 방향전환이 있기를 바랍니다. 제가 배운 것은 프리웨이에서 길이 잘못되었으면 빨리 오른쪽으로 나와서 다시 뒤로 돌아서 가야 한다는 진리입니다. 인생도 그렇습니다.

3. 복있는 사람

시편 1편에서는 '복 있는 사람은'하고 시작합니다. 사실 우리는 다 복을 받기를 원합니다. 세상에서 제일 복을 좋아하는 국민이 한국 사람입니다. 대문 앞에서 복 복자를 써놓고, 여자들의 옷에도 복 복자를 써놓고, 목걸이에도 복 복자를 써놓고, 신년 초가 되면, 토정비결을 보면서 일 년의 신수를 봅니다. 그러나 참으로 복이 있는 사람은 방향을 바로 가야 합니다. 오늘 이 말씀을 살펴보면서 과연 나는 지금 어디로 가고 있는가를 살펴볼 수 있기를 축원합니다.

4. 복있는 사람이 조심할 것

복 있는 사람은 먼저 하지 말아야 할 것이 세 가지가 있다는 것을 기억해야 합니다. 중요한 것은 이 세 가지는 전부다 인간관계와 관계를 가집니다. 다시 말하면 인간관계가 성공과 실패의 핵심이 된다는 말입니다.

첫째는 추구하는 것이 세상 사람들의 방향을 좇아서는 안 됩니다. '악인의 꾀를 좇지 아니하며'. 여기서 말하는 악인은 바로 불신자들을 말하는 것입니다. 사실 우리의 운명은 내가 무엇을 추구하느냐에 따라 결정되고 변합니다. 권력을 추구하면 정치 똘마니가 되어 이용만 당하다가 결국 발로 차이고 맙니다. 돈을 추구하면 먹고 살기에 알맞은 데서 끝나야 신앙생활도 할 수 있지 돈에 빠지면 결국 수전노가 되고 맙니다. 지금 여러분들은 어디로 가고 있습니까? 운전할 때 길을 잃을 때가 있는데 가장 많은 경우가 방향을 잃을 때입니다. 110 프리웨이지만 북쪽이나 남쪽이냐가 중요한데 저는 그것을 무시하고 무조건 110번에만 들어가니 캘리포니아를 다 헤매고 다니는 것입니다. 이런 때 다시 프리웨이에서 빠져나와 잘 아는 길에서 시작해야 합니다. 우리가 잘 아는 곳이 무엇입니까? 바로 교회입니다. 주님입니다. 성경입니다. 여기서 다시 시작하여 우리의 믿음을 가다듬기를 바랍니다.

길을 찾을 때 가장 중요한 것은 지금 내가 어디에 있느냐입니다. 나의 현재의 위치 파악이 중요합니다. 영적으로 내가 있는 곳, 그것은 내가 항상 생각하는 것, 가장 소중하게 생각하는 것, 참으로 내게 필요한 것, 그것이 바로 내 마음이 있는 곳, 영적으로 내가 있는 곳입니다. 아침에 일어나서 제일 먼저 생각하는 것이 바로 나의 영적 현주소입니다.

둘째로 하지 말아야 할 것은 누구와 함께 서 있느냐는 것인데 성경은 '죄인의 길에 서지 말며'라고 했습니다. 우리가 운전할 때 프리웨이에 서 있으면 언제 죽을지 모릅니다. 위험하기 때문입니다. 비 올 때 큰 나무 밑이나 돌 밑에 비를 피한다고 피해 있으면 언제 벼락을 맞을지 모릅니다. 그러므로 죄인의 길에 함께 서 있으면 함께 멸망을 당합니다. 피해야 합니다.

셋째로 '오만한 자의 자리에 앉지 말고'라고 했습니다. 함께 앉는다는 말은 식사를 나누면서 교제를 한다는 말이요, 사업을 같이 한다는 뜻입니다. 우리 성산교회 교인 중에도 나쁜 사람들과 함께 사업을 한다고, 혹은 양의 가죽을 쓴 이리와 같은 사람들에게 돈을 빌려주었다가 떼이고, 그 빚을 갚느라고 고생하는 분들이 있는 것을 압니다. 그러므로 아무하고나 함부로 함께 앉지 마세요. 아무 하고나 함께 식사를 하지 마세요. 아무 하고나 함께 사업을 같이 하지 마세요. 성경은 우리들에게 조심하라고 말씀하십니다.

5. 왜 불의한 자들을 좇지도 말고, 함께 서지도 말고, 앉지도 말라고 했을까요?

이유는 그들이 심판을 받을 것이기 때문입니다. 새 번역에는 심판 때 머리를 들지 못한다고 했습니다. 왜 머리를 들지 못했을까요? 첫째는 부끄러움을 당하기 때문이고, 둘째는 병들어 머리를 들지 못하기 때문이고, 셋째는 소망이 없어 머리를 들지 못하기 때문입니다. 본문에 보면 심판의 내용을 타작마당에 비유하고 있습니다. 오직 바람에 나는 겨와 같도다라 했습니다. 곡식과 구별된 뒤에는 다 모닥불에 들어가 타서 재가 되고 맙니다.

6. 성도들이 해야 할 것은 무엇인가?

여기서 본문은 하나님과의 관계를 중심으로 말씀하고 있습니다. 그렇습니다. 하나님과의 관계가 바로 되어야 합니다.

첫째로 여호와의 율법을 즐거워하라고 했습니다. 인생은 그가 무엇을 즐거워하느냐에 따라 그의 인생의 목적과 방향과 운명이 결정됩니다.

둘째는 주야로 율법을 묵상하라고 했습니다. 그러면 이런 성도들에게 하나님이 인도하시고 축복해주시는 축복은 무엇입니까? 시냇가에 심은 나무와 같다고 했습니다. 한국에서는 시냇가에 심은 나무는 장마 때 다 떠내려갑니다. 그러나 이스라엘서는 그렇지 않습니다. 본문에 보면 세 가지의 축복을 약속했습니다.

(1) 시절을 좇아 과실을 맺으며

시절을 좇아 과실을 맺으며(인생의 목적은 열매를 맺는데 있음). 바로 성취의 축복을 말씀하신 것입니다. 그렇습니다. 주님과 함께 하면 좋은 열매를 맺습니다.

(2) 잎사귀가 마르지 않음

그 잎사귀가 마르지 아니함 같으니(외적인 축복을 약속한 것)

(3) 형통

그 행사가 다 형통하리로다. 바로 이 형통의 축복이 우리들에게 필요합니다.

7. 시편 1편의 결론은?

(1) 의인의 길

의인의 길은 여호와께서 인도하시고 축복하십니다.

(2) 죄인의 길

그러나 죄인의 길은 망합니다. 이 땅에서는 혹시 번영하고, 성공하지만 그러나 그것은 오래 가지 못합니다. 전두환, 노태우의 재판은 불의한 자의 마지막을 잘 보여줍니다. 우리가 그들의 성공을 얼마나 부러워했던가요? 참 내일 일을 알지 못하는 인생입니다. 그러므로 말씀대로 살자. 방향을 바로 잡자. 잘못되었다면 빨리 거기서 나와 다시 돌아가자. 아는 길에서, 옛 길, 즉 주님의 길에서부터 시작하여 복 받는 성도가 되시기를 축원합니다.

방해가 있을 때

(에스라 4:1-6)

이 세상에는 어느 때, 어디를 가나 항상 방해자가 있습니다. 이 방해자를 어떻게 다루느냐에 따라 성공과 실패가 결정됩니다. 그러나 공기가 우리를 빨리 가지 못하도록 방해를 하지만 그러나 인간은 공기가 없이는 살 수 없습니다. 그래서 격언에 보면 장애물에 대한 많은 말씀들이 있습니다. '불난 집에 키 들고 덤빈다.', '노처녀가 시집가려니 등창이 난다.', '먹기 싫은 밥에 재나 뿌린다.' '기침에 재채기', '호사다마', '일월은 밝으려 하나 뜬 구름이 이를 덮는다.' 등등.

그러므로 무슨 일을 하든지 반드시 방해자가 있기 때문에 리더십이 필요한 것입니다. 오늘은 방해자가 있을 때 어떻게 해야 할 것인가를 중심으로 말씀을 드리려고 합니다.

1. 세 종류의 사람들

(1) 협력자

놀라운 것은 어디를 가든지 우리들에게는 반드시 협력자가 있습니다. 문제가 이 협력자가 얼마나 많으냐에 따라 일을 힘 있게 할 수도 있고, 일을 못할 수도 있습니다. 또 중요한 것은 협력자가 아무리 많아도, 이들을 그물처럼 잘 엮어야 하고, 잘 활용해야 합니다. 그래서 최근에는 partnership에 대한 연구를 많이 합니다. 특별히 선교에 있어서는 이 협력관계가 승패를 결정합니다.

(2)방해자 혹은 훼방자

두 번째는 어디를 가나 방해자 혹은 훼방자가 있습니다. 재미있는 사실은 방해자가 반드시 있다는 점입니다. 그러나 이 방해자는 잘 사용만 하면 도움이 될 수도 있습니다.

(예화) 마치 양을 기를 때 염소와 꼭 함께 기르는 원리와도 같습니다. 이것은 양의 생리상 그렇습니다. 양은 새김질을 하는 채식동물인데 게으르기도 하지만, 나무 밑에서 쉬면서 새김질을 하는 것을 좋아합니다. 해가 서쪽으로 기울어 가는데도 움직이려고 하지 않습니다. 그런 때에 염소가 와서 양들을 움직이게 합니다. 그래서 양들이 운동을 하는 것입니다.

역설적인 이야기입니다만 이 세상에도 방해자가 없으면 기도를 하지 않습니다. 하나님을 의지하려고 하지 않습니다. 그러므로 우리는 방해자가 있을 때 신경질을 내어서는 안 됩니다. 두려움을 가져서도 안 됩니다. 미움을 가져서도 안 됩니다.

그런데 성경을 보면(벧후 2:2) 말세가 되면 "진리의 도가 훼방을 받을 것이요"라고 했습니다. 지금이 바로 그런 때입니다. 바울도 고백하기를 "내가 전에는 훼방자요 핍박자요"(딤전1:13).

(3) 구경꾼

한국 사람들은 불난 것과 싸움질하는 것을 구경하기를 좋아하는 전통이 있습니다. 이것은 신자가 된 후에도 변화가 없이 구경하는 신자들이 적지 않습니다. 이 구경꾼은 숫자가 아무리 많아도 소용이 없습니다. 왜냐하면 구경꾼들은 절대로 도와주지를 않기 때문입니다. 이들은 기회주의자들로서 상황이 좋을 때에만 돕는 척합니다. 불리할 때에는 다 떠나고 맙니다. 이들의 숫자가 아무리 많아도 이들을 중심으로 일을 계획하면 반드시 실패합니다.

2. 훼방의 종류

(1) 협조적 방해

책임은 맡고 일은 하지 않을 경우를 말합니다. 차라리 책임을 맡지 않았다면 좀 모자라기는 하지만 다른 사람이라도 잘 할 터인데 자리만 차지하고 일을 하지 않는 사람들이 의외로 많습니다. 이들을 협조적 방해꾼이라고 말합니다. 교회성장의 가장 큰 장애는 바로 이 협조적 방해자입니다. 이들이 많으면 되는 것도 없고 안 되는 것도 없는 라오디게아 교회처럼 되고 맙니다.

(2) 이면적 방해

앞에서는 아첨하고 협조하는 척하면서 뒤에서 욕하고 방해하는 사람들입니다. 대개는 두려워서 혹은 비겁해서 그런 경우가 많습니다. 이면적 방해자들은 자기의 얼굴을 가리고 그 무엇인가를 통해서 할 때가 많습니다. 이런 사람들은 대화를 통해서 설득하고, 협조하도록 만들지 않으면 다수를 움직일 수는 없습니다.

(3) 정면 방해

오늘 5절 본문을 보면 "뇌물을 주어 그 경영을 저희(좌절케)하였으며"라고 했고, 또 6절에 보면 "아하수에로가 즉위할 때에 저희가 글을 올려 유다와 예루살렘 거민을 고소하니라"고 했습니다. 다시 말하면 주전 534년부터 520년까지 14년 동안 방해를 하였던 것입니다. 정면 방해는 하나님이 해결해 주셔야 하기 때문에 기도하고 매달려야 합니다. 역사는 하나님의 손 안에서 움직이고 있기 때문입니다.

(4) 무관심

가장 무서운 것이 바로 이 무관심입니다.

인류의 가장 무서운 죄는 미워하는 것이 아니라 무관심입니다. 왜냐하면 미워하는 사람은 사랑할 수 있지만 무관심한 사람들은 절대로 사랑할 수 없기 때문입니다.

우리나라 격언에 머슴살이 삼년에 주인 성 묻는다. 그래서 죽이 되든 밥이 되든 전혀 관심이 없는 경우가 많습니다. 그러나 우리들은 하나님의 지체이기 때문에 관심을 반드시 가져야 합니다.

3. 훼방의 이유

(1) 사탄은 본질상 훼방자입니다.

가장 무서운 것은 성령 훼방죄입니다. 이것은 사하심을 받지 못하기 때문입니다. 따라서 사탄을 따르거나 사탄에게 예속된 사람들은 항상 훼방하는 일을 합니다. 남이 잘 되는 것을 보면 배가 아픈 것은 바로 이것 때문입니다.

(2) 이해관계로 방해를 하는 경우입니다.

바리새파들이 그런 사람들이었습니다. 이들은 예수님의 인기를 두려워했습니다. 자기들의 사람들이 예수님에게 가는 것을 두려워했습니다. 또 제사장들은 자기들의 기득권을 잃지 않으려고 방해를 하였습니다. 놀라운 것은 바리새파와 사두개파와 로마인들은 서로 원수들인데도 예수님을 죽이는 데는 의견의 일치를 보았습니다. 다 이해관계 때문이었습니다.

(3) 소외되었을 때에 방해를 합니다.

오늘 본문을 보면 유대인들이 예루살렘 성전을 건축할 때에 사마리아 인들이 "우리로 너희와 함께 건축하게 하라"고 하면서 함께 건축할 것을 제의를 했을 때 3절에 보면 "홀로 건축하리라 하였더니 이로부터……. 그 건축을 방해하였다"고 했습니다. 그러자 사마리아인들이 훼방하기를 시작하였던 것입니다. 사마리아인들은 과거 북이스라엘 사람들입니다. 유대인들은 과거 남유다 사람들입니다.

인간은 소외되었을 때에 포기하는 경우도 없지 않지만 무서운 것은 어떤 방법을 통해서라도 방해를 하려고 합니다. 이것이 인간의 심리입니다.

(4) 종교적, 인종적 차이점 때문에 방해를 합니다.

지금 유대인들과 아랍인들의 갈등은 종교적 갈등에다가 인종적 갈등으로 인해서 생긴 것이 가장 대표적인 것입니다. 이 갈등은 아브라함 때부터 수천 년을 두고 내려오는 갈등입니다. 흑백의 관계는 물론 인간의 갈등이 다 이런 종교적 인종적 차이에서 오는 것입니다.

4. 훼방을 해결하는 비결

(1) 기도부터 시작합시다.

그러면 하나님께서 우리들에게 지혜와 힘을 주실 것입니다. 인간의 지혜로는 해결할 지혜도 없고, 또 능력도 없습니다. 솔로몬이 지혜를 달라고 기도한 것처럼 우리들도 기도해야 지혜가 생기고, 능력이 생깁니다. 기도는 누구나 다 알고 있는 비결이지만 이 비결을 잊어버리고 있습니다.

(2) 하나님이 해결해주실 때까지 기다리는 것도 한 방법입니다.

때로는 우리가 급하게 하다가 문제를 그르치고, 더 문제를 만드는 경우도 종종 있습니다. 그래서 시간이 약입니다. 시간이 해결해 준다는 말은 진리입니다. 급하게 해결하려다가 일을 그르치는 경우는 더 많습니다.

(3) 사탄이 놓은 올무를 조심하고, 틈을 주지 말아야 합니다.

딤전 3:7절에 보면 "마귀의 올무에 빠질까 염려하라"고 했습니다. 딤후 2:26절에 보면 "저희로 깨어 마귀의 올무에서 벗어나라"고 했습니다. 사탄은 마치 사람들이 올무와 함정을 파서 들짐승을 잡듯이 그렇게 여러 가지 종류의 올무를 만들어 놓습니다. 아이들에게는 장난감으로, 소년들에게는 전자제품으로, 청년들에게는 이성의 유혹으로, 장년들은 돈으로, 노인들은 명예욕으로 유혹합니다. 사탄은 고기를 잡을 때 종류에 따라 먹이를 달리 하듯이 그렇게 여러 가지 방법으로 유혹합니다.

(4) 무조건 침묵하고 참지만 말고

무조건 침묵하고 참지만 말고 입을 열어 진솔하게 말하는 것도 한 방법입니다. 제가 미국에 와서 제일 먼저 배운 말은 'speak up'이란 말이었습니다. 한국에서는 침묵이 미덕으로 간주됩니다. 그러나 미국의 문화는 그렇지 않습니다. 서로가 가슴을 열어놓고 대화를 하면 통합니다. 그러나 이것은 화를 낸다는 말은 결코 아닙니다. 진솔하게 대화를 한다는 말입니다. 놀라운 것은 천만 뜻밖에 말이 먹혀들어갈 때가 있는 것을 발견하게 된다는 사실입니다. 왜 진즉 말하지 않았어 하고 오히려 침묵하고 있었던 것을 후회할 때가 있는 것입니다.

(5) 사랑은 해결의 열쇠

가장 중요한 것은 사랑은 모든 것을 해결하는 열쇠입니다. 이 세상에서 사랑이 통하지 않는 경우는 거의 없습니다. 심지어 동물도 사랑은 통합니다. 사람은 사랑을 먹고 살기 때문에 사랑만 하면 다 통합니다. 원수와도 사랑이 없어 안 통하는 것이지 사랑하면 통합니다.

맺는 말

지금 우리들이 이 세상에 살아갈 때에 수많은 방해가, 수많은 훼방이 있습니다. 이것 때문에 좌절하지 마시고, 기도하면서 지혜를 간구하시기 바랍니다. 양을 키우는데 염소가 필요하듯이 방해는 우리들에게 한 번 더 생각하는 기회, 일을 추진하는 힘이 될 수도 있습니다.

사관에 있을 곳이 없음이러라

(눅2:1-7)

1. 도입

오늘 성탄절을 맞아서 하나님께는 영광이 저와 여러분들에게는 은혜와 평강이 넘치기를 먼저 주님의 이름으로 축원합니다.

금년의 최고의 소식은 무엇일까요? 해마다 신문사에서는 금년의 십대 뉴스가 무엇인가를 조사하여 발표합니다. 그러면 금년의 국내 십대 뉴스는 무엇이며 국외 십대 뉴스는 무엇일까요? 연말에 발표를 하겠지만 아마도 한국에서는 전직 대통령의 구속과 재판이 가장 큰 소식일 것입니다. 또 삼풍백화점의 붕괴도 그 중에 하나임에는 틀림없을 것입니다. 미국에서는 O. J. Simpson의 무죄판결이 흑백대결과 함께 많은 관심을 끌었습니다. 그러나 불행하게도 금년의 대부분의 소식들은 역시 기쁨보다는 슬픔을 주는 소식들이었습니다. 그러고 보면 금년의 기쁨과 소망을 주는 최고의 소식은 역시 아기 예수님의 탄생입니다. 그래서 역사는 계속해서 예수님을 중심으로 기록될 수밖에 없습니다. 그의 탄생을 중심으로 주전과 주후가 결정되는 것은 바로 여기에 있습니다.

왜 그러면 예수님의 탄생이 그처럼 중요할까요?

그것은 예수님의 탄생이 역사의 중심이요, 역사의 목적이요, 종말이기 때문입니다. 주님의 탄생이 우리 삶의 의미를 결정해주고, 방향을 결정해주기 때문입니다.

2. 예수님이 오셨을 때

그러면 이런 귀하신 예수님이 이 땅에 왔을 때에 사람들의 태도는 어떠했습니까? 누가복음 2장에 보면 크게 세 가지의 태도를 볼 수 있습니다.

첫째는 가이사 아우구스도의 태도입니다. 본문에 보면 그는 아기 예수님에 대해서 전혀 무관심한 태도로 되어 있습니다. 왜냐하면 예수님의 탄생이 그의 정치적 야심과 충돌이 되지 않았기 때문입니다. 그러나 후에 자신의 정치적 이익과 충돌이 될 때에는 총독인 빌라도를 통해서 아기 예수님을 죽이는데 묵인하는 원수로 변하였습니다.

마태복음에 나타나는 헤롯도 그랬습니다. 헤롯은 이스라엘의 왕이 태어났다는 말을 들었을 때에 크게 긴장하지 않을 수 없었던 것입니다. 자신의 위치에 위협을 느꼈을 때에는 아기 예수님에 대해서 미움의 태도로 변했습니다. 그래서 베들레헴에 있는 두 살 이하의 어린 아이들을 다 죽였습니다.

둘째는 목자의 자세입니다. 당시에 목자는 죄인시했던 사람들입니다. 율법에 대해서 무식했기 때문입니다. 당시에는 율법에 무식한 것이 바로 죄였습니다. 그러나 목자들은 항상 메시야가 나타나서 구원해줄 것을 기대했던 사람들입니다. 또 마태복음에 기록된 동방박사들의 자세는 한 걸음 더 나아가는 적극적인 자세였습니다. 진리의 별을 보고, 예루살렘에까지 갔던 것입니다. 동방에서 그 먼 여행을 했던 것입니다. 당시의 해외여행은 오늘날과는 많은 차이점이 있었습니다. 오늘날 해외여행은 특권층의 것이지만 당시에는 도적의 위험과 질병의 위험과 맹수의 위험이 도사리는 수많은 위험이 있었습니다. 그런데도 동방박사들은 결코 부자가 아님에도 불구하고 많은 예물들을 준비하여 아기 예수님을 보기 위해서 왔습니다.

동방 박사들의 예물은 중요한 신학적 의미를 가집니다. 황금은 왕에게 드리는 예물이요, 유향은 제사장에게 드리는 예물이요, 몰약은 구세주에게 드리는 예물이 되기 때문입니다. 메시야를 만나려는 이들의 노력과 희생은 참으로 큰 것이었습니다.

그러나 오늘 우리들에게 더 큰 관심을 끄는 것은 목자들입니다. 그들은 무식하고 단순하고 가난한 사람들이었습니다. 그러나 그들은 자신의 직업에 충실한 사람들이었습니다. 밤새도록 양들을 지켰기 때문입니다. 사단은 게으른 사람들을 불러 자신의 종으로 삼고 하나님은 부지런한 사람들을 불러 자신의 장으로 삼는 법입니다. 누가복음 2장에 나오는 시므온이나 안나도 참으로 경건한 사람들이었습니다.

셋째는 여관집 주인과 같은 부류의 사람들이 이 세상에는 많이 있습니다. 이들은 세속적인 일에 바쁜 사람들입니다. 동물처럼 위는 쳐다보지 못하고 아래만 들여다보면서 살기 때문입니다. 오늘 우리는 혹시나 이런 사람들이 아닌지 두렵습니다. 바쁘다 바빠하면서 당시의 여관집 주인처럼 사관에 아기 예수님이 누울 장소도 제공하지 못하는 우리는 아닌지 모르겠습니다. 과연 주님이 지금 우리에게 오신다면 우리의 마음의 사관(舍館)에 모실 수 있을까요? 우리의 가정이란 사관에 주님을 모실 수 있을까요? 사업의 사관에는 어떻습니까? 저는 며칠 전 우리 성도의 어떤 분의 직장을 찾아가서 기도해주는 과정에서 예수님을 사장님으로 모시고 집사님은 전무 노릇만 하라고 했습니다. 주님을 이용하려고만 하지 말고 내가 주님께 이용당하고, 주님의 영광을 위해서 쓰여져야 한다는 말입니다.

3. 왜 여관집 주인은 아기 예수님에 대해 무관심했습니까?

(1) 여관집 주인은 사업이 너무도 바쁘기 때문이었을 것입니다.

사업을 하는 사람을 businessman이라고 하는데 그것은 그들이 가장 바쁜 사람들, 가장 분주한 사람들이기 때문입니다. 그러나 우리 성도들은 사업을 해도 그것이 전부가 아님을 기억하시기 바랍니다.

(2) 아래만 보는 사람

여관집 주인은 제 위의 세계에 대해서는 전혀 관심이 없었기 때문일 것입니다. 인간은 직립 동물입니다. 위를 바라보고 살라는 뜻입니다. 그러나 동물처럼 아래만 바라보고 사는 사람들이 많습니다.

(3) 겉만 보는 사람

여관집 주인에게는 예수님이 너무 초라하게 보였기 때문일 것입니다. 그가 예루살렘에 태어났거나 왕가나 부잣집에 태어났다면 형편은 달랐을 것입니다.

(4) 이익만 추구하는 사람

여관집 주인이 볼 때에 예수님과 관계를 가지는 것이 세상의 성공과 출세에 직접적인 도움이 되지 않기 때문이었습니다. 지금도 군대나 회사에서 상관이 예수를 믿으면 많은 사람들이 교회에 나옵니다. 충현교회도 대통령께서 교회에 나오실 때에는 약 500여 명이 더 나왔습니다.

4. 성탄을 보람 있게 의미 있게 기쁘게 보내는 방법은?

(1) 단순한 마음

아기 예수님을 경배하는 동방박사의 심정과 목자들의 단순한 마음을 가져야 합니다. 지금 우리는 너무 복잡합니다.

(2) 지극히 작은 자를 돌볼 때

주님 기뻐하실 예물을 준비하여 드릴 때 성탄의 의미와 기쁨은 옵니다. 마25:40, 45절, 지극히 작은 자에게 하지 아니한 것이 바로 주님에게 하지 아니한 것이요, 지극히 작은 자에게 한 것이 바로주님에게 한 것임을 기억합시다.

(3) 찬양 경배

지극히 높은 곳에 계신 하나님께 경배하고 찬양할 때 참 기쁨은 옵니다.

(4) 복음을 나눌 때

복음을 나눌 때(사랑을 나눌 때) 기쁨도 함께 옵니다. 오늘 많은 분들이 교회에 참석한 것을 감사합니다. 성탄의 기쁨도 함께 할 줄로 믿습니다. 평소에도 이런 기쁨을 함께 나누시기를 바랍니다.

(5) 기름 준비

재림의 주님을 위해서 준비하면 성탄의 목적은 이루어지고, 기쁨과 즐거움이 넘치게 될 것입니다. 무슨 준비를 해야 합니까? 기름 준비, 즉 믿음을 준비하고 성령의 충만한 삶을 살면 옵니다.

맺는 말

이제 설교를 마치려고 합니다. 오늘 성탄을 맞아서 하나님께는 영광이, 여러분 모두에게는 은혜와 평화가 넘치기를 축원합니다. 그러려면 헤롯처럼 예수님을 미워하면 안 됩니다. 여관집 주인처럼 무관심해도 안 됩니다. 목자들처럼 단순한 신앙을 가지시기 바랍니다. 동방박사들처럼 경배하는 자세와 예물을 준비하시기 바랍니다. 그러면 오늘의 성탄절은 어느 때보다 다르게 참 기쁨이 넘칠 것으로 믿습니다.

이 복음은?

(롬1:16-7)

오늘의 말씀은 로마서의 핵심구절입니다. 바로 이 말씀에서 루터의 종교개혁이 일어났습니다. 우리들에게도 이런 놀라운 하나님의 역사가 나타나기를 바랍니다.

복음에는 어떤 역사가 나타나는가?

1. "하나님의 능력이 됨이라".

세상에는 세 가지 종류의 능력이 있습니다. 첫째는 인간의 능력, 둘째는 자연의 능력, 세 번째는 하나님의 능력이 있습니다. 인간의 능력은 참으로 엄청나다. 오늘의 과학은 달나라를 여행하고 쥐를 고양이만큼 크게 만들 수도 있습니다. 그러나 자연의 능력 앞에서는 무능하기 짝이 없습니다. 바람의 능력, 물의능력, 그래서 참으로 자연의 능력을 아는 사람들은 겸손해집니다

그러나 하나님의 능력은 인간을 만들고 자연을 만들었다. "빛이 있으라" 하매 있었고 모든 것이 말씀으로 되었습니다. 그런데 복음은 하나님의 능력이라고 하였습니다.

1) 영적으로 죽은 자를 살리는 구원의 능력이 됩니다.
2) 죄인을 의인으로 만드는 능력이 있습니다.
3) 불행한 사람을 행복한 사람으로 만듭니다.

4) 인간을 지옥에서 천국으로 이민시켜주기도 합니다.

그러므로 "내가 이 복음을 부끄러워하지 아니하노니"란 말씀대로 복음을 부끄러워하지 마십시오. 크리스천인 것을 부끄러워말고, 하나님의 자녀인 것을 부끄러워하지 마십시오.

그러나 복음이 누구에게나 역사가 나타나는 것은 아닙니다. 오직 믿는 자에게만 나타납니다. 복음에는 초자연적인 힘이 있지만 그러나 그 힘은 믿음이 있을 때에만 나타납니다.

2. "하나님의 의가 나타나서"

구원은 의로워질 때 받게 됩니다. 세상에는 두 가지의 의가 있습니다.

(1) 인간의 의

율법을 지킴으로, 의롭게 삶으로, 선을 행하고, 공을 세움으로.

(2) 하나님의 의

루터가 발견한 것은 인간의 의로서는 절대로 의롭게 될 수 없다는 사실이었습니다. 인간의 의는 하나님 앞에서는 마치 걸레와 같은 것임을 깨달았습니다. 방이 깨끗해 보이지만 문틈으로 들어오는 햇빛 앞에서는 먼지가 뿌옇게 나타납니다. 그러면 하나님의 의는 어떻게 나타나는가? 하나님의 의는 믿음으로 말미암아 오는 의입니다. 그러므로 아무도 자랑할 것이 없습니다. 교만할 것이 없습니다. 차별이 없기 때문입니다.

3. "믿음으로 믿음에 이르게 하나니"

1) 믿음 없는 사람들을 믿음이 있게 합니다. "믿음은 들음에서 나며"
2) 작은 믿음에서 큰 믿음에 이르게 합니다.
3) 형식적인 믿음에서 능력이 있는 믿음을 갖게 합니다.

4. "오직 의인은 믿음으로 말미암아 살리라"(본문에서는 세 가지를 말씀해

준다).

(1) "오직 의인은"

율법을 행함으로 얻어지는 의가 아닙니다. 오직 법적 의를 말합니다.
이 의란 하나님과의 바른 관계를 말합니다. 다시 말하면 하나님과 바른
관계를 가질 때 우리는 천국에 갈 수 있고, 하나님의 자녀가 될 수 있
고, 구원을 받습니다.

(2) "믿음으로 말미암아"

하나님의 의를 얻는 비결은 오직 믿음뿐입니다. 율법을 지킴으로 되
는 것이 아닙니다. 선을 행함으로 되는 것이 아닙니다. 공로로 되는 것
이 아닙니다.

(예화) 루터의 방황과 깨달음(시편31편 1절 "주의 의로 나를 건지소서").

(3) 믿음이란 세 가지가 있어야 합니다.

가) 믿음의 대상에 대한 "지식"

나) 액면 그대로 말씀을 받아들임.

다) 내어맡기는 것(commitment)

(4) "살리라 함과 같으니라"

믿으면 구원받는다. 믿습니까? 죄인도 믿음만 있으면 구원받는다. 문
제는 큰 죄인이 아니니까 안 믿어도 구원받는다고 착각하는 데 있습니다.

(예화) 큰 돌과 작은 돌(큰 돌은 어디서 가지고 왔는지 아는데 작은 돌은 모른
다. 그래서 제 자리에 갖다 놓기가 힘들듯이 죄도 그렇다).이 다 바다에
가라앉는다.

죄 사함을 받을 때

(행2:37-41)

　　우리 인간을 불행하게 만드는 것이 바로 죄란 바이러스입니다. 이 죄가 들어가면 먼저 마음에 고통이 생기고, 근심과 걱정이 생기고, 다음에는 가정이 깨어지고, 또 사회가 부패하여집니다. 그래서 역사를 보면 인간은 세 가지 중요한 문제를 안고 그 문제를 해결하려고 노력해온 것을 볼 수 있습니다. 첫째는 오늘 말씀드리려고 하는 죄의 문제이고, 다음은 죽음의 문제이고, 셋째는 어떻게 하면 보람 있게 살 수 있는가 하는 의미의 문제였습니다.

　　그중에서도 이 죄의 문제를 해결하기 위해서 국가에서는 법을 무섭게 강화하고, 많은 경찰서를 만들고, 또 교도소를 설치해서 죄가 번지지 않도록 죄수들을 격리시키고, 또 많은 학교들을 만들어서 교육도 합니다. 그러나 죄의 바이러스는 세계적으로 점점 더 번져갑니다. 저는 한국에서만 죄가 심각한 줄 알았더니 일본도 예외가 아닌 것을 보았습니다. 리쿠르트 사건을 비롯해서 왜 그렇게 정치가 부패했는지 알 수가 없습니다. 그러나 이 죄는 국가가 해결을 못합니다. 오직 예수님만이 해결해 주실 수 있습니다. 믿습니까? 그것도 오직 십자가를 통해서만이 해결할 수 있는 것입니다. 오늘은 베드로의 두 번째 설교를 통해서 함께 죄 사함을 받는 비결과 또 죄 사함을 받을 때 어떤 현상이 일어나는지를 함께 살펴보면서 은혜를 나누려고 합니다.

1. 베드로의 오순절 설교

오순절에 참석한 모든 제자들이 방언을 듣고 새 술에 취하였다고 조롱을 당했습니다. 여기서 베드로는 자신들에게 임한 성령의 역사와 외적으로 나타난 방언현상을 설명하기 위해서 그들 앞에서 설교를 시작한 것입니다. 사도행전에는 베드로의 설교가 9개가 수록되어 있는데 그 중에서 두 번째의 설교가 오늘의 말씀입니다.

베드로의 설교의 구조를 보면, 직접적 담화로 시작합니다. 다음에는 주의를 기울이라는 호소를 합니다. 특별히 청중들의 오해를 지적하여 저들을 회개하게 합니다. 구약성경을 인용해서 이것이 성경에 근거한 것임을 깨닫게 하였습니다. 베드로의 설교를 보면 기독론적 메시지가 중심을 이루고 있습니다. 마지막으로 회개에 대한 권면과 구원의 선포로 끝나고 있습니다.

2. 먼저 죄 사함을 받으려면?

(1) 첫째로 37절에 "이 말을 듣고"라고 했습니다. 하나님의 말씀이 임해야 회개하게 됩니다.

(2) 둘째로 형제들아 우리가 어찌 할꼬 하는 애통하는 마음이 와야 합니다. 이것은 죄에 대한 깨달음을 말합니다. 하나님의 말씀이 임하면 생겨지는 결과는 마음에 찔리는 가책이 옵니다.

(3) 셋째는 "회개하여" 죄는 요일 1:9절의 말씀대로 회개할 때 해결됩니다.

(4) 넷째로 세례를 받아야 합니다. "각각 예수 그리스도의 이름으로 세례를 받고" 세례에는 두 가지 종류의 세례가 있습니다. 하나는 물세례이

고 다른 하나는 성령세례입니다. 이 둘은 사실은 손바닥과 손안과 같이 하나입니다. 여기서 성령세례를 받을 때에 우리는 "죄 사함을 얻으리라"는 말씀대로 하나님의 사죄의 축복이 임하는 것입니다.

3. 죄 사함을 받은 후에 주시는 축복은?

(1) "성령을 선물로 받으리니" 그러면 누구에게 성령을 선물로 주십니까?

　가) "너희와"(당시의 유대인들)

　나) "너희 자녀와"(유대인 후손들)

　다) "모든 먼데 사람"(여기에 저와 여러분들이 포함됩니다)

(2) "제자의 수가 삼천이나 더하더라"(교회의 성장).

본래 교회의 성장이란 말은 하나님의 교회의 성장이란 말에서 유래하였습니다. 그러나 그 후에 '하나님의'란 말이 떨어지고, 마치 개교회의 성장만을 뜻하는 것으로 오해되고 있습니다. 교회는 하나의 공동체이기 때문에 모든 교회가 다 같이 성장하도록 해야 합니다. 그러려면 성령을 선물로 받고 뜨거워져야 합니다. 그런 축복이 저와 여러분들 모두에게 임하기를 축원합니다.

싸우려 할 때에

(신20:1-5)

봉독한 말씀가운데 1절을 보시기 바랍니다. "네가 나가 대적과 싸우려 할 때에"라고 말씀하면서 전쟁 시에 유의해야 할 점을 기록하고 있습니다. 그래서 오늘은 여러분들과 함께 '싸우려 할 때에'라는 제목으로 우리의 신분은 무엇이며 대적은 누구인가, 또 어떻게 싸울 것인가를 말씀드리면서 이 시간 하나님께서 우리들에게 주시는 은혜를 기다리려고 합니다.

1. 첫째로 우리가 누구인지 신분부터 말씀드리겠습니다.

방금 봉독한 말씀은 우리 인생은 끝없이 전쟁을 하며 싸우는 군사들, 곧 십자가 정병들임을 말씀하고 있습니다. 중요한 것은 내가 누구냐 하는 신분을 아는 것과 또 어느 위치에 있느냐를 아는 것입니다. 소위 주제파악을 바로 해야 우리는 승리할 수 있습니다. 기업인은 기업인으로서 교사는 교사로서, 농부는 농부로서의 소명의식을 분명히 가져야 합니다. 그런데 성경에 보면 우리 성도들을 여러 가지로 묘사하고 있습니다. 너희는 포도나무라고 하면서 받침대 되신 주님을 떠나서는 살 수 없음을 말씀하기도 하고, 너희는 양이라고 하면서 목자 되신 주님을 떠나서는 살 수 없음을 지적하기도 합니다. 그런데 본문에 보면 우리를 싸우는 사람, 즉 십자가 정병이라고 하였습니다.

이것이 바로 우리의 신분이요 위치입니다. 우리는 불의와 싸우고, 죄와 싸우고, 세상과 싸우는 십자가 정병입니다. 한마디로 말하면 사탄 마귀와 싸우고 있는 십자가 정병입니다. 이 신분을 바로 파악해야 합니다. 그렇다면 이제 우리는 우리의 대적이 누구이며, 어떤 자세를 가져야 하며 또 어떤 무기로 무장을 해야 할 것인지를 말씀드리겠습니다.

2. 우리의 대적은 누구입니까?

우리의 싸움의 대상은 에베소서 6장 12절에 아주 분명하게 지적하고 있습니다. 우리 한번 찾아서 함께 읽어보겠습니다. "우리의 씨름은 혈과 육에 대한 것이 아니요 정사와 권세와 이 어두움의 세상 주관자들과 하늘에 있는 악의 영들에게 대함이라". 이것을 좀 더 구체적으로 말씀드리면 첫째는 사탄 마귀와 싸우는 것이고, 둘째는 세상과 싸우는 것이고, 셋째는 육체의 욕심과 싸우는 것입니다.

이번에 새 정부가 시작되면서 크게 세 가지를 척결하겠다고 공약했습니다. 첫째는 부정부패를 없애겠다, 둘째는 경제를 살리겠다, 셋째는 국가의 기강을 살리겠다는 것이었습니다. 이 세 가지는 국민들이 원하는 것이기에 다 좋습니다. 그러나 보다 근본적인 것이 있다는 것을 우리는 잊지 말아야 합니다. 지금 대통령이 공약한 것은 다 외적인 것이기 때문에, 보다 더 중요한 것, 보다 더 근본적인 것이 있다는 것을 우리는 기억해야 합니다. 즉 우리의 싸움은 사탄 마귀와의 싸움이요, 악의 세력과의 싸움이란 점입니다. 그러므로 여기서 패배하면 우리는 외적인 것도 이룰 수가 없습니다.

인간은 근본적으로 타락한 존재입니다. 아담과 하와의 범죄이후에 인간은 태어날 때부터 부패한 존재로 태어납니다. 이것을 칼빈주의에서는 '인간의 전적 타락'이라고 말합니다. 그래서 우리 인간이 영적으로 새로워지기 전에는 절대로 부정부패는 척결할 수가 없습니다. 다시 말하면 물과 성령으로 거듭나지 아니하면 절대로 부정부패는 척결할 수가 없습니다. 이 영적 원리를 새 정부가 망각한다면 새 정부도 5공, 6공과 차이가 없을 것입니다. 그러므로 이것을 위해서 우리 교회들은 하나님의 음성을 새 대통령을 비롯한 모든 정부의 결정권을 가진 사람들에게 들려주는 예언자적 역할을 감당해야 합니다.

저는 솔직히 지금까지는 믿는 사람이 이번에 대통령이 되는 것이 하나님의 뜻이라고 믿었기 때문에 앞장서서 기도하고, 앞장서서 활동했지만 이제는 기도와 함께 이 시대의 나단선지자가 되어 틀린 것에 대해서는 "아니오"라는 말을 하려고 합니다. 저는 솔직히 자격이 부족한 사람입니다. 그러나 여러분들이 기도해 주시면 죽으면 죽으리라는 각오로 해나갈 수 있습니다.

3. 십자가 정병들이 가져야 할 마음의 자세는?

(1) 두려워 말라

1절에 "많음을 볼지라도 그들을 두려워 말라". 이유는 1절 하반 절에 나옵니다. "애굽땅에서 너를 인도하신 여호와께서 너와 함께 하시느니라". 솔직히 지도자가 된다는 것과 앞장서서 싸워야 한다는 것이 저는 두렵습니다.

여러분들도 두려울 것입니다. 이것이 인간입니다. 세상이 두렵고, 사탄 마귀가 두렵고, 권력이 두렵고, 돈이 두렵습니다. 그러나 이스라엘 백성들을 애굽에서 인도하여 내신 전능하신 하나님이 우리와 함께 계십니다.

그러므로 첫째는 확신을 가져야 우리는 승리할 수 있습니다.

(2) 함께 행하시는 하나님

둘째로 4절에 이렇게 말씀하고 있습니다. "너희 하나님 여호와는 너희와 함께 행하시며" 혼자서 우리가 무엇을 하는 것이 아니라 하나님이 우리와 함께 행한다고 했습니다. 믿습니까? 우리의 대적이 되는 사탄은 우리보다 더 지혜가 있고, 더 영리합니다. 얼마나 간교한지 우리의 단점을 용케 알아서 그것을 이용해서 우리들을 공격합니다. 정에 약한 사람은 정을 통해서, 돈에 약한 사람은 물질을 통해서, 권력에 약한 사람은 권력을 통해서 유혹합니다. 사탄은 666입니다. 완전수가 못됩니다. 그렇지만 하나님은 777입니다. 완전하십니다. 문제는 포도덩굴인 우리가 받침대 되는 주님만 의지하면, 또 양인 우리가 목자 되신 예수님만 의지하면 우리는 반드시 승리할 수 있습니다. 부정부패도 척결할 수 있고, 질서도 회복할 수가 있습니다. 경제도 회복할 수가 있습니다.

(3) 구원하시는 하나님

셋째로 4절 하반 절을 보시기 바랍니다. "너희 하나님은 너희를 위하여 너희 대적을 치고 너희를 구원하시는 자니라" 즉 우리가 싸우는 것이 아닙니다. 하나님이 싸우는 것입니다. 그러므로 우리가 하나님만 따라가면 광야 이스라엘 백성들을 대신해서 암본과 아말렉과 불레셋을 치셨던 그 하나님께서 우리를 대신하여 싸워주신다는 것입니다. 믿습니까?

4. 십자가 정병이 가져야 할 무장은?

에베소서 6장 11절에 보면 "마귀의 궤계를 능히 대적하기 위하여 하나님의 전신갑주를 입으라"고 했습니다. 군인은 빈손으로는 못 싸웁니다. 무장을 해야 합니다. 그것이 바로 하나님의 전신갑주라고 하였습니다. 그러면 구체적으로 하나님의 전신갑주가 무엇입니까? 바울은 당시의 로마병정을 비유적으로 이렇게 말씀했습니다.

방어용 무기로서는 진리의 허리띠, 의의 흉배, 복음의 신, 구원의 투구, 무엇보다도 믿음의 방패가 필요하다고 했습니다. 그러나 공격용 무기가 있어야 합니다. 그것은 바로 말씀의 방패입니다. 그러나 여기에 한 가지를 덧붙이라고 했습니다. 그것은 바로 기도의 무전기입니다. 왜냐하면 현대는 정보화시대이기 때문에 누가 정보를 지배하느냐에 따라 모든 것이 결정될 것입니다.

맺는 말

이제 설교를 마치려고 합니다. 우리는 다 사탄과 세상과 육체와 싸우는 십자가 정병입니다. 우리는 자신이 누구인 것을 신분이 무엇인 것을 알뿐 아니라 우리의 대적이 누구인 것도 알아야 합니다. 사탄과는 정면으로 맞서야 승리합니다. 세상과는 타협하지 말아야 승리합니다. 육체와의 싸움은 피해야 승리합니다.

그러나 우리는 혼자서 싸우는 것이 아니라 하나님과 함께 사탄과 싸우고 있습니다. 아니 하나님이 대신 싸워주시고 있습니다. 그러므로 우리가 믿음으로만 싸우면 승리는 우리의 것이 될 것입니다.

기쁨으로 추수하려면

(시편 126:1-6)

성경에는 인생을 여러 가지로 비유하고 있습니다. 때로는 전쟁을 하는 군인으로, 때로는 운동장에서 경기를 하는 스포츠맨으로, 혹은 여행을 하는 나그네로, 또 때로는 본문에서 볼 수 있듯이 농부로 비유하기도 합니다. 가을에 들에 나가 보면 벼들이 누렇게 익어가는 것을 봅니다. 아, 정말 결실의 계절이 왔구나 하는 것을 실감할 수 있습니다. 그런데 문제는 농부들의 얼굴에 기쁨이 없습니다. 가을이 되어 추수를 앞두고 기쁨이 있어야 할 텐데 없습니다. 추수 때는 되었지만 수고한 대가가 나오지 않기 때문입니다. 비료 값, 농약 값을 빼고 나면 자신들의 수고한 노동비가 나오지 않기 때문입니다. 저는 그것을 보면서 내 인생의 가을에도 이렇게 얻은 것이 없으면 어떻게 하나 하는 두려움이 생겼습니다. 그래서 오늘은 농부로서의 성도의 의무를 함께 같이 살펴보면서 우리 인생의 가을에는 영적으로 보다 많은 추수를 하는 저와 여러분들이 다 되시기를 주님의 이름으로 축원합니다.

1. 농부

사람은 그 직업이 농부가 아니라 해도 신령한 의미에서 누구나 추수를 해야 하는 농부로서의 의무가 있습니다. 그러면 먼저 우리들에게 어떤 의무가 있습니까? 추수에는 세 가지 종류의 추수가 있습니다.

  1) 생물학적 추수
  2) 직업적 추수
  3) 영적 추수의 세 가지가 있습니다.

　먼저 생물학적 추수가 있습니다. 우리는 태어나서 어른이 되면 결혼을 하게 되고 결혼을 하게 되면 원칙적으로 자녀를 가지게 됩니다. 이것은 결혼한 사람들이 가지는 생물학적 추수라고 할 수 있습니다. 그러나 또 우리는 사회적 동물이기 때문에 직업적 추수를 해야 합니다. 우리가 가지는 직업이 지금 만 삼천 종류가 넘습니다. 그런데 이 직업들은 다 우리의 사는 생활과 관계가 있습니다. 말하자면 직업이란 문화창조 자체인 것입니다. 그런데 창세기를 보면 하나님께서 아담을 창조하신 후에 땅을 정복하라고 하였습니다. 이것이 바로 문화명령입니다. 이 문화명령을 이루기 위해 우리는 직업이란 것을 가지게 됩니다. 따라서 직업이란 단순히 밥벌이나 하는 것이 아닙니다. 직업은 바로 문화명령을 이루는 수단인 것입니다. 따라서 저와 여러분들은 하나님의 제일 명령인 문화명령을 이루어야 하는 책임이 있습니다.

　끝으로 우리 성도들에게는 영적 추수를 해야 하는 책임이 있습니다. 무엇보다도 성령의 아홉 가지의 열매를 맺어야 합니다. 잎만 무성한 무화과나무처럼 되면 결국 책망을 받을 수밖에 없습니다. 결국 저와 여러분들은 주님의 흰 보좌 앞에서 마지막 심판을 받아야 하는 존재들입니다. 따라서 하나님 앞에서 자랑스러운 보고서를 제출하기 위해서라도 우리는 많은 영적 열매를 맺어야 합니다. 먼저 하나님과 우리 사이에 열매가 맺혀져야 합니다. 그것은 바로 사랑과 희락과 화평의 열매입니다. 다음은 나와 이웃사이에 열매가 있어야 하는데 그것은 바로 오래 참음과 자비와 양선의 열매입니다. 다음은 내 인격 속에 열매가 맺혀져야 합니다. 그것은 충성과 온유와 절제의 열매입니다.

2. 우리가 어떻게 할 때에 풍성한 추수를 할 수 있을까요?

무엇보다도 우리가 씨를 뿌려야 하는 밭에 대한 바른 지식이 있어야 합니다. 첫째는 밭의 성격이 어떤 것인지 알아야 한다는 말씀입니다. 둘째는 좋은 씨앗을 많이 뿌려야 합니다. 나쁜 씨를 뿌려서는 수확이 적습니다. 셋째는 물을 주고, 거름을 주고, 잡초를 뽑아주고, 농약을 뿌려서 병이 들지 않게 해주어야 합니다. 그런데 우리가 씨를 뿌릴 밭에는 마태복음 13장을 보면 네 가지 종류가 있다고 하였습니다.

첫째는 길가밭, 즉, 영적인 것에 대해 전혀 무관심한 사람들,

둘째는 돌작밭, 영적인 것에 관심도 많고 금방 잘 받아들이지만, 너무 신비주의적으로 흘러 뿌리가 깊지 못해 세상의 유혹과 세상의 찬바람이 불 때 그만 시들어버리는 사람들,

셋째는 가시밭, 영적인 것에 관심도 많고 잘 받아들이지만 그러나 세상의 걱정과 쾌락에 빠져 그만 신앙이 '질식'되고 마는 사람들,

넷째는 좋은 밭, 때로는 천천히 싹이 나고 천천히 자라지만 말씀에 뿌리를 내려 마침내 열매를 맺는 선한 마음을 가진 사람들이라고 하였습니다. 물론 이 말은 말씀을 듣는 자들의 자세를 중심으로 말씀한 것입니다.

다음은 씨앗의 종류입니다. 성경에서 씨에 대해 말할 때에 육체를 위하여 심는 자와 성령을 위하여 심는 자로 둘로 나누어 말씀하고 있습니다. 다음은 풍성한 추수를 위한 농부의 자세가 바로 되어야 합니다. 이 세상에는 네 가지의 자세가 있습니다.

1) 수고 없이 추수를 하려는 사람
2) 땀을 흘리며 씨를 뿌리는 사람
3) 눈물을 흘리며 씨를 뿌리는 사람

4) 피를 흘리며 씨를 뿌리는 사람이 있습니다.

그러면 땀을 흘리며 씨를 뿌리는 사람은 어떤 사람입니까? 열심히, 최선을 다해 일하는 사람입니다. 그러나 이들은 어디까지나 주인의식이 없습니다. 언제나 삯군의식 밖에 없습니다. 물론 이런 사람들도 눈치나 보면서 일하는 보통의 다른 사람보다 더 많은 추수를 할 수는 있습니다. 먹고도 남을 만큼 추수를 할 수 있습니다. 그러나 남에게 줄 수 있는 것은 없습니다. 다음은 피를 흘리며 씨를 뿌리는 사람입니다. 자신의 생명을 바치면서 씨를 뿌린 사람을 말합니다. 자신은 아무것도 가진 것이 없이 오직 남에게 주기 위해 일하는 사람입니다. 주님이 바로 피를 흘리며 씨를 뿌리신 분이십니다. 구약의 선지자들과 신약의 모든 사도들이 바로 그런 분들입니다. 그러나 성경에서는 우리 모두가 이런 사람이 되라고 말씀하고 있지 않습니다. 다만 눈물을 흘리며 씨를 뿌리는 사람이 되기를 원하고 있습니다.

그러면 눈물을 흘리며 씨를 뿌리는 사람은 어떤 사람입니까? 단순히 열심히, 최선을 다해 일하는 것뿐 아니라 자신의 시간과 물질을 희생하면서 일하는 것을 말합니다. 우리가 남에게 무엇을 주려고 할 때, 사실 내가 다 쓰고는 줄 것이 없습니다. 언제나 내가 안 써야 남에게 줄 것이 있습니다. 어떤 분들은 말하기를 "아니, 돈이 있으니까 남을 주지, 나처럼 가난해봐!"하고 말합니다만 다 남을 도와줘 보지 못한 사람들의 말입니다. 아닙니다. 돕는 것은 자신의 희생 없이는 절대로 불가능합니다. 따라서 눈물을 흘리며 씨를 뿌리는 사람은 자신을 희생하는 사람입니다. 자신이 쉴 시간을 희생하고, 자신이 마땅히 누려야 할 쾌락을 희생하고, 자신이 누려야 할 편리를 희생하고, 자식들을 위해 남겨줄 유산을 희생하는 것입니다.

그러나 여기서 눈물을 흘리며 씨를 뿌린다는 말은 단순히 밭에 씨를 뿌리는 행위만이 아니고, 가꾸는 모든 행위를 다 포함하는 말입니다. 여러분, 밭에 물을 주어 보았습니까? 요즈음에는 스프링클러라는 장치가 있기는 합니다만 아직은 대농들을 제외하고는 국내에는 사용하는 분들이 별로 없습니다. 로스앤젤레스에 가니까 거의가 이런 식으로 농사를 짓는 것을 보았습니다. 그런 분들은 비가 안와도 큰 걱정은 없습니다. 로스앤젤레스에는 지난 5년 동안 비가 안 와도 농사짓는 데는 큰 지장이 없었습니다. 그러나 한국같이 소농을 하는 사람들은 그렇지 않습니다. 일 년만 안 와도 큰일입니다. 농사를 지어 보니까 물만이 큰 문제가 아니고, 비료주고, 김매주고, 더 중요하고 어려운 것은 농약을 주는 사람이 농약에 중독되기도 하고, 곡식에 농약이 많이 묻어서 문제가 되기도 합니다. 또 잡초의 극성도 보통이 아닙니다. 아무리 뽑아도 또 나오고, 곡식의 몇 배 빠르게 성장합니다. 결국 농사는 잡초와의 싸움이라고 할 수 있습니다. 그래서 요즈음에는 제초제가 많이 나옵니다. 그러나 제초제는 여러 가지의 후유증이 있습니다.

그래서 농사를 짓는 것이 참 어렵습니다. 많은 사람들이 농사를 못 짓겠다고 시골을 떠납니다. 너무 힘이 들고, 게다가 다른 것은 다 그만두고라도 노동의 대가가 안 나옵니다. 그래서 저는 여러분들에게 시골에 가서 육체적으로 농사를 지으라고 말하고 싶지는 않습니다. 그러나 우리는 신령한 농사를 다 짓는 사람임을 명심하시기 바랍니다. 불신자들은 육체의 농사만 지으면 다 되지만 그러나 우리 성도들은 그렇지 않습니다. 우리는 신령한 농사를 지어야 합니다. 말씀의 씨앗을 뿌려야 하고, 기도의 물을 주어야 하고, 성경연구의 거름을 주어야 하고, 봉사의 김을 매주어야 합니다. 그럴 때 우리는 비로소 많은 추수를 할 수 있습니다.

3. 눈물을 흘리며 씨를 뿌릴 때 하나님은 어떤 보답을 주십니까?

시편 기자는 '기쁨으로 거두리로다'라고 하였습니다. 그러면 기쁨으로 거둔다는 말은 무슨 말입니까?

첫째는 노력한 수고의 대가가 나온다는 계산에서 기뻐하는 것입니다.

둘째는 추수할 것이 많아 기뻐할 것이란 말입니다.

셋째는 곳간에 거두어들인 곡식이 먹고도 남을 만큼 여유가 있고, 그래서 남에게 나누어 줄만큼 여유가 생긴 것을 말합니다.

여러분, 참 기쁨이 언제 생깁니까? 그것은 돼지처럼 혼자서 많이 먹고 산처럼 쌓고 배를 두들기면서 살 때 생기는 것이 절대로 아닙니다. 남에게 무엇을 줄 수 있을 때 참 기쁨이 생기는 것입니다.

참으로 사람이 사는 참 재미는 나누어 주는 재미입니다. 누가 참 부자입니까? 절대로 재산이 많은 사람이 아닙니다. 사업체도 많은 사람도 아닙니다. 남에게 줄 것이 많은 사람이 참 부자입니다. 남에게 많은 것을 주는 사람은 절대로 소위 말하는 부자가 아닙니다. 소위 세상 부자들은 자신의 기업을 유지하기 위해 돈을 쓰다가 남을 도와주지도 못한 채 죽고 맙니다. 그래서 참으로 남을 도와주는 사람은 평범한 사람들, 스스로 쓸 것을 절약하면서 나누어 주는 사람입니다.

따라서 눈물을 흘리며 씨를 뿌리는 사람은 세 가지 보답이 생기는데

첫째는 삶의 의미를 가지는 것입니다. 인간의 참 행복은 돈에 있는 것이 아닙니다. 인간의 참 행복은 지식을 많이 가지는 데 있는 것도 아닙니다. 권력을 잡는데 있는 것도 아닙니다. 인기를 누리는데 있는 것도 아닙니다. 의미를 깨닫고, 보람을 느낄 때 오는 것입니다. 이 의미와 보람은 저절로 주어지는 것이 아닙니다. 하나님이 기뻐하는 일을 할 때 오는 것이고, 하나님께 영광을 돌릴 때 오는 것입니다. 이런 삶의 의미

가 여러분들에게 넘치기를 축원합니다.

둘째로 눈물을 흘리며 씨를 뿌리는 사람에게는 기쁨이란 보상이 옵니다. 이 보상은 결단코 작은 것이 아닙니다. 우리는 이 세상에서 순간적인 기쁨과 쾌락을 맛보기 위해서 향락에 빠지기도 하고, 도박을 해보기도 하고, 술과 여자에 빠지기도 합니다. 그러나 이런 기쁨들은 잠시 후에는 후회로 변하고 맙니다. 그러나 눈물을 흘리며 영적 씨앗을 뿌리는 사람들은 기쁨이란 보상을 얻게 됩니다.

셋째는 하나님 나라에 갈 때에 귀한 면류관을 받습니다. 행위록에 기록되는 축복을 받습니다. 그래서 주님에게서 네가 충성했으니 내가 생명의 면류관을 네게 주리라는 칭찬을 받게 됩니다.

지금 여러분들에게 눈물이 있습니까? 너무 슬퍼만 하지 마시기 바랍니다. 그 눈물은 천국의 진리를 보는 렌즈가 될 것이기 때문입니다. 여러분들이 영적 씨앗을 뿌리는데 눈물을 흘린다면 기쁨의 추수를 할 것이요, 많은 열매를 맺으므로 인생의 참된 보람을 느끼는 축복을 받게 될 줄로 믿습니다. 이런 축복이 여러분 모두에게 함께 하시기를 축원합니다.

죽음을 영원히 보지 아니하리라

(요 8:37-51)

어린 아이들은 누구나 어두움 속을 혼자 걸어가는 것을 두려워합니다. 그래서 밤에는 부모와 함께 자려고 하고, 혼자 잘 때에는 불을 켜고 자려고 합니다. 마찬가지로 어른들은 누구나 죽음을 두려워합니다. 죽음이 무엇인지 모를 어린 때에는 죽음에 대한 두려움이 없지만 죽음이 바로 이 세상에서의 마지막이란 것을 알 게 될 때에는 그때부터 죽음에 대한 두려움이 생기기 시작하는 것입니다. 그런데 오늘 봉독한 51절의 말씀 속에는 아주 놀라운 말씀이 기록되어 있습니다.

"진실로 진실로 너희에게 이르노니 사람이 내 말을 지키면 죽음을 영원히 보지 아니하리라".

이 얼마나 놀라운 말씀입니까? 그래서 오늘은 이 말씀을 중심으로 함께 은혜를 나누려고 합니다.

1. 죽음에 대한 두려움

하나님은 우리 인간에게 두 가지의 본능을 주셨습니다. 하나는 죽고 싶어 하는 죽음의 본능이고, 다른 하나는 살고 싶어 하는 삶의 본능입니다. 가끔 자살하는 사람들을 볼 수 있는데 이것은 죽고 싶어 하는 죽음의 본능이 살고 싶어 하는 삶의 본능보다 크기 때문입니다. 그러나 일반적으로 대부분의 경우는 삶의 본능이 더 큽니다. 그래서 죽을까봐 두려워하는 것입니다. 이 죽음에 대한 두려움은 마음속 깊이 자리 잡고 있습니다.

사람들이 실직을 두려워하고, 병을 두려워하고, 실패를 두려워하는 것은 바로 이 죽음에 대한 두려움이 깊숙이 뿌리를 박고 있기 때문 입니다. 그런데 따지고 보면 죽음 자체에 대한 두려움보다 여기에 수반되는 것들이 더 우리를 두렵게 합니다. 왜냐하면 인간이 죽게 되면 우리의 모든 비밀, 음모, 간계가 다 사람들 앞에 베일을 벗게 되고, 하나님 앞에 송두리째 드러나게 되기 때문입니다.

그래서 죽은 뒤에 밝혀질 비밀의 탄로와 이로 인해 사람들이 자기를 욕하지나 않을까 하는 것을 생각하면서 우리는 더 두려워하는 것입니다. 게다가 죽은 뒤에 또 다른 세계가 있을까? 있다면 현 세계와 어떤 관계가 있는 것일까? 있다면 어떤 형태의 세상일까? 더욱이 중요한 것은 사후의 세계가 이 땅에 살면서 내가 행한 것과 어떤 관계가 있는 것일까? 등에 대한 두려움이 우리를 괴롭게 만드는 것입니다.

재미있는 것은 죽음에 대한 태도가 동양과 서양이 서로 다르다는 것입니다. 동양 사람들은 늙은 뒤에는 뇌일혈이나 갑자기 죽는 것을 바라고 있고, 서양 사람들은 가능한 암 같은 것에 걸려 천천히 죽기를 바랍니다. 그 이유는 동양이나 한국 사람들은 죽을 때의 통증을 두려워하기 때문이고 서양 사람들은 죽음을 준비할 충분한 시간을 원하기 때문입니다.

그러면 성경은 죽음을 무엇이라고 말합니까? 죽음은 두말할 것도 없이 우리의 마지막 원수인 것입니다. 왜냐하면 죽음은 자연적인 것이 아니라 죄의 결과로 온 하나님의 심판이기 때문입니다. 아담과 하와가 선악과를 따먹음으로 인해서 우리 모든 인간에게 주어진 결과인 것입니다. 따라서 죽음이 두려운 것은 그것이 죄의 결과이기 때문이고, 이 죽음 후에는 반드시 심판이 따라오기 때문입니다.

그런데 주님은 사탄의 역사인 이 죽음을 없애려고 이 땅에 오신 것입니다. 이런 죽음을 앞두고 있는 우리들에게 주님은 놀라운 약속을 하셨습니다. 그러면 주님의 약속은 무엇입니까?

2.주님의 약속

51절에 그 약속이 나옵니다. "진실로 진실로 너희에게 이르노니 사람이 내 말을 지키면 죽음을 영원히 보지 아니하리라" 죽음을 두려워하고 있는 우리들에게 주님은 죽음을 영원히 보지 아니하리라고 약속을 하였습니다. 이 얼마나 놀라운 약속입니까? 그러면 이 약속의 뜻은 무엇입니까?

(1) 아멘, 아멘

먼저 이 약속을 보면 "진실로 진실로"란 말로 시작되는 데 이것은 헬라어 원문에 아멘, 아멘 이라고 기록되고 있습니다. 아멘이란 말은 두 가지의 뜻이 있습니다. 하나는 '진실로'란 뜻이고, 다른 하나는 '그렇게 될 것입니다.'란 뜻입니다. 그래서 본문에는 진실로 라고 번역하고 있고 기도할 때의 아멘은 '그렇게 될 것입니다.'란 뜻입니다. 따라서 이 말씀은 주님께서 여기서 약속한 말씀은 진실되다는 일종의 보증수표와 같은 말씀임을 선포한 것입니다.

(2) 약속을 지키면

둘째로 주님의 약속에는 "내 말을 지키면"이란 조건이 붙습니다. 그러면 이 조건의 뜻은 무엇을 의미합니까? 먼저 "내 말"이란 말씀의 뜻을 살펴보겠습니다. 두말할 필요도 없이 주님의 말씀을 의미합니다. 이것은 바로 성경에 기록된 주님의 말씀을 의미하는 것입니다. 이 말씀을 지키면 된다고 했습니다. 중요한 것은 주님의 말씀을 받아들이는 것만이 아니라 이것을 지켜야 한다고 했습니다.

성경에 보면 하나님이 주신 것을 지키지 않다가 망한 사람들을 많이 볼 수 있습니다. 먼저 에서는 장자권이 귀한 줄 모르고 지키지 않다가 팥죽 한 그릇에 장자권을 야곱에게 팔아 버렸습니다. 또 사울 왕은 이스라엘의 초대 왕으로 선택되었으나 꾸준치 못하고, 의심이 많아 마술을 좋아하다가 왕위를 다윗에게 빼앗기고 말았습니다. 그도 지키지 못하다가 망한 사람입니다. 가룟 유다는 12사도의 하나였으나 돈에 욕심이 많아 그 자리를 귀한 줄 모르고 지키지 않다가 맛디아에게 빼앗겼습니다. 또 유대인들은 하나님의 선민으로 선택되었지만 그 자리가 얼마나 귀한 줄 모르다가 결국 이방인들에게 빼앗기고 말았습니다. 이처럼 지키지 않다가 망한 사람들이 참 많습니다. 그러므로 우리는 지켜야 합니다. 집에 돈이나 보석을 귀중하게 지키듯이 지켜야 한다는 말씀 입니다.

그러면 지킨다는 말의 뜻은 무엇입니까? 크게 네 가지의 뜻이 있습니다. 첫째는 주님의 말씀을 믿음으로 받아들인다는 말입니다. 주님의 말씀을 진리로 믿고 있는 그대로 받아들이는 것이 지키는 첫 단계입니다. 둘째는 그 말씀에 내 자신을 내어맡기는 것을 말합니다. 셋째는 주님의 말씀대로 순종하는 것이 지키는 것입니다. 넷째는 그 말씀을 잃지 않으려고 보물처럼 단단히 간직하는 것을 말합니다.

과연 우리는 이런 자세가 되어 있습니까? 이런 자세가 되어 있을 때 우리는 죽음을 영원히 보지 않는 것입니다.

3. 지키는 자의 특권

그러면 끝으로 주님의 말씀을 지키는 자의 특권은 무엇입니까? 죽음을 영원히 보지 아니하리라고 하였습니다. 그러면 여기서 말하는 죽음은 어떤 죽음입니까? 성경에 보면 세 가지 종류의 죽음이 있는 것을 볼 수 있습니다.

첫째는 영적 죽음입니다. 이것은 우리의 영혼이 하나님과 분리되어 떠나는 것을 말합니다.

둘째는 육적 죽음입니다. 육적 죽음이란 우리의 영혼이 육체와 분리되어 떠나는 것을 말합니다.

셋째는 영원한 죽음이 있습니다. 이것은 우리의 영혼과 육체가 하나님과 분리되어 영원히 떠나는 것을 말합니다. 따라서 여기서는 육적인 죽음을 보지 않는다는 뜻은 아닙니다. 영적인 죽음을 보지 않을 뿐 아니라 영원한 죽음을 보지 않는다는 말입니다. 왜냐하면 주님도 육적인 죽음은 죽었고, 제자들도 육적인 죽음은 죽었기 때문입니다.

사실 우리 인간에게 가장 무서운 것은 영원한 죽음입니다. 즉 지옥에 가는 것만큼 무서운 것이 없습니다. 왜냐하면 지옥에 간 사람은 어느 누구도 빼낼 수 없기 때문입니다. 그것으로 모든 것이 끝나고 말기 때문입니다. 그런데 본문을 보면 주님의 말씀을 지키는 자는 영원히 죽음을 보지 않는다고 했습니다. 할렐루야. 우리에게 이 이상의 소원이 어디 있으며, 바랄 것이 더 무엇이 있습니까? 우리가 가장 무서워하는 죽음을 보지 않는다고 했습니다.

그러면 '죽음을 보지 않는다'는 말의 뜻은 무엇입니까? 이 말은 히브리적 표현입니다. 본문에서는 부정적인 말로 표현되어 있지만 그러나 요한복음 10:10절에 보면 이 말씀이 긍정적인 말로 표현되어 있는 것을 볼 수 있습니다. "내가 온 것은 양으로 생명을 얻게 하고, 더 풍성히 얻게 하려 함이라". 다시 말해서 죽음을 보지 않는다는 말은 영생을 얻는다는 부정적인 표현입니다. 놀라운 것은 보지 않는다고 했을 때 이중 부정(no not)을 사용하고 있는데 이것은 '절대로'란 뜻입니다.

그러므로 죽음의 권능은 성도들에게는 이제 아무런 두려움도 되지 않습니다. 더욱이 감사한 것은 '영원히'라고 하는 단어입니다. 당분간 죽음을 맛보지 않는 것이 아니라 영원히 맛보지 않는다는 것입니다. 믿습니까?

이제 설교를 마치려고 합니다. 인간에게 가장 무서운 것은 하나님과의 영적인 분리인 영적인 죽음과 그 결과로 생기는 영원한 죽음, 곧 지옥의 심판입니다. 그러나 누구든지 주님의 말씀을 지키면 이 죽음을 영원히 보지 않는다고 주님은 약속했습니다. 이것은 주님을 믿는 자의 특권입니다. 주님의 말씀을 지키는 자의 특권입니다. 바라기는 성도들은 주님이 약속하신 이 특권의 소유자가 다 되시기를 바랍니다.

"나는 부활이요 생명이니 나를 믿는 자는 죽어도 살겠고, 살아서 나를 믿는 자는 영원히 죽지 아니 하리라"는 약속을 굳게 잡고, 죽음을 두려워하지 말고, 힘차게 오늘을 살아가는 저와 여러분들이 다 되시기를 축원합니다.

아브라함과 십일조

(창14 : 17-24)

창세기 14장 초두에 보면 성경에 나타난 최초의 전쟁 기사가 기록되어 있습니다. 당시에 시날왕인 아므라벨랑을 비롯한 연합군이 소돔과 고모라등의 메소포타미야 연합군과 싸움이 벌어졌다고 했습니다. 여기에 나오는 아므라벨은 고대에 명성을 떨친 '함무라비'로 성경학자들은 보고 있습니다. 문제는 이 전쟁으로 소돔에 갔던 아브라함의 조카인 롯이 포로로 잡혀갔다는 데 있습니다. 그러나 따지고 보면 롯이 포로가 된 것은 스스로 택한 길이었습니다. 그는 아브라함과 함께 있는 것보다는 '1' 세상과 짝하고(약4:4) 세상을 사랑했다(요일2:15-17), '2' 세상에 순응하였다(롬12:2), '3' 그 결과 마지막으로 그는 세상과 함께 심판을 받는다(고전11:32). 문제는 롯의 영력이 흐려져서 잘못 판단한데 있습니다. 그는 소돔이 평화롭고 자신을 안전하게 보존할 수 있는 장소라고 생각하였습니다. 그러나 소돔은 전쟁과 위험이 도사린 장소였던 것입니다. 그러므로 성도들에게 무엇보다도 중요한 것은 영력이 흐려지지 말아야 합니다. 성도들이 갑자기 세상의 포로가 되는 일은 드뭅니다. 대개의 경우는 롯의 경우처럼 점차적으로 빠져들어 갑니다. 롯은 애굽을 기준으로 보았고 믿음으로 행하지 않았기 때문에 이런 큰 위험에 빠지게 되었던 것입니다.

그러나 반대로 아브라함은 비록 장막에 처하긴 하였으나 하나님이 함께 하심으로 안전한 장소에 있었던 것입니다. 그는 롯이 곤경에 처했다는 소식을 듣고 롯을 구출하기 위하여 갔습니다. 성경에 보면 아브라함은 롯을 두 번 구출하는 데 본문에서는 검으로 적에게서 구해줍니다. 그리고 19:29절에서는 기도로 구합니다(18:23-33). 그러므로 우리가 이 세상을 위해 즉 나라를 위해 기도하는 것은 단순한 형식이 아니라 이처럼 중요한 의미를 가집니다. 따라서 나를 위해 기도하는 사람이 있다는 것은 행운이요. 축복입니다. 마침내 아브라함은 믿음으로 적을 정복했으며 이 일을 위해 193km나 되는 먼 길을 달려갔던 것입니다.

그러나 이 전쟁에서 승리한 후에 아브라함은 더 큰 유혹에 빠지게 되었습니다. 사탄은 우리가 실패했을 때도 우리를 좌절하게 함으로 유혹하지만 승리했을 때에는 더 큰 유혹을 합니다. 예수님은 세례 받은 후에 사탄에게 시험을 받으셨고 엘리야는 갈멜산에서 바알 선지자들을 물리치는 큰 성공을 거둔 후에 두려움 때문에 도망을 쳤다고 하였습니다(왕상19장). 다윗도 골리앗을 물리친 후에 밧세바와 음행을 하는 더 큰 유혹에 빠지게 되었던 것입니다. 전쟁도 어렵지만 그러나 그 후에 그에게 다가온 시험은 더 어려운 것이었다. 소돔은 아브라함과 협정을 맺기를 원했고, 소돔의 부를 받아들이라고 타협을 청했던 것입니다. 그러나 아브라함은 거절하였습니다. 예수님도 돌을 가지고 떡이 되게 하라는 시험을 이긴 것처럼 아브라함도 이 물질적 시험을 이기었던 것입니다. 만약 이때 아브라함이 소돔 왕의 제의를 받아들였다면 아브라함은 돈 때문에 롯을 구출한 것이지 사랑이나 믿음 때문이 아니었다고 사람들은 떠들어댔을 것입니다. 자칫하면 아브라함은 말하기를 좋아하는 사람들의 가십에 오르게 되었을 것입니다. 그러나 아브라함은 이 물질적 유혹을 이기었습니다. 우리도 이 세상에서 승리하기를 원한다면 이 물질적 시험에서 이겨야 합니다.

아브라함은 소돔왕은 무시하였으나 살렘 왕인 멜기세덱(의로운 왕이란 뜻)은 존중하였습니다. 살렘이란 오늘의 예루살렘을 말하며 살렘이란 평화란 뜻을 가지고 있습니다. 여기서 중요한 것은 아브라함이 소돔 왕에게 유혹을 당할 바로 그때에 멜기세덱을 만났다는 점입니다. 히4:16의 말씀대로 하나님은 때를 따라 돕는 은혜를 주시는 것입니다. 18절에 보면 멜기세덱이 떡과 포도주를 가지고 아브라함을 돕기 위해 왔다고 하였습니다. 이것은 그리스도의 찢기신 몸과 흘리신 피를 상징합니다. 왜냐하면 그리스도께서 제사장직을 맡은 것은 그가 십자가 위에서 우리를 위한 희생제물이 되었기 때문입니다. 멜기세덱은 아브라함을 만나서 그를 먹이고 축복하였습니다. 바로 예수 그리스도의 그림자인 것입니다. 이 얼마나 놀라운 축복입니까? 이것은 지금도 마찬가지입니다. 하나님은 시험을 받는 우리에게 큰 축복을 주시기 위해 기다리고 있는 것입니다. 이렇게 멜기세덱에게서 큰 축복을 받은 아브라함은 그에게 십일조를 드렸다고 하였습니다. 20절에 "아브라함이 그 얻은 것에서 십분 일을 멜기세덱에게 주었더라." 여기서부터 오늘날의 십일조가 시작됩니다.

그 후에 야곱에게서 이 십일조는 계승되고 마침내는 모세 때 와서 그것이 하나의 제도로 의무적으로 바치게 됩니다(레27:30,32). 그러면 이 십일조가 신약시대에 와서 어떻게 변하였는가? 눅 11:42절에 보면 "화 있을진저 너희 바리새인이여, 너희가 박하와 운향과 모든 채소의 십일조를 드리되 공의와 하나님께 대한 사랑은 버리는도다. 그러나 이것도 행하고 저것도 버리지 아니하여야 할지니라."고 하였습니다. 그러면 이것은 십일조가 중요하지 않다는 말인가? 아닙니다. 당시 바리새인들은 소위 울타리 율법이라는 것을 만들었습니다. 성경에 있는 율법을 지키기 위해 또 다른 울타리 법을 만들었던 것입니다. 그것까지는 이해가 됩니다. 그러나 이들은 이 울타리 법(박하와 운향과 모든 채소의 십일조)은 지키면서 정작 더 중요한 공의와 하나님의 사랑은 지키지 않았던 것입니다. 이것은 큰 잘못입니다. 왜냐하면 십일조의 근본정신이 청지기 정신이고, 그것은 공의와 하나님의 사랑으로 요약해서 말할 수 있기 때문입니다. 그러나 예수님은 이것도 지키고 저것도 지켜야 한다고 하였습니다. 이 말은 하나님의 규례인 십일조도 내야 하지만 더 중요한 공의와 하나님의 사랑도 등한시해서는 안 된다는 말입니다.

그러면 결론적으로 신약시대에 살고 있는 우리는 십일조 생활을 어떻게 해야 하는가? 어떤 분은 율법시대인 구약시대에는 십일조를 내지만 신약시대에는 필요 없다고 극단적으로 말합니다. 그러나 이것은 율법의 참뜻을 모르는 데서 온 소치입니다. 물론 율법은 구약시대에서처럼 구원이나 축복을 받기 위해서 지키는 것은 아닙니다. 그러나 율법은 하나님을 기쁘게 해드리는 것이기 때문에 하나님의 영광을 중심으로 사는 우리들은 십일조생활을 하는 것이 옳습니다. 여기에는 두 가지의 법칙이 있다는 것을 기억하기 바랍니다.

(1) 능력에 따라

신자들은 그의 능력에 따라 연보하고 십일조를 내야 합니다(고전 16:2)

(2) 기쁨으로

인색함으로나 억지로 하지 말고(고후9:7) 기쁨과 관대함으로 바쳐야 합니다. 구약시대와 달라진 것이 있다면 구약시대에는 억지로라도 의무적으로 바쳤으나 신약시대에는 자발적으로 바친다는 점입니다. 어떤 분들이 이런 질문을 합니다. '목사님, 저는 장사를 하는데 정확한 %를 낼 수가 없어 어떻게 십일조 생활을 해야 할지 모르겠습니다.' 이것은 율법주의적인 잘못된 사고방식입니다. 내 것 중에서 몇을 바치느냐가 아닙니다. 그 생각을 바꾸지 않으면 그는 율법주의에서 벗어나지 못합니다.

올바른 사고는 하나님 것 중에서 내가 얼마나 내 생활을 위해 쓸 것인가? 하고 생각해야 합니다. 이것을 정리하면 올바른 생각은 우리는 아무것도 소유하고 있지 않다는 것입니다. 출 19:5(세계가 다 하나님께 속하였나니), 학 2:8(은도 내 것이요, 금도 내 것이니라), 고전4:7(네게 있는 것 중에 받지 아니한 것이 무엇이뇨 네가 받았은즉 어찌 받지 아니한 것같이 자랑하느뇨?), 시 100:3(여호와가 우리 하나님이신 줄 너희는 알지어다. 그는 우리를 지으신 자시요. 우리는 그의 것이니 그의 백성이요 그의 기르는 양이로다). 즉 모든 것은 다 하나님의 것이라는 점입니다. 따라서 올바른 십일조생활은 먼저 자신을 하나님께 드리는 데서 시작해야 합니다. 아무리 물질을 십의 이를 드려도 자신을 바치지 않으면 그것은 잘못입니다. 먼저 자신을 하나님께 드리는 태도를 하나님은 기뻐하십니다. 그러므로 십일조생활은 수입에서 먼저 하나님의 것을 떼어놓고 고전 16:2 "매주일 첫날에 너희 각 사람이 이를 얻은 대로 저축하여 두어서 내가 갈 때에 연보를 하지 않게 하라" 그 후에 내가 쓸 것을 결정하는 것입니다.

이제 우리는 십일조생활의 근본정신인 청지기 정신을 생활화해야 합니다. 그것이 신약시대에 사는 우리들에게 주는 십일조의 정신인 것입니다. 그러나 불행하게도 많은 성도들은 십의 일이 아니라 십의 이, 심지어 십의 삼을 바치면서도 기쁨이 없습니다. 왜냐하면 율법주의에서 십일조생활을 하기 때문입니다. 그러므로 우리는 율법주의적인 관점에서가 아니라 청지기 정신에서 물질생활을 하면 우리는 억지로가 아니라 기쁨으로 바치는 생활을 할 수가 있습니다. 사실 청지기 정신만이 오늘의 우리들이 하나님의 영광을 드러내는 생활임을 기억하면서 새 해에는 바른 십일조생활을 통하여 하나님의 큰 축복이 임하시기를 축원합니다.

말씀의 능력

(시19:7-8)

본문에는 하나님의 말씀의 4대 능력을 말하고 있습니다.

1. 하나님의 말씀은 영혼을 소성케 한다고 하였습니다.

이 세상에 아무것도 영혼을 살리지 못합니다. 그러나 성경은 그렇지 않습니다. 우리의 영혼을 소성케 합니다. 태초에도 하나님이 빛이 있으라 할 때에 빛이 있었고 죽은 나사로를 향해 나사로야 일어나라 할 때에 나사로가 다시 살아났습니다. 이처럼 하나님의 말씀은 생명력이 있습니다.

2. 성경은 우리 우둔한 인생들로 하여금 지혜롭게 해줍니다.

우리 인생이 얼마나 우둔한가 하면 하나님의 축복을 받을 것보다 저주를 받을 짓만 합니다. 주님이 만들어 놓은 천국 가는 길보다는 지옥을 향해서 갑니다. 이런 우리에게 예수님은 길이요 진리요 생명이 되셔서 우리에게 구원에 이르는 지혜를 주십니다. 그런데 우리는 성경을 안 읽고 있습니다. 이 얼마나 잘못된 일입니까?

3. 성경은 우리의 마음을 기쁘게 해줍니다.

사실 이 땅에는 많은 슬픈 일들이 있습니다. 가장 큰 슬픔은 죽음의 문제입니다. 다음은 실패와 고난의 문제입니다. 그런데 이런 것들의 문제에 대해 성경은 해답을 주고, 의미를 주고 있습니다.

인간의 행복은 하나님만이 주실 수 있습니다. 하나님만이 우리에게 참 기쁨을 주실 수 있습니다. 성경에는 복음이 있는데 이 복음이란 복된 소식이요 기쁨의 소식이란 뜻입니다. 왜 성경이 기쁨의 복된 소식입니까? 그것은 인간을 불행하게 만드는 것이 바로 죄 때문인데 그런데 이것을 해결하는 방법을 성경은 가르쳐주고 있습니다. 성경은 이 죄의 문제를 해결할 수 있는 예수님을 소개해 줍니다. 주님을 만나게 해줍니다. 그러므로 성경은 우리의 마음을 기쁘게 해줍니다.

4. 성경은 우리의 영안을 밝게 해줍니다.

하나님은 우리에게 두 개의 눈을 주었습니다. 물론 한 눈으로도 보지만 그러나 두 눈으로 보아야 균형 있게 볼 수 있습니다. 더욱 중요한 것은 이성의 눈과 믿음의 두 눈이 있어야 세상의 물질적 세계와 하늘이 영적 세계를 다 같이 균형 있게 볼 수 있습니다. 그런데 중요한 것은 하늘의 영적 세계입니다.

세상에서 가장 큰 바보는 자기가 가지고 있는 것의 가치를 모르는 사람입니다. 황금과 다이아몬드의 가치를 모르고 껌과 초콜릿과 바꾸어 먹었던 아프리카 흑인들은 참으로 어리석은 사람들이었습니다. 그러나 더 어리석은 것은 능력 있는 하나님의 말씀을 손 안에 가지고 있으면서도 사용하지 않고 날마다 무능하게 살아가고 있는 사람들입니다.

앞서 행하시는 하나님

(출13:17-22)

1. 하나님은 돌아가게 하시는 분이십니다.

본문 17절에 "블레셋 사람의 길은 가까울지라도 하나님이 그들을 그 길로 인도하지 아니하였으니"라고 했고. 18절에 "그러므로 하나님이 홍해의 광야 길로 돌려 백성을 인도하시며"라고 했습니다.

애굽에서 가나안으로 가는 길은 크게 두 가지가 있습니다.

첫째 최단의 직선코스로 블레셋 사람들이 사는 가자 지역으로 통하는 길이고.

둘째 광야 길로 돌아서 가는 여덟 배나 돌고 도는 길이 있습니다.

왜 하나님께서는 광야 길로 인도하셨을까요? 17절에서 "이는 하나님이 말씀하시기를 이 백성이 전쟁을 보면 뉘우쳐 애굽으로 돌아갈까 하셨음이라"고 하였습니다.

당시 블레셋은 5개의 동맹도시로 되어 있었습니다. 가자, 아스글론, 아스돗, 가드, 에그론입니다. 특히 블레셋은 철기 문화가 매우 발달해 있어서 무기가 많았고, 게다가 이들은 호전적이고, 또 중요한 것은 군사도 많고 전쟁할 모든 준비가 되어 있었다는 점입니다. 그러나 반대로 이스라엘은 애굽에서 종노릇하다가 도망 온 사람들이기에 전혀 준비가 되어 있지 않았기에 블레셋 사람들이 전쟁을 하게 될 때 출애굽한 것을 뉘우치면서 애굽으로 도망갈 것이기 때문입니다. 이것은 오늘날도 마찬가지입니다. 금방 일이 이루어질 것 같은데 도무지 되지를 않을 때가 많습니다. 그때 우리는 불평하지 말아야 합니다. 왜냐하면 모든 것을 미리 아시는 하나님께서는 우리가 지름길로 갈 때 문제가 더 크고 많은 것을 아시고 광야 길로 돌아가게 하시기 때문입니다.

2. 앞서 행하시는 하나님이십니다.

21절에 보면 "여호와께서 그들 앞에 행하사 낮에는 구름기둥으로 그들의 길을 인도하시고 밤에는 불기둥으로 그들에게 비추사 주야로 진행하시니"라고 하였습니다.

여기에는 두 가지의 의미가 있습니다. 하나는 하나님은 이스라엘의 삶에 구체적으로 개입하셔서 저들을 인도하신다는 것과 다른 하나는 하나님은 모든 악조건의 환경에 직접 도움을 주시는 분이심을 보여주는 것입니다.

우리가 잘 아는 대로 사막은 낮에는 너무 덥고, 밤에는 너무 추운 것이 문제입니다. 이것을 아시는 하나님께서 이스라엘 백성들을 낮에는 구름 기둥으로 인도하시고 밤에는 불기둥으로 인도하셨다고 했습니다. 사막에는 낮에 덥기는 하지만 그러나 습기가 전혀 없기에 그림자만 있으면 시원합니다. 그래서 구름기둥으로 인도하셨고, 반대로 밤에는 불기둥으로 인도하셨습니다. 왜냐하면 밤에는 구름기둥이 보이지 않기 때문입니다. 게다가 밤에는 춥습니다. 그래서 불기둥으로 따뜻하게 해주신 것입니다.

당시 유목민들과 대상들은 낮에는 너무 더워 여행을 할 수가 없어서 밤에 주로 여행을 했다고 합니다. 그러나 문제는 방향을 알기 어렵다는 것입니다. 그래서 하나님은 불기둥으로 이스라엘을 인도하셨던 것입니다. 이처럼 하나님은 앞서 행하시는 분이십니다. 그런데 우리는 미리 걱정하고 질겁하면서 원망부터 합니다.

3. 22절에 "백성 앞에서 떠나지 아니하니라"고 했습니다.

다시 말하면 하나님은 우리를 떠나지 아니하시는 분이십니다. 마 28:20절에 "볼지어다. 내가 세상 끝 날까지 너희와 항상 함께 있으리라 하시니라".

왜 하나님은 우리를 떠나지 않으실까요?

우리는 양과 같아서 목자 없이는 한 순간도 살 수 없는 존재이기 때문입니다.

그러면 하나님은 어떤 방법으로 우리를 떠나지 않고 인도하십니까?

구체적으로는 주의 종들을 통해서, 성도들의 교제를 통해서 하십니다. 그러나 더 중요한 것은 보혜사 성령을 통해서 그리고 말씀을 통해서 하십니다. 그러므로 기도보다 앞서 가지 말고, 하나님보다 앞서 가지 말고, 성경보다 앞서 가지 말고, 주님보다 앞서 가지 말아야 성공합니다.

우리는 하나님의 일을 할 때에

첫째 후회하지 말고, 중도에 돌아서지 말고 오직 푯대를 향하여 나아가야 합니다.

둘째 하나님의 인도하시는 방법은 우리의 생각과 다릅니다. 그러므로 힘들어도 원망하지 말아야 합니다.

하나님은 우리들을 광야로 돌아가게 하시지만 그러나 낮에는 구름기둥으로, 밤에는 불기둥으로 인도하셔서 우리들을 가나안 땅으로 인도하십니다.

요셉의 바다 같은 관용

(창45:1-15)

요셉은 예수님의 모형입니다. 마음도 바다 같은 관용을 가졌던 인물입니다.

1. 하나님은 그릇대로 사람을 쓰십니다.

작은 그릇은 작게, 큰 그릇은 크게 사용하십니다. 또 귀한 그릇은 귀하게, 천한 그릇은 천하게 사용하십니다. 요셉은 착한 사람이었지만 그러나 작은 그릇이었습니다. 아버지 어머니의 사랑을 받으며 집에서 곱게 자란 작은 그릇이었습니다. 애굽을 호령할 만한 인물은 못 되었습니다. 그런데 그는 하나님의 여러 가지 시험을 통해서 큰 그릇이 되었습니다.

창 45:5절에 요셉을 애굽에 팔았던 형들이 요셉이 애굽의 총리가 된 동생을 보고 두려워하고 있을 때에 "당신들이 나를 이곳에 팔았으므로 근심하지 마소서. 한탄하지 마소서. 하나님이 생명을 구원하시려고 나를 당신들 앞서 보내셨나이다." 이 얼마나 바다같이 넓은 마음입니까? 또 "하나님이 큰 구원으로 당신들의 생명을 보존하고 당신들의 후손을 세상에 두시려고 나를 당신들 앞서 보내셨나니 그런즉 나를 이리로 보낸 자는 당신들이 아니요 하나님이라." 바로 이 마음이 요셉을 애굽의 총리의 자리에 앉게 하는 자격을 준 것입니다

요셉은 원수인 형제들을 사랑으로 갚았습니다. 미움을 극복하는 시험에서 합격하였기에 큰 그릇으로 쓰임을 받은 것입니다.

2. 마음 그릇을 바다처럼 크게 하는 방법은 무엇입니까?

(1) 사랑을 할 때입니다.

미워하면 마음이 작아지고, 사랑하면 커집니다. 엄마의 마음이 큰 것은 엄마의 마음에는 사랑이 가득하기 때문입니다. 사랑은 우리의 마음 그릇을 크게 만듭니다.

(2) 고생대학을 졸업해야 합니다.

어린아이들은 저밖에 모릅니다. 그러나 학교에 다니면서 사회성을 기르면 차츰 마음이 넓어지고, 남을 이해하게 됩니다. 그런데 대학 중에 가장 좋은 대학은 고생대학입니다. 무슨 과입니까? 인내과입니다. 이 인내과를 전공하고 졸업하면 다른 것들을 다 견딜 수 있습니다. 이 인내과를 졸업한 졸업생 중에는 아브라함, 야곱, 모세, 다윗, 엘리야, 예레미야 같은 선지자도 있습니다.

(3) 옛 사람인 내가 죽어야 됩니다.

요한복음 12:24절에 "내가 진실로 진실로 네게 이르노니 한 알의 밀이 땅에 떨어져 죽지 아니하면 한 알 그대로 있고, 죽으면 많은 열매를 맺느니라."

첫째 죽으면 말이 없습니다. 변명도 불평도 원망도 하지 않습니다.

둘째 죽으면 욕심이 없습니다. 죽은 자는 고집도 없고, 주장도 없습니다.

셋째 죽은 자는 땅에 묻힙니다. 자신을 드러내지 않습니다. 영광도 명예도 육체도 다 땅속에 묻어버렸기 때문입니다. 자신을 십자

가에 못 박아버리세요 그러면 바다처럼 넓은 마음의 소유자가
될 것입니다.

우리는 그릇을 준비해야 합니다. 그러면 하나님께서 흔들어 채워주시
고 큰일들을 하게 해주십니다. 그러기 위해서 부득이 나를 십자가 위에
서 죽여야 합니다. 밀알처럼 자신을 죽여야 합니다. 그러면 하나님께서
우리를 새롭게 창조하셔서 바다 같은 넓고 깊은 마음의 그릇을 가진 소
유자로 만들어 주십니다. 이때에 우리는 쓰임을 받을 것입니다.

참 평안을 얻으려면

(요14:25-27)

1. 왜 이 세상에는 참 평안이 없는 것일까?

(1) 죄 때문입니다.

인간의 마음은 호수와 같아서 죄란 돌이 떨어지면 파문이 일고, 물결이 생깁니다. 이때에 괴로워하고 아파합니다. 그래서 인생의 불행은 죄에서 시작이 됩니다.

(2) 욕심 때문입니다.

욕심이란 바람과 같아서 욕심을 품게 되면 마음속에 잔잔한 순풍이 갑자기 폭풍으로 변하여 불어와서 평안이 사라집니다.

(3) 시험이 오기 때문입니다.

시험이란 계속되는 것이 특징입니다. 그러나 성경은 "시험 당할 즈음에 또한 피할 길을 내사 너희로 능히 감당하게 하시느니라"고 하였습니다. 그러므로 시험이 왔다고 해도 이것 때문에 근심하며 걱정을 할 필요가 없습니다. 왜냐하면 내게 감당할 힘을 주셔서 감당할 수 있고, 또 피할 길도 주시기 때문입니다.

(4) 예수 그리스도가 마음속에 없기 때문입니다.

예수 그리스도가 마음에 없으면 평안이 없고, 있다고 해도 주님과 연결되어 있지 않기 때문입니다. 우리가 날마다 수돗물을 먹습니다만 그러나 수도꼭지를 틀지 않으면 아무리 수도원에 물이 많아도 물이 나오지를 않습니다. 마찬가지로 수도꼭지를 틀지 않는 것처럼 믿음을 활용하지 않기 때문입니다. 믿음은 소유하는 것만으로는 부족합니다. 돈도 아무리 많아도 쓰지 않고 활용하지 않으면 아무 소용이 없습니다.

2. 참 평안을 얻으려면 왜 평안이 없는가 하는 이유를 깨닫는 것이고, 다음으로 중요한 것은 거짓 평안을 버려야 합니다.

(1) 돈을 벌면 평안해질 것이란 망상입니다.

돈으로 평안을 얻을 수 있다면 재벌들은 다 마음이 평안할 것입니다. 그러나 가지 많은 나무 바람 잘 날이 없는 가난한 사람들은 몇 십 만원 때문에 울고 괴로워하지만 재벌들은 은행에서 몇 천억의 융자 때문에 괴로워하고 고민하는 것이니 오히려 평민들보다 근심이 더 큽니다. 그래서 전도서 5:11절에 "소득으로 만족함이 없나니 이것도 헛되도다. 재산이 더하면 먹는 자도 더하나니 그 소유주가 눈으로 보는 외에 무엇이 유익하랴'고 했습니다.

(2) 높아지면 편해지고 평안해질 것이란 망상입니다.

나무에 높이 올라갈수록 어지럽듯이 세상에서도 높이 올라가면 평안하지를 않고 현기증만 납니다. 평지가 편하고 좋습니다.

(3) 유명해지고, 인기가 많으면 평안해질 것이라는 망상입니다.

그러나 오히려 유명해지면 거동이 불편해집니다. 어디를 가나 사람들이 알아보기 때문입니다. 이것이 소위 유명세인데 인기라는 것이 결코 좋은 것만은 아닙니다. 또 인기 때문에 오는 유혹이 많아서 타락하기에 좋습니다.

(4) 많이 배우면 더 좋을 것이고 평안할 것이라는 망상입니다.

그러나 솔로몬은 전 1:18절에 "지혜가 많으면 번뇌가 많으니 지식을 더하는 자는 근심을 더하느니라"고 하였습니다.

(5) 세월이 지나면 좀 평안하겠지 라는 망상입니다.

세상은 산 넘어 산이란 말이 있듯이 세월이 아무리 흘러가도 아무것도 변하지 않습니다. 지금 평안을 누리지 못하면 나중에도 평안은 없습니다.

3. 마음에 참 평안을 얻는 비결은 무엇입니까?

무엇보다도 평안에는 세상이 주는 평안과 주님이 주는 평안이 있습니다.

(1) 죄의 문제를 해결해야 참 평안이 있습니다.

왜냐하면 고통은 죄에서 시작하기 때문입니다. 다시 말하면 죄란 하나님과의 사이에 담을 쌓는 것이고, 불화하는 것입니다. 그러므로 죄 사함을 받아야 평안을 얻을 수 있습니다.

(2) 하나님이 주시는 것으로 만족할 때 참 평안이 있습니다.

인간의 욕심은 바다와 같아서 아무리 가져도 만족이 없습니다. 그러므로 우리들은 바울처럼 풍부에 처할 줄도 알고, 가난에 처할 줄도 아는 비결을 배워야 합니다. 그래야 마음에 기쁨이 있고, 만족이 있습니다. 그러므로 자족하는 생활을 하면 참 만족과 평안이 있습니다.

(3) 시험을 당할 때

시험을 당할 때 그것이 하나님의 그릇 준비하라는 신호로 믿고, 하나님이 해결하실 때까지 참고 기도하면 마음에 평안이 옵니다.

(4) 예수님＝평안

가장 중요한 것은 예수님＝평안 이라는 공식을 기억하고, 주님을 마음에 영접하고 항상 위엣 것을 찾는 삶을 살 때에 우리는 마음에 참 평안을 얻습니다.

하나님의 하시는 일을 나타내고자

(요9:1-12)

1. 제자들의 질문(2절)

랍비여 이 사람이 소경으로 난 것이 뉘 죄로 인한 것입니까? 자기 죄입니까? 부모입니까? 다시 말하면 소경으로 된 사람의 원인이 무엇인가? 질병의 근본적인 원인이 어디에 있는가? 라는 질문이었습니다?

그러나 제자들의 문제점은

첫째는 하나의 특수한 문제를 일반화하려고 하였다는 점입니다. 이것은 우리가 흔히 범하는 잘못이기도 합니다. 즉 일반화의 오류라고 말합니다.

둘째는 제자들의 두 번째 잘못은 모든 불행을 다 죄의 결과로만 보고 있었다는 것입니다.

2. 질병과 같이 불행이 찾아오는 이유가 무엇입니까?

(1) 일반적으로 죄로 인해서 옵니다.

그러나 모든 질병이 그렇다고 일반화하는 것은 큰 잘못입니다. 어떤 사람이 질병으로 고통을 당하고 있을 때에 죄의 결과라고 단정하는 것은 큰 잘못입니다.

(2) 자고치 않게 하려는 질병이 있습니다.

고후 12:7절에 "여러 계시를 받은 것이 너무 크므로 너무 자고하지 않게 하시려고 내 육체에 가시 곧 사탄의 사자를 주셨으니 이는 나를 쳐서 너무 자고하지 않게 하려 하심이니라."

(3) 깨닫게 하심과 연단의 목적의 질병이 있습니다.

욥 23:10절에 "나의 가는 길을 오직 그가 아시나니 그가 나를 단련하신 후에는 내가 정금같이 나오리라".

(4) 주의 영광을 위하여

본문의 경우에서 보는 것과 같이 하나님의 영광을 위하여 고난을 당하고 질병으로 고통을 당하는 경우도 있습니다.

3. 우리가 해야 할 것은?

(1) 단련케 하심

많은 경우에 우리를 단련케 하시고, 하나님의 하시는 일을 나타내시려고 병을 주시기 때문에 우리는 먼저 기도하고 깨달아야 합니다. 그리고 감사해야 합니다.

(2) 하나님의 하시는 일을 나타내고자 한다는 뜻은 무엇입니까?

그것은 하나님으로 하여금 하나님 되시게 한다는 뜻입니다. 언제 하나님이 하나님으로 나타나십니까? 하나님의 권능이 나타난다든지 하나님의 복음이 전파되게 한다든지 하나님의 통치가 더 넓게 나타날 때 입니다.

(3) 우리가 살고 있는 때를 분별해야 합니다.

4절에 "때가 아직 낮이매 너를 보내신 이의 일을 우리가 하여야 하리라. 로마서에 보면 "또한 너희가 이 시기를 알거니와 자다가 깰 때가 벌써 되었으니 이는 이제 우리의 구원이 처음 믿을 때보다 가까웠음이니라"고 했습니다.

마태복음에 보면 예수님은 제자들에게 세 가지 일을 맡기셨습니다. 그것은 복음전파, 말씀을 가르치는 일, 그리고 병든 자를 고쳐주는 일입니다. 오늘날 주님의 제자들인 성도들은 주님이 하시던 일 즉 제자들에게 맡겨주신 세 가지 일을 계속하여야 합니다.

　(4) 빛되신 주님이 우리와 함께 계시고, 우리를 비쳐주시는 동안 우리들은
　　　빛이 되어야 합니다.

요 8:12절에 "나는 세상의 빛이니 나를 따르는 자는 어두움에 다니지 아니하고, 생명의 빛을 얻으리라"고 했습니다.

　(5) 실로암 못에 가서 씻어야 합니다.

실로암이란 말은 보내심을 받았다는 뜻입니다. 주님은 소경에게 실로암으로 가서 씻으라고 했습니다. 그런데 소경이 순종하였을 때에 7절에 "밝은 눈으로 왔더라"고 했습니다. 말씀으로 눈을 뜨게 한 것입니다. 계 3:18절에 "안약을 사서 눈에 발라 보게 하라"고 했습니다. 오늘 우리는 눈을 뜨는 비결을 깨달아야 합니다.

하나님은 지금도 말씀 안에서 말씀과 함께 우리의 질병을 고쳐주십니다. 하나님은 지금도 계속해서 수많은 이적을 통해서, 혹은 일반은총을 통해서 역사하고 섭리하고 계십니다.

믿으면 하나님의 영광을 보리라

(요11:38-46)

참 영광은 오직 하나님에게만 속한 것입니다. 왜냐하면 영광은 하나님의 속성이시기 때문입니다. 시편 19:1절에 "하늘이 하나님의 영광을 선포하고 궁창이 그 손으로 하신 일을 나타내는도다"고 했습니다.

1. 하나님의 영광이 어떻게 나타나고 있는가?

하나님의 영광은 그가 만드신 하늘과 땅에 충만하다고 했습니다. 그러나 하나님의 가장 큰 영광은 예수 그리스도를 통해서 나타났습니다. 주님의 출생 때에는 하나님의 음성으로 영광이 나타났습니다. "지극히 높은 곳에서는 하나님께 영광이요 땅에서는 기뻐하심을 입은 사람들 중에 평화로다." 세례 받으실 때에도 음성과 함께 나타났습니다. "이는 내 사랑하는 아들이요 내 기뻐하는 자"라 하시니라(요8:39)고 하였습니다. 그리고 주님의 십자가와 부활과 승천 등에서 하나님의 영광은 나타났습니다.

그런데 하나님께서 그의 영광을 우리들에게 주시는 정당한 영광도 있습니다. 예를 들면 인간을 창조하실 때에 히 22:7절에 "저를 잠깐 동안 천사보다 못하게 하시며 영광과 존귀로 관 씌우시며"라고 했고, 솔로몬이 지혜를 구했을 때에도 하나님은 그가 구하지 않은 부와 영광도 주셨다고 했습니다.

본문에서 믿음으로 하나님의 영광을 보리라고 했는데 이것은 단순히 눈으로 보는 것이 아니라 그 영광에 참여하고 체험하는 것을 말씀한 것입니다.

2. 나사로의 살리심을 통해 나타난 하나님 영광의 내용은?

(1) 하나님의 사랑이 나타났습니다.

하나님의 사랑은 병든 자를 치료하여 주시는 데서 더욱 분명하게 나타납니다. 이때 우리는 하나님의 영광을 봅니다.

(2) 하나님의 권능이 나타났습니다.

이 세상에는 아무도 죽은 자를 살릴 수 없습니다. 그러나 인간을 창조하신 하나님은 우리를 살리시기도 하고, 죽이시기도 합니다. 우리는 나사로를 통하여 하나님의 권능을 볼 수 있습니다.

(3) 하나님 나라의 임재가 나타났습니다.

주님의 기적에서 가장 중요한 것은 하나님의 나라가 임하셨다는 증거라는 것입니다. 그래서 성경은 하나님의 나라가 임하실 때에 소경이 보고 절름발이가 걷고, 죽은 자가 살아난다고 한 것입니다.

(4) 부활의 소망을 보여주셨습니다.

주님은 세 번에 걸쳐서 죽은 자를 살리셨습니다. 야이로의 딸, 회당장의 아들, 나사로입니다. 이것은 부활의 소망이 있다는 것을 증명해 주는 사건입니다.

3. 하나님의 영광을 보지 못하는 이유는 무엇인가?

(1) 불신앙입니다.

불신자는 영적 맹인입니다. 그래서 하나님의 영광이 나타나도 보지를 못합니다. 하나님이 만드신 하늘과 땅과 바다를 보면서도 하나님의 권능의 손을 보지 못합니다.

(2) 의심입니다

의심은 안개와 같아서 앞을 보지 못하게 합니다. 영적 세계를 보지 못하게 합니다.

(3) 믿음을 사용하지 않고, 묻어두는 경우입니다.

믿음은 묻어두면 역사가 나타나지 않습니다. 활용하여야 역사가 나타납니다. 믿음이 있어도 역사가 나타나지 않는 것은 그것을 사용하지 않기 때문입니다.

(4) 형식적인 믿음입니다.

형식이 필요할 때도 있습니다. 그러나 신앙생활에서 형식은 위선자를 만들고, 죽은 신앙을 만듭니다.

(5) 지적인 믿음이 문제입니다.

믿음은 지적인 부분, 정적인 부분 그리고 의식적인 부분이 있습니다. 그러나 머리로만 믿는 것은 참 믿음이 아닙니다. 가슴으로 그리고 온 몸으로 믿어야 합니다.

4. 하나님의 영광을 볼 수 있는 믿음은 어떤 믿음입니까?

(1) 지적인 믿음에서 주님 앞에 엎드리는 헌신적인 믿음일 때입니다.

(2) 일반적인 믿음에서 개인적인 믿음이 될 때입니다.

(3) 오직 주님만 바라보고 주님만 붙드는 믿음이 될 때입니다.

5. 하나님의 영광을 보는 비결은?

(1) 예수님을 통해서 주십니다.

요 17:22절에 "내게 주신 영광을 내가 저희에게 주었사오니 이는 우리가 하나가 된 것같이 저희도 하나가 되게 하려 함이입니다." 그러므로 항상 주님만 바라보아야 합니다. 세상의 영광과 부를 바라보는 순간 우리는 내리막길을 걷게 될 것이지만 주님의 영광만을 위해서 위를 바라보고 살면 하나님께서 우리들에게 영원한 영광을 주십니다.

(2) 구원과 함께 받습니다.

딤후 2:20절에 "내가 택하신 자를 위하여 모든 것을 참음은 저희로도 그리스도 예수 안에 있는 구원을 영원한 영광과 함께 얻게 하려 함이로라".

(3) 믿음으로 하나님의 영광을 얻습니다.

본문 40절에 "네가 믿으면 하나님의 영광을 보리라".

(4) 현재 우리가 당하는 고난이 우리의 영광이요 그 보증수표입니다.

엡 3:13절에 "너희에게 구하노니 너희를 위한 나의 여러 환난에 대하여 낙심치 말라. 이는 너희의 영광이니라". 사실 하나님 나라에서 영광을 얻을 분들은 이 땅에서 고난을 많이 당한 분들입니다. 그러므로 오늘 우리가 당하는 고난을 슬퍼하지 말고, 소망 중에 기다려야 합니다.

성결케 하기 위하여

(요11:47-57)

이 시간에는 본문 55절에 나오는 성결케 하기 위해서 라는 제목으로 세 가지 내용으로 말씀을 드리려고 합니다.

첫째는 우리는 왜 성결해야 하는가?

둘째는 성결이란 무엇인가?

셋째는 어떻게 성결할 수 있는가?

1. 왜 우리는 성결해야 하는가?

(1) 하나님의 자녀이기 때문입니다.

레 11:44-45절에 "나는 여호와 너의 하나님이라. 내가 거룩하니 너희도 몸을 구별하여 거룩하게 하고 땅에 기는 바 기어 다니는 것으로 인하여 스스로 더럽히지 말라. 나는 너희의 하나님이 되려고 너희를 애굽 땅에서 인도하여 낸 여호와라. 내가 거룩하니 너희도 거룩할지어다." 고 했습니다.

자녀는 부모를 닮습니다. 그러므로 우리는 하나님의 자녀들이기에 하나님을 닮아야 합니다.

(2) 성결한 자만이 천국에 들어가기 때문입니다.

계시록 14장에 보면 십사만 사천이 천국에 들어가는데 이 사람들은 여자, 즉 세상으로 더불어 더럽히지 아니하고 정절이 있는 자, 즉 성결한 자만이 들어간다고 했습니다.

2. 성결이란 무엇인가?

(1) 일반적으로 성결은 도덕적인 개념입니다.

사회의 규범을 잘 지키고, 법을 잘 지키면 의인이고 성결한 사람으로 여겼습니다.

(2) 구약적 개념으로는 율법적이고, 의식적인 것을 말합니다.

그래서 구약에서 의인이란 율법을 잘 지키는 사람을 의미하였습니다. 그러나 본래 성결이란 말은 코데스, 즉 분리한다, 자른다는 뜻입니다. 그래서 세상으로부터 분리하기 위해서 바리새, 분리주의자들이 생긴 것입니다. 바리새파란 말은 당신 헬라의 문화에서 구별된 사람들이란 뜻입니다.

구약시대에는 대제사장인 아론의 이마에는 금패가 있었는데 여호와께 성결이라(출28:36)는 글자가 새겨져 있을 만큼 성결은 중요하고, 장소도 성결해야 하고, 몸도 성결해야 했습니다.

(3) 신약적 개념으로는 복음적인 것을 말합니다.

신약에는 "의인은 없나니 하나도 없으며", "모든 사람이 죄를 범하였으매 하나님의 영광에 이르지 못하더니"라고 했습니다. 그러나 그리스도께서 우리의 의가 되셔서 모든 의를 이루셨습니다. 중요한 것은 그리스도의 의가 내 의가 되려면 믿음으로만 됩니다. 믿을 때 주님의 의가 내게 전가되어서 내가 의로워지는 것입니다.

3. 어떻게 성결할 수 있는가?

(1) 구약시대의 방법은 율법을 지킴으로, 의식을 행함으로 의롭게 됩니다.

첫째는 제사를 드리는 것은 성결케 되는 기본 방법이었습니다.

둘째는 음식의 규례가 있었습니다.

레위기 11장에는 음식에 대한 규례가 있습니다.

먼저 짐승은 굽이 갈라져야 하고, 새김질하는 동물은 먹을 수 있다고 했습니다. 굽이 갈라진 것이라면 세상과 구별된 것이라는 뜻이 있고, 새김질한다는 것은 육식동물이 아니라 초식 동물로 온유한 동물을 말합니다.

물고기에 관한 규례로는 지느러미가 있어야 하고, 비늘이 있어야 한다고 했습니다. 놀라운 것은 지느러미와 비늘이 없는 물고기는 콜레스테롤이 많은 물고기인 것이 현대 식품학에서 밝혀졌습니다.

끝으로 새에 관한 규례입니다. 가증한 것은 먹지 말라고 했습니다. 주로 맹수에 속한 것이나 점칠 때 사용되는 것들을 금지했습니다.

셋째는 유월절의 절기를 지킴으로 정결케 되었습니다.

왜 유월절의 절기가 중요합니까?

그것은 유월절은 죄를 용서함 받은 절기였기 때문입니다. 그래서 문인방과 문의 좌우설주에 양의 피를 발라 하나님의 심판의 저주를 넘어가게 하였던 장자의 재앙을 벗어나게 한 역사에서 비롯됩니다.

넷째는 소금을 쳐서 성결케 하였습니다(출30:35).

레 2:13절에 "네 모든 소제물에 소금을 치라"고 했습니다. 소금은 썩지 않게, 부패하지 않게 보호하는 역할을 합니다. 또 이것은 성결을 상징하기도 합니다. 그러나 이것은 의식 이상의 성결은 될 수 없습니다.

(2) 신약시대의 방법

신약시대에는 예수 그리스도를 통하여 의롭게 됩니다. 왜냐하면 예수 그리스도는 단 번에 드린 어린양의 희생제물(십자가)입니다.

요일 1:7절에 "예수의 피가 우리의 모든 죄에서 깨끗하게 하실 것이요"라고 했습니다.

히 9:22절에 "율법을 좇아 거의 모든 물건이 피로써 정결케 되나니 피 흘림이 없은즉 사함이 없느니라"고 했습니다.

사 1:18절에 "너희 죄가 주홍 같을지라도 눈과 같이 희어질 것이요 진홍같이 붉을지라도 양털같이 되리라"라고 한 것은 바로 그리스도의 피로 된다는 것입니다.

무엇을 믿습니까?

우리는 다 죄인으로서 이 모습 이대로는 하나님 앞에 설 수 없고, 오직 그리스도의 의를 내가 소유함으로써 하나님 앞에 설 수 있다는 것을 믿는 것입니다.

처음에 깨닫지 못하였다가

(요12:9-19)

사람이 동물과 다른 것은 깨달음이 있기 때문입니다.

깨달음이란 일반적으로 자신을 객관화할 때에 옵니다. 많이 배우면 깨달음이 더 많습니다. 그러나 영적인 깨달음은 배움과 전혀 관계가 없습니다. 오히려 배운 것이 깨달음의 장애가 될 때가 종종 있습니다. 영적 깨달음은 성령이 우리의 이성을 조명할 때 생깁니다.

1. 깨달음의 중요성

(1) 깨닫지 못하면 멸망하기 때문입니다.

호 4:14절에 "깨닫지 못하는 백성은 패망하리라"고 했습니다.

시 106:7절에 "우리 열조가 애굽에서 주의 기사를 깨닫지 못하며 주의 많은 인자를 기억치 아니하고 바다 곧 홍해에서 거역하였나이다."

이스라엘은 하나님의 모든 역사를 잊어버렸습니다. 영적 건망증이 생긴 것입니다.

(2) 믿음의 시작이 깨달음에서 오기 때문입니다.

호세아서를 보면 이스라엘이 망하는 근본 이유는 첫째로 우상을 섬기기 때문이며 여호와보다 앗수르를 더 의지하고, 애굽을 더 의지하기 때문이라고 합니다. 그들이 이렇게 한 것은 깨달음이 없기 때문이라고 지적하였습니다.

(3) 깨달음이 없이는 결코 믿음이 성장하기 못하기 때문입니다.

시편 기자는 "나로 깨닫게 하소서. 내가 주의 법을 준행하며 전심으로 지키리이다."라고 고백을 했습니다.

2. 무엇을 깨달아야 하는가?

(1) 자신의 정체성을 깨달아야 합니다.

내가 누구인가? 나는 어디서 왔으며 어디로 가는가? 나는 왜 사는가? 등등.

내가 죄인이며 주님을 통해서 의인이 되고, 하나님의 자녀가 된 것을 잊지 말아야 합니다.

(2) 하나님의 뜻을 깨달아야 합니다.

엡 5:17절에 "그러므로 어리석은 자가 되지 말고, 오직 주의 뜻이 무엇인가 이해하라"고 했습니다. 하나님의 뜻이 무엇입니까? 물론 성경 말씀입니다. 그러나 이것을 요약하면 살전 5:16-18절에 "항상 기뻐하라, 쉬지 말고 기도하라, 범사에 감사하라 이는 그리스도 안에서 너희를 향하신 하나님의 뜻이니라"고 하였습니다.

(3) 내가 사명자인 것을 깨달아야 합니다.

사명자가 되기 위해서는 다섯 가지의 깨달음이 있어야 합니다. 구원의 확신, 기도응답의 확신, 승리의 확신, 용서의 확신, 인도의 확신을 가져야 합니다.

(4) 내가 그리스도 안에서 한 가족임을 깨달아야 합니다.

엡 2:19절에 "그러므로 이제부터 너희가 외인도 아니요 손도 아니요 오직 성도들과 동일한 시민이요 하나님의 권속"이라고 했습니다. 그러므로 성도들은 내가 아니라 우리가 있을 뿐입니다.

(5) 내가 주님의 제자인 것을 깨달아야 합니다.

그런데 주님의 제자는 훈련을 통해서 이루어집니다. 제자란 따라 다니는 사람, 배우는 사람, 훈련을 받는 사람이란 뜻입니다. 사실 신자들은 다 주님의 제자입니다. 그러나 특별한 사람들로 생각하고, 전혀 훈련을 받지 않는 분들이 많이 있습니다. 그러나 우리는 주님의 제자입니다.

3. 우리가 깨닫지 못하는 이유는?

(1) 영적으로 보지 못할 때

즉 불신자로서 영적 맹인이 되었을 때, 소경이 되었을 때, 깨닫지 못합니다. 그런데 영적으로 영계를 보지 못하고, 진리를 보지 못하는 것은 믿음이 없기 때문입니다. 영적 맹인이 되었기 때문입니다.

그러면 어떻게 영적 세계를 볼 수 있습니까?

요 3:3절에 "사람이 거듭나지 아니하면 하나님 나라를 볼 수 없느니라"고 했습니다.

고전 2:14절에 "육에 속한 사람은 하나님의 성령의 일을 받지 아니하나니 저희에게는 미련하게 보임이요, 또 깨닫지도 못하나니 이런 일은 영적으로라야 분별함이니라"고 했습니다.

(2) 하나님의 섭리 가운데서 택함을 받지 못해서 깨닫지 못하는 경우가 있습니다.

사 6:9-10절에 "너희가 듣기는 들어도 깨닫지 못할 것이요 보기는 보아도 알지 못하리라 하여, 이 백성의 마음을 둔하게 하며 그 귀가 막

히고, 눈이 감기게 하라. 염려컨대 그들이 눈으로 보고 귀로 듣고, 마음
으로 깨닫고, 다시 돌아와서 고침을 받을까 염려하노라"고 했습니다. 쉽
게 말하면 택함을 받지 못한 사람들을 말합니다.

4. 깨달음에 이르려면?

(1) 거듭나야 깨달음에 이를 수 있습니다.

왜냐하면 바로 이때에 영적 세계를 볼 수 있는 영안이 열리기 때문입
니다. 거듭나지 않고는 영적 깨달음은 불가능합니다.

(2) 영적 감각을 잃지 않도록 해야 합니다.

한 번 거듭났다고 늘 깨달음이 오는 것은 아닙니다. 운동하는 사람이
운동을 멈추면 운동감각이 사라진다고 하는 것처럼 영적 세계도 마찬가
지입니다.

(3)보지 못하고 깨닫지 못하도록 눈을 막는 것들이 있습니다.

이것을 제거해야 합니다. 우리의 시야를 가로 막는 것은 여러 가지가
있습니다. 이것들을 버려야 합니다.

깨달음의 장애물은 세상에 대한 지나친 사랑입니다. 우상숭배입니다,
욕심입니다. 기도하기를 쉬는 죄를 범할 때입니다.

좋은 친구

(요15:12-19)

1. 인간의 세 가지 고독과 극복하는 길

그것은 주님과 함께 동행할 때 비로소 가능합니다.

1) 육체적 고독(성년이 되면)

결혼을 하게 하시려는 하나님의 뜻(이성으로부터의 사랑결핍증)

2) 사회적 고독(참된 이웃이 없을 때)

친구의 사랑 결핍증

3) 영적 고독(영적 고아일 때)

즉 하나님 아버지의 사랑 결핍증

인간의 고독은 보다 고차원적인 고독의 극복을 통해 보다 저차원의 고독으로 해결됩니다. 즉 하나님의 친구가 되면 영적 고독과 사회적 고독, 육체적 고독을 극복할 수 있습니다.

2. 예수님은 참 좋은 친구가 되신다는 점입니다.

본문 15절에 보면 "너희를 친구라 하였다."고 했습니다. 하나님으로부터 하늘과 땅의 모든 권세를 가지신 예수님께서 우리들을 친구라고 하였습니다.

예수님께서 우리의 참 친구가 되시는 증거는 무엇입니까?

1) 본문 13절에 그는 우리를 위해 자기의 목숨을 버렸다고 했습니다.
2) 15절에는 아버지에게서 들은 모든 것을 우리에게 알게 해주셨다
고 했습니다.

3. 주님의 친구가 되면 어떤 도움이 있습니까?

(1) 인생의 여정에서 우리와 동행해 주십니다(창28:15).

"내가 너와 함께 있어 네가 어디로 가든지 너를 지키며 너를 이끌어
이 땅으로 돌아오게 할지라. 내가 네게 허락한 것을 다 이루기까지 너
를 떠나지 아니하리라"(하나님께서 벧엘에서 야곱에게 하신 말씀)

언제까지? 마 28:20절에 '볼지어다 내가 세상 끝날까지 너희와 항상
함께 있으리라"하셨습니다.

(2) 위로와 용기를 주십니다(신20:1).

"네가 나가 대적과 싸우려 할 때에 말과 병거와 민중이 너보다 많음
을 볼지라도 그들을 두려워 말라. 애굽 땅에서 너를 인도하여 내신 네
하나님 여호와께서 너와 함께 하시느니라"(모세에게 주신 말씀).

3) 보호해 주십니다(사43:2).

"네가 물 가운데로 지날 때에 내가 함께할 것이라. 강을 건널 때에 물
이 너를 침몰치 못할 것이며 네가 불 가운데로 행할 때에 타지도 아니
할 것이요 불꽃이 너를 사르지도 못하리니."

4) 승리케 해주십니다(계5:5; 요일5:4; 고후2:14).

"장로 중에 하나가 내게 말하되 울지 마라. 유대지파의 사자 다윗의
뿌리가 세상을 이기었으니"(계5:5).

"대저 하나님께로서 난 자마다 세상을 이기었느니라. 세상을 이긴 이

김은 이것이니 우리의 믿음이니라"(요일5:4).

"항상 우리를 주님 안에서 이기게 하시고"(고후2:14).

5) 많은 열매를 맺게 합니다(요15:5).

"나는 포도나무요 너희는 가지니 저가 내 안에, 내가 저 안에 있으면 이 사람은 과실을 많이 맺나니 나를 떠나서는 너희가 아무것도 할 수 없음이라."

가지는 하는 일이 단 하나 있습니다. 그것은 줄기에 붙어 있는 것입니다. 가지는 스스로 아무것도 할 수 없습니다. 스스로 하려고 줄기에서 떨어지는 순간 가지는 죽기 시작합니다.

4. 예수님과 참된 친구가 되려면 어떻게 해야 합니까?

1) 그 이름을 믿는 자

요1:12절에 "영접하는 자 곧 그 이름을 믿는 자들에게는 하나님의 자녀가 되는 권세를 주셨으니" 믿음의 손으로 하나님의 손을 잡고 인생을 걸어갈 수 있습니다.

2) 나의 명을 따르면

요 15:14절에 "너희가 나의 명하는 대로 행하면 곧 나의 친구라"

구체적인 내용은 12절에 나옵니다. "내 계명은 곧 내가 너희를 사랑한 것같이 너희도 서로 사랑하라 하는 이것이니라."

3) 소망의 닻을 주님에게 깊이 내리면 마음의 변화가 없습니다.

5. 우리가 예수님과 참된 친구가 되는데 방해되는 요소

1) 거짓

사탄은 거짓의 아내입니다.(딤전2:14)

계 22:15절에는 하나님의 나라에 못 들어가는 자 중의 하나가 거짓
말을 좋아하는 자라고 했습니다.

2) 의심

의심하는 자는 주님의 친구가 결코 될 수 없습니다. 하나님의 나라도
의심하는 자에게는 허락되지 않습니다.

3) 교만과 겸손

아담과 하와의 원죄는 하나님과 같이 되려는 교만에서 비롯되었습니
다. 세리와 창기가 바리새인보다 하나님 나라에 가까운 이유는 겸손하
기 때문입니다. 우리가 제자의 발을 씻기신 주님의 친구가 되려면 겸손
해야 합니다.

4) 우상숭배

가장 무서운 원수가 바로 탐욕인데 이것이 바로 우상숭배입니다. 하
나님보다 더 사랑하는 것이 바로 우상입니다.

성령의 세례

(행1:1-5)

세례에는 두 가지가 있습니다. 물세례와 성령세례입니다. 물세례는 구원의 보증이 못 되고, 성령세례만이 구원의 보증이 됩니다.

1. 성령세례는 구약에 예언된 것입니다.

에스겔 36:26절에 "또 새 영을 너희 속에 두리라".

요엘 28:32절에 "내가 만민에게 부어주리니", "그때에 내가 또 내 신으로 남종과 여종에게 부어줄 것이며."

2. 성령세례는 불세례라고도 부름

마 3:11절에 "그는 성령과 불로 너희에게 세례를 주실 것이요".

그러면 불세례를 받을 때에 어떤 결과가 나타납니까? 영안이 밝아지고 죄악을 회개하며 태우는 역사가 나타나고, 불처럼 뜨거운 역사가 나타납니다.

3. 성령세례와 성령 충만의 차이점은?

성령세례는 본인이 받았는지의 여부를 알 수 있는 체험입니다. 중생과 성령의 세례는 어떻게 다른가? 중생은 새 생명을 갖게 되는 성령의 기본사역입니다. 그러나 성령세례는 우리가 복음을 전하는 것과 밀접하게 관계를 가지고 있는 것이기에 단순히 중생으로만 볼 수 없습니다.

차이점은 중생한 자 중에는 육적 영향을 벗어나지 못하고 있는 사람들이 많습니다. 그러나 성령세례를 받은 사람은 성령의 지배를 받는다는 것이 다릅니다. 그리고 복음을 증거 하는 능력을 받게 됩니다. 게다가 본인이 확신을 가지게 되고, 체험하게 된다는 차이점이 있습니다.

행 1:5절에 몇 날이 못 되어 성령으로 세례를 받으리라고 했는데 2장에 보면 성령세례를 받았다는 말이 아니라 성령 충만을 받았다고 나옵니다.

세례란 말은 붓다는 뜻입니다. 엄청난 풍부를 뜻하는 말입니다. 즉 성령으로 흠뻑 젖는 것을 말합니다. 성령의 세례는 주님이 주십니다. 그때에 체험을 하게 됩니다. 먼저 하나님의 임재에 대한 강한 의식을 갖게 되고, 기쁨과 사랑과 이해가 생기게 되는 것입니다.

성령세례는 단회적이고, 성령 충만은 반복적입니다.

성령세례는 주님께서 주셔서 그가 하시던 일을 감당케 하는 것을 말합니다. 그러나 성령의 세례는 그리스도인이 되는 것이나 중생이나 성령이 내주하시는 것과 구분되는 것임을 알아야 합니다. 예를 들면 예수님의 제자들은 오순절 전에 믿었고, 거듭났고 하나님의 자녀가 되었습니다. 요 15:3절에 "너희는 내가 일러준 말로 이미 깨끗하였으니"라고 했기 때문입니다. 그러나 요한복음 20장에 보면 "이 말씀을 하시고, 저희를 향하여 숨을 내쉬며 가라사대 성령을 받으라"고 한 것은 아직 제자들이 성령세례를 받지 못했다는 것을 보여줍니다.

또 사도행전에서 "너희는 몇 날이 못 되어서 성령으로 세례를 받으리라"고 한 것은 분명히 오순절 전에 제자들이 성령의 세례를 받지 못했다는 증거입니다. 행 8:12절에 "저희가 믿고 다 남녀가 세례를 받으니"라고 했는데 16절에 보면 "이는 아직 한 사람에게도 성령을 내리신 일이 없고 오직 주 예수의 이름으로 세례만 받을 뿐이더라"고 한 것을 보면 신자들 중에는 성령으로 세례를 받지 못한 사람들이 있었다는 말입니다.

또 중요한 것은 19장의 에베소의 경우입니다. 2절에 "너희가 믿을 때에 성령을 받았느냐"고 물었습니다. 우리는 성령이 있음도 듣지 못하였다고 했습니다. 이것은 성령세례를 받지 않고도 믿을 수 있다는 뜻입니다. 그러나 6절에 바울이 그들에게 안수하매 "성령이 그들에게 임하시므로"라고 했습니다.

그러나 성경에는 중생과 성령의 세례가 동시적으로 일어난 경우도 있고 그렇지 않은 경우도 있는 것을 알고 잘 분별해야 합니다.

4. 성령세례의 결과

1) 예수님의 죽으심과 부활에 동참하는 신비적 체험
2) 하나님의 자녀 됨을 확인시켜줌
3) 담대하게 복음을 전하게 하시고 봉사케 하시는 능력을 얻게 됨

5. 두 가지 극단적 위험

(1) 광신주의

체험주의(특별히 방언을 해야 성령의 세례를 받았다는 것)와 무질서에 빠질 위험성이 있습니다.

(2) 상식주의

열심을 두려워하고, 성경에 기록된 신비적 체험을 기피하는 것도 은혜를 받는데 문제가 됩니다.

모든 것은 성경의 가르침으로만 판단되어야 합니다. 성령의 사역을 떠나서는 그리스도인이 될 수 없습니다. 성령의 사역 없이는 죄를 깨닫게 하지 못합니다. 거듭나게도 못하고 새 생명을 소유할 수도 없습니다.

요셉이 성공한 비결

(창41:37-45)

성공이란 진정한 의미에서 하나님의 뜻을 이루는 것을 말합니다. 나를 향하신 하나님의 뜻을 이루는 것이 바로 성공입니다. 요셉의 성공의 비결은 무엇입니까?

1. 꿈이 있었다는 것입니다.

세상의 꿈은 허망합니다. 물거품과 같습니다. 그러나 참된 꿈은 참으로 귀합니다. 사실 따지고 보면 누구라도 한 번씩은 꿈을 가지고 있었습니다. 그런데 이루지 못한 사람들을 많이 볼 수 있습니다. 왜 그럴까요? 그 꿈에 행동으로 이어지는 동기부여가 이루어지고 있지 못하고 있기 때문입니다. 꿈은 반드시 행동으로 연결되어야 합니다. 그래야 꿈으로서의 가치가 있습니다.

그러면 어떻게 할 때 동기부여가 됩니까?

그것은 우리가 가진 꿈이 하나님의 뜻이라는 확신 그리고 하나님이 함께하셔서 반드시 이루어주신다는 절대 신앙이 있어야 합니다.

2. 긍정적이고, 적극적 사고를 하였기에 요셉은 성공

요셉은 창 45:5절에 보면 자기를 노예상들에게 팔아버린 형들에게 대한 태도에서 "당신들이 나를 이곳에 팔았으므로 근심하지 마소서. 한탄하지 마소서. 하나님이 생명을 구원하시려고 나를 당신들 앞서 보내셨나이다." "그런즉 나를 이리로 보낸 자는 당신들이 아니요, 하나님이시라"(45:8)고 하였습니다. 그는 미움을 사랑으로 승화시켰습니다. 그동안 요셉은 얼마나 고생과 고통을 참아 왔습니까? 그는 원수를 갚지 않았습니다. 만약 요셉이 미움을 그대로 품고 있었다면 그 마음은 가시가 되어 요셉의 마음을 아프게 하였을 것입니다.

3. 깨끗한 삶이 있어야 성공합니다.

요셉은 두 가지 면에서 깨끗했습니다. 하나는 물질적인 면에서 그리고 다른 하나는 남녀관계에서 깨끗했습니다. 요셉은 보디발의 집에 있을 때에 물질을 마음대로 쓸 수 있는 권한이 있었는데도 그는 개인적으로 치부하지 않았습니다. 감옥에 있을 때에도 인정받을 수 있었던 것은 그가 물질적으로 깨끗하였기 때문입니다.

그뿐 아니라 요셉이 가장 칭찬받은 것은 보디발의 아내가 그를 유혹했는데도 끝까지 그의 순결을 지켰다는 점입니다. 그래서 요셉은 큰 인물이 될 수 있었던 것입니다. 그래서 딤후 2:21절에 "누구든지 이런 것에서 자기를 깨끗하게 하면 귀히 쓰는 그릇이 될 것이라"고 하였습니다.

우리들에게는 두 가지가 필요합니다.

하나는 그리스도의 보혈이고, 다른 하나는 말씀의 물입니다. 먼저 우리는 그리스도의 피로 목욕을 해야 합니다. 그러나 목욕을 해도 얼굴과 손발은 씻어야 합니다. 그것이 바로 말씀의 물입니다.

4. 하나님의 신의 감동을 받아야 합니다.

요셉의 꿈 해석을 다 들은 바로 왕은 요셉을 가리키며 "이와 같이 하나님의 신이 감동한 사람을 우리가 어찌 얻을 수 있으리요."라고 말하였습니다. 요셉은 지혜와 총명이 뛰어났습니다. 그것은 성령의 감동을 통해서 얻은 것입니다. 세상의 지식이나 기술은 배우고 노력하면 됩니다.

그러나 무엇이 하나님의 뜻인지를 판단하는 것은 하나님께서 지혜와 총명을 주셔야 합니다.

5. 하나님의 축복 없이는 성공할 수 없습니다

요셉이 성공한 것은 자신이 잘나서가 아닙니다. 하나님이 축복해주셨기 때문입니다. 창세기 39:2절에는 여호와께서 요셉과 함께하시므로 그가 형통하게 되었다고 하였고, 21절에는 여호와께서 요셉과 함께하시고, 그에게 인자를 더 하사 전옥에게 은혜를 받게 하였습니다. 또 23절에는 여호와께서 그의 범사에 형통케 하셨더라고 하였습니다. 그러므로 내가 스스로 성공할 수 있다고 착각하지 마시기를 바랍니다.

시편 기자는 "여호와께서 집을 지으시지 않으시면 세우는 자의 수고가 헛되다"고 하였고, 잠언 18:1절에는 "마음의 경영은 사람에게 있어도 말의 응답은 여호와께로서 나느니라.", 16:9절에는 "사람이 마음으로 자기의 길을 계획할지라도 그 걸음을 인도하는 자는 여호와시니라"고 하였습니다.

참으로 성공하기를 원합니까? 먼저 꿈을 가지세요. 다음에는 사고방식을 바꾸세요. 긍정적이고 적극적인 사고로 바꾸세요. 다음에는 깨끗한 삶을 살아야 합니다. 끝으로 성령으로부터 시혜와 총명을 받아야 합니다. 하나님의 축복을 받아야 성공합니다.

비록 없을지라도

(합3:16-19)

　하박국 선지자는 유다의 악한 왕 여호야김 때에 활동했던 선지자였습니다. 당시는 아직 유다가 바벨론으로 포로로 잡혀가기 직전이었기에 그는 곧 임하게 될 하나님의 심판을 선포하는 사명을 맡았던 것입니다. 그런데 그는 이해하지 못할 두 가지 일을 가지고 괴로워하고 있었습니다.

　첫째는 왜 하나님은 침묵하고 계시는가?입니다.

　1:2절에 "여호와여 내가 부르짖어도 주께서 듣지 아니하시니 어느 때까지니이까? 강포를 인하여 외쳐도 주께서 구원치 아니하시나이까?" 사실 이런 체험은 우리 모두에게도 있습니다. 주변에 악이 횡행하는데 왜 하나님은 침묵하고 계시는가? 이스라엘이 우상을 섬기며, 불의를 행하고 타락하였는데도 왜 하나님은 침묵하고 가만히 계시기만 하는가? 도대체 하나님은 불의를 보면서 왜 가만히 계시는가? 우리도 비슷하게 던지는 질문이기도 합니다.

　그러나 하박국 선지자는 1:5-11절에서 "나는 네가 놀랄 일을 행하고 있다. 이 민족을 정복하며 이 민족을 징계하는 도구로 쓰일 갈대아 사람들을 일으킬 것이다." 문제는 하나님께서는 비록 침묵하고 계셨지만 그러나 역사의 수레바퀴는 돌아가고 있었다는 것입니다. 우리는 그가 하시는 일을 깨닫지 못하고 있다는 것입니다. 그러므로 우리는 의심하면 안 됩니다. 왜냐하면 하나님은 침묵 속에서도 일하고 계시기 때문입니다.

둘째는 어떻게 하나님이 그처럼 죄 많은 나라, 바벨론과 같은 나라를 사용하시는가입니다.

그 해답은 2:3절에 "정한 때가 있나니 그 종말이 속히 이르겠고, 결코 거짓되지 아니하리라 비록 더딜지라도 기다리라 지체되지 않고 정녕 응하리라." 즉 바벨론을 이용하여 유다를 치는 것이 마지막이 아니라는 것입니다. 그 다음에 하나님의 참 뜻이 나타난다는 것입니다.

그 해답이 2:4절에 나오는 유명한 말입니다. "의인은 그 믿음으로 말미암아 살리라". 이 말씀은 로마서 1:17절에서 인용되었고 먼 훗날 루터의 종교개혁의 기폭제가 된 것입니다.

하박국 선지자는 하나님께서 바벨론을 통하여 유다를 치시지만 그러나 남은 자는 돌아올 것이고, 또 2;14절에 "이 땅은 하나님의 영광으로 채워질 것"이라는 것을 발견하면서 3:17-19절에서 하나님께 찬양함으로 끝이 납니다. "비록 무화가 나무가 무성치 못하며, 포도나무에 열매가 없으면 감람나무에 소출이 없으며, 밭에 식물이 없으며, 우리에 양이 없으며, 외양간에 소가 없을지라도, 나는 여호와를 인하여 즐거워하며, 하나님을 인하여 기뻐하리로다."

이 말씀은 모든 것이 나를 실망시킬지라도, 어려울지라도 나는 하나님만을 인하여 즐거워하고 기뻐한다는 말씀입니다.

2. 누가 하박국 선지자와 같은 성숙한 신자가 됩니까?

고난의 의미를 아는 사람만이 그렇게 할 수가 있습니다. 롬 8:28절에 "우리가 알거니와 하나님을 사랑하는 자 곧 그 뜻대로 부르심을 입은 자들에게는 모든 것이 합력하여 선을 이루느니라."

오늘 내게 고통이 되고 해가 되어도 결론은 다 세월이 지나고 나면 나에게 도움이 되고 유익이 된다는 절대 신앙을 말합니다.

요셉의 경우가 그렇습니다. 형들에게 미움을 받아 우물 속에 갇혔을 때 그는 세상에서 가장 불행한 사람처럼 보였습니다. 그러나 애굽으로 노예가 되어 팔려갔을 때에는 노동의 신성을 배우고, 인내를 터득하였을 것입니다. 보디발의 아내의 무고죄로 고발을 당하여 억울하게 옥살이를 할 때에도 그는 꿈을 저버리지 않았고, 인생의 경륜을 배우고, 놀라운 인격을 소유하게 되고, 소위 현대에서 말하는 경영학을 터득하게 되어 마침내 경제학의 권위자가 되어 세계를 지배하는 애굽의 총리대신이 된 것입니다.

다시 말하면 요셉의 고난은 하나님께서 큰 축복을 주시기 위하여 그릇을 준비하라는 기회였던 것입니다. 모세는 미디안 광야의 고생대학 졸업장을 얻은 뒤에 이스라엘의 지도자가 되었고, 바울도 아라비아 사막에서의 3년간의 고생대학 뒤에 지중해 연안에 복음을 전하고 성경을 기록하는 사도가 된 것입니다.

3. 하나님께 감사할 때에 오는 결과

19절에 보면 "나의 발을 사슴과 같게 하사 나로 나의 높은 곳에 다니게 하시리로다"고 하였습니다. 여기서 높은 곳이란 예루살렘을 뜻합니다. 당신 유다인들이 가장 원하는 것은 하나님이 약속하신 가나안 땅에 영원히 거하는 것이었습니다. 그 가나안 땅에 사슴의 발처럼 다니게 한다는 것은 하나님의 최고의 축복의 약속입니다. 바로 그것을 주시겠다는 것입니다.

우리가 하나님 앞에서 감사의 생활을 하면 하나님께서 우리에게 높은 곳, 즉 우리가 소원하는 곳을 사슴의 발처럼 넓게, 그리고 멀리 뛰어다니며 활동하는 그런 축복을 주실 줄 믿습니다.

은혜를 망각할 때

(미6:1-6)

이 시간에는 주전 8세기 무렵에 활동했던, 네 사람의 선지자, 아모스, 호세아, 이사야, 미가 그 중에서 마지막 선지자인 미가의 예언에 대하여 생각해 보려고 합니다. 미가서중에서 6장은 가장 핵심이 되는 구절입니다. 특별히 8절의 말씀은 카터 대통령이 취임식 때 손을 얹은 구절로 유명합니다. 여호와께서 구하는 것이 무엇인가? 그것은 오직 공의를 행하며, 임자를 사랑하며, 겸손히 하나님과 함께 행하는 것이라고 하였습니다.

1. 은혜를 망각할 때

우리는 은혜를 잘 망각합니다. 소위 영적 건망증이 심합니다. 그래서 배은망덕할 때가 종종 있습니다. 그러면 우리가 은혜를 망각할 때 어떻게 됩니까?

(1) 다시 죄를 짓게 됩니다.

시몬 베드로의 경우를 보면 그는 주님의 수제자였지만, 그리고 주님과 함께 죽겠다고까지 맹세한 사람이지만 그러나 그는 비겁하게도 계집종 앞에서 주님을 세 번이나 부인하는 죄를 저질렀습니다. 가룟 유다도 마찬가지입니다.

이스라엘의 역사를 보면 이스라엘이 가나안 땅에 들어가자마자 바알신을 섬기며 하나님을 떠나게 되었습니다. 이것은 저들을 애굽에서 구원해주신 하나님의 은혜를 망각했기 때문입니다. 이처럼 은혜를 망각하면 다시 죄를 짓게 됩니다.

(2) 불평과 원망에 빠지게 됩니다.

광야의 이스라엘 백성들을 보십시오. 구약성경 가운데 민수기란 책이 있습니다. 이 책은 원문에 보면 광야에서란 제목으로 된 책입니다. 거기에 보면 이스라엘 백성들이 범한 죄가 자세히 나열되어 있습니다. 배가 고플까 봐 하나님이 만나를 매일 같이 공급해 주셨는데도 메추라기를 달라고 원망합니다. 그래서 주시자 이번에는 너무 먹어 죽게 되었습니다. 마라에 갔을 때에는 물이 써서 먹을 수 없자 또 불평하고 원망합니다. 그래서 나뭇가지를 던져서 단물로 만들어 먹게 하였습니다. 다음에는 목마르다고 난리입니다. 그래서 모세가 반석을 쳐서 생수를 마시게 하였습니다. 낮에는 덥다고 난리고, 밤에는 춥다고 난리고 그래서 하나님은 낮에는 구름기둥으로 밤에는 불기둥으로 인도하여 주셨습니다. 이런 것은 다 하나님의 은혜를 망각하였기 때문입니다.

(3) 기도는 형식화되고 감사는 떠나게 됩니다.

그러나 이것은 우리의 신앙에 위험이 왔다는 신호입니다. 우리의 신앙이 문둥병자처럼 지금 무감각의 증세를 일으키고 있다는 것을 알아야 합니다.

2. 우리가 잊은 하나님의 은혜는 무엇입니까?

본문 3절에 "내 백성아 내가 무엇을 네게 행하였으며"라고 하시면서 이스라엘을 책망하는 것을 볼 수 있습니다. 당신의 문제점은 영적 혼돈과 무감각이었습니다. 각종 예식들은 성대하게 거행되었지만 그러나 영

적으로는 죽은 상태였습니다. 오늘날 의식 중심의 교회도 이미 죽은 입
입니다. 그러면 하나님께서 이스라엘에 베풀어 주신 은혜는 구체적으로
무엇입니까?

(1) 애굽에서 종 되었던 이스라엘에게 구원을 베풀어 주셨습니다.

본문 4절에 보면 애굽에서 종 되었던 이스라엘을 속량하여 주셨다고
했습니다. 이것은 오늘날 우리에게도 마찬가지입니다. 애굽은 우상이
많은 나라이기에 우상을 상징합니다. 그런데 우리의 우상은 바로 황금
만능주의입니다. 여기서 주님은 우리들을 구원하여 주셨습니다. 모세와
아론과 미리암 같은 지도자들을 보내주셔서 우리를 인도해주신 것을 우
리는 잊어버리고 있다는 말씀입니다.

5절에서는 구체적으로 추억할 것을 말씀하고 있습니다.

그것은 발락이 꾀한 것과 발람의 대답한 것을 기억하라고 하였습니
다. 당시 발락은 모압의 왕이었는데 뇌물로 메소포타미아의 점술가인
발람에게 이스라엘을 저주하라고 하였지만 그러나 하나님의 강권적 섭
리에 끌려 그는 오히려 세 번이나 이스라엘을 축복하였습니다. 이 하나
님의 강권적 축복을 기억하라는 것입니다. 물론 발람은 나중에 저주보
다 더 무서운 것이 이스라엘을 타락케 하는 것이란 것을 발락 왕에게
말하여 결국 이스라엘을 타락케 하였습니다.

다음에는 싯딤에서 길갈까지의 일을 기억하라고 하였습니다.

싯딤은 요단강을 건너가기 전에 마지막으로 진을 친 동편의 지점이
고, 길갈은 요단강을 건넌 후에 가나안 땅에서의 첫 번째 장소입니다.
그 사이에 일어난 일들을 기억하라는 것입니다. 민수기 25장을 보면 싯
딤에서 이스라엘이 모압 여자들과 음행하여 24,000명이 죽었습니다.
전멸할 위기에 놓여 있었지만 제사장인 아론의 손자 비느하스가 범죄

한 자들을 죽임으로 더 이상 음행이 번지지 않도록 하여주신 하나님을 기억하라는 것입니다.

길갈에서는 두 가지 사건이 일어났습니다. 첫째는 요단강을 기적적으로 건너게 하신 사건이고, 둘째는 여호수아 5:9절에 하나님께서 길갈에서 이스라엘과 언약을 새롭게 회복시켜주신 사건이 나옵니다. 이것을 기억하라는 것입니다.

(2) 광야에서 길을 잃었을 때

광야에서 길을 잃었을 때, 낮에는 구름기둥으로 밤에는 불기둥으로 인도해주신 것을 이스라엘은 잊고 있었습니다.

(3) 상속의 은혜

가나안 땅을 기업으로 상속하게 하신 은혜를 잊고 살았습니다.

가나안 땅은 아브라함에게 약속한 땅입니다. 그러나 아브라함이 살아있는 동안은 헷 족속에게 4백 세겔을 주고 사랑의 무덤을 위해 막벨라굴을 산 것이 전부였습니다. 그러다가 여호수아 때에 전쟁을 통해서 빼앗은 땅입니다. 그러나 이 땅도 하나님이 영원히 주신 것이 아니라 이스라엘이 하나님과 맺은 언약을 지키는 동안만 사용할 수 있도록 주신 조건부 축복이었습니다. 그런데 이들은 이 사실을 잊음으로 가나안 땅이 저들의 소유물인 것으로 아는 큰 죄를 짓게 된 것입니다.

3. 우리는 어떻게 해야 합니까?

두 말할 필요 없이 하나님의 은혜를 기억하면서 살아야 합니다.

(1) 감사생활의 회복

하나님이 참으로 원하시는 것은 범사에 감사하는 생활입니다. 이것을 회복해야 합니다.

(2) 절실한 기도

형식화된 기도가 절실한 기도로 변화되어 에녹처럼 하나님과 동행하는 생활을 해야 합니다.

기도는 앵무새의 노래가 아닙니다. 중언부언하는 것이 아니라 하나님과의 영적인 대화입니다. 천국 창고를 여는 열쇠입니다.

(3) 주님 중심으로

나 중심의 이기적인 생활을 중지하고, 주님 중심의 일에 열심을 다해야 합니다.

우리는 내가 원의 중심이 되고, 심지어 하나님이나 주님도 그 주변에 놓으려고 합니다. 이것은 자기를 하나님의 자리에 놓는 우상숭배와 같습니다.

(4) 주님의 뒤를 따라 섬기는 종된 삶을 살아야 합니다.

요한복음 13장에 보면 주님이 제자들의 발을 씻기는 것을 볼 수 있습니다. 바로 그런 삶을 모방하면서 살아야 합니다. 이것이 하나님의 은혜를 망각하지 않은 성도들의 삶입니다.

밤에 다니면

(요11:1-10)

사람이 동물과 다른 것은 때를 분별하여 미리 준비도 하고, 미래를 계획도 하고, 과거를 돌아보면서 회개도 하는 것이 다른 점입니다. 그래서 문명의 사회에서는 시계 없이 지내는 사람은 없습니다. 다 약속을 할 때에는 반드시 시간을 약속합니다. 오늘은 예수님께서 사랑하는 나사로를 살리신 이야기를 배경으로 '밤에 다니면'이란 제목으로 때를 분별하며 사는 우리들이 되자는 주제로 말씀을 드리려고 합니다.

세 가지 내용으로 말씀드리려고 합니다.

첫째는 왜 우리들이 때를 분별하여야 하는가?

둘째는 때에 대한 성경적 개념,

셋째는 때를 분별하며 사는 생활은 어떤 것인지를 말씀드리려고 합니다.

1. 왜 우리는 때를 분별해야 하는가?

(1) 하나님은 때를 따라 돕는 은혜를 주시기 때문입니다.

이스라엘 백성들이 광야 생활을 할 때에는 매일 새벽마다 그 날의 필요한 양식을 주셨습니다. 많이 거둔 자도 남지 않았고, 적게 거둔 자도 모자라지 않게 해주셨습니다. 성경은 말합니다. "보라 지금은 은혜 받을 만한 때요 보라 지금은 구원의 날이로다." 그러므로 때를 놓치면 은혜도 놓치고, 축복도 놓치고, 구원도 놓칩니다. 성공도 놓치고, 인생도 놓치고 맙니다.

(2) 성공은 때를 분별하는 사람에게만 주시는 하나님의 선물

무엇이 성공입니까? 내가 원하는 것을 이루는 것이 결코 성공은 아닙니다. 하나님이 원하는 것을 이루는 것이 참 성공입니다.

하나님이 참으로 원하는 것이 무엇입니까? 적어도 네 가지를 이루는 것입니다. 첫째는 원만한 부부관계. 둘째는 하나님이 필요로 하는 자녀교육. 셋째는 사업에 성공해야 하고, 끝으로 신앙생활에 성공해야 성공이 될 수 있습니다.

(가) 창세기를 보면 부부란 하나님이 짝지어준 배필입니다. 그러므로 사람이 하나님이 짝지어준 것을 나눌 수 없습니다. 그러나 불행하게도 두 부부가 믿음의 반석 위에 부부관계를 수립하지 못해서 그만 나누어지는 경우가 많은데 이런 경우는 하루 이틀에 생겨진 것이 아니기 때문에 중간에 주님이 없이는 아무도 이 문제를 해결할 수가 없습니다.

행복한 가정을 이루기 위해 상대방을 행복하게 하기 위해 서로 양보하고, 희생하는 것을 배워야 합니다.

(나) 다음으로 결혼한 후에 자녀를 주시는데 시편 127:3절에 보면 자녀는 바로 하나님이 주신 기업입니다. 그래서 제일 먼저 자녀란 기업에서 성공해야 합니다. 그러기 위해서는 기회가 왔을 때에 마치 기업을 하는 기업가처럼 투자도 하고, 정성도 쏟아야 하고, 가르쳐야 합니다. 바로 여기에 영아부와 주일학교의 중요성이 있습니다.

(다) 사업에서의 성공. 많은 사람들이 사업에 성공하기를 원하지만 그러나 사업은 큰데서 성공하는 것이 아니라 아주 작은데서 시작된다는 것을 알아야 합니다.

그러면 어떻게 할 때에 우리가 사업에 성공합니까?

첫째로 중요한 것은 때가 왔을 때에 기회가 왔을 때에 이것을 붙잡아
야 합니다.

둘째는 고객들의 needs가 무엇인가를 찾아야 합니다. 그래서 그 문
제를 만족시켜 줄 때에 고객은 늘고 수입은 늘어납니다.

셋째는 고객들에게 섬기는 사랑과 친절을 잃지 말아야 합니다. 고객
을 돈으로 보면 안 됩니다.

넷째는 농부의 인내를 배워서 고객들의 그 어떤 무례한 manner에도
웃음을 잃지 않아야 합니다.

다섯째는 끝없는 자기 개발을 해야 합니다. 남과 같이 해서는 남보다
나을 수는 없기 때문입니다.

(라) 끝으로 가장 중요한 것은 신앙생활에 성공해야 참 성공이 될 수
있습니다. 부부간에 행복하고, 자녀 교육에 성공하고, 사업에 성공해도
신앙에 실패하면 내세에 가난한 자요 영원한 실패자가 되기 때문입니
다. 그러므로 주일에는 반드시 예배에 빠지지 않는 관습을 길러야 합니
다. 교회에서 작은 부서에서라도 섬김으로 하늘나라에 저축을 해두어야
합니다. 성경을 배워야 할 때 배우고, 기도할 때 기도하고 성령 받아야
할 때 성령을 받아야 합니다.

(3) 때를 분별해야

때가 지나면 아무것도 할 수 없기 때문에 우리는 때를 분별해야 합니
다. 인생에도 사계절이 있습니다. 봄처럼 많이 뿌려야 하는 어린 시절
이 있고, 거름을 주고 김을 매주어야 하는 청년 시절이 있고, 추수해야
하는 중년 시절이 있고, 죽음을 준비하며 기다려야 하는 노년 시절이
있기 때문입니다.

오늘 본문에서 주님이 '유대로 다시 가자'고 하시면서 유대인들이 돌로 치려는 것을 개의치 않으신 것을 볼 수 있습니다. 왜 그랬을까요? 그것은 낮에만 일할 수 있기 때문입니다. 머지않아 밤이 올 것이기 때문입니다.

그러므로 성도님들이여, 때를 잃고 하나님께 매 맞고 겨우 돌아오지 말고, 하나님의 축복을 받으면서 믿으시기 바랍니다. 이것이 바로 때를 분별하는 사람의 자세입니다.

2. 때에 대한 성경적 개념

(1) 때를 표현하는 많은 단어

성경에는 때를 표현하는 많은 단어들이 있는데 가장 대표적인 단어가 kronos(chronology, chronicles라는 단어가 나왔음), kairos(하나님의 시간, 기회란 뜻)입니다. 우리의 성공은 바로 인간의 시간을 분별하는 것이 아니라 하나님의 시간을 분별하는 데 있습니다.

(2) 밤과 낮의 구별

유대인들은 해가 떠서 지는 시간을 낮이라 하고, 해가 진 후 부터 뜰 때까지를 밤이라고 했습니다. 낮을 열두 등분해서 영시에서 낮이 시작됩니다. 밤은 그러니까 12시에 시작되는 셈입니다. 그래서 성경에 나오는 시간을 오늘의 우리 시간으로 환산하려면 6을 더하면 대강 됩니다. 예를 들어서 마 27:45에 보면 "제6시부터 어두움이 임하여 제9시까지 계속하더니"라고 했는데 이것은 오늘의 시간으로 환산하면 제6시는 6시간을 더하면 오늘의 정오, 즉 12시가 되고, 제9시는 6을 더하면 오후 3시가 되는 셈입니다.

밤 시간은 로마인들이 보초서는 시간을 기준으로 했습니다. 로마병정들은 밤에 4교대를 했습니다. 그러므로 제일경은 저녁 6시부터 9시까지이고, 제이경은 밤 9시부터 또 세 시간을 더하면 됩니다. 따라서 마 14:25절에 예수님께서 밤 사경에 물 위로 걸어오셨다는 말은 새벽 3시부터 6시까지, 즉 가장 어두운 시간을 말합니다.

(3) 예수님과 때의 구별

성경에 보면 예수님께서 사역을 하실 때마다 계속해서 하시는 말이 때가 아직 이르지 않았다, 때가 벌써 되었다는 표현이 나옵니다. 요 2:4; 7:30; 8:20; 12:23; 13:1; 16:32; 17:1절 등.

그러므로 예수님은 때를 중심으로 그의 사역을 하신 것을 볼 수 있습니다. 이것은 우리 성도들도 때를 분별하여 우리의 삶을 살아야 할 것을 말씀한 것입니다.

3. 때를 분별하며 사는 생활은?

(1) 하나님이 주신 때

하나님이 우리들에게 주신 때와 시간에 충실해야 합니다. 인생이란 결국 시간의 연속이요 때의 연속이기 때문에 우리 성도들은 때와 시간에 충실해야 합니다. 예배드려야 할 때 예배드리고, 기도 드려야 할 때 기도하고, 찬송해야 할 때 찬송하고, 봉사해야 할 때에 봉사하는 것입니다.

(2) 밤에 다니지 않는 생활

이것은 밤에(night shift) 일하지 말라는 뜻은 결코 아닙니다. 영적인 밤에 다니지 말라는 뜻입니다. 영적인 밤이 언제입니까? 하나님의 때가 아닌 시간입니다. 하나님의 시간이란 기회를 말씀하는 것입니다. 밤이란 옳고 그른 것을 분별할 수 없는 때입니다 죄악의 때입니다. 병들었을 때입니다. 죽음이 임박했을 때입니다.

왜 밤에 다니지 말라고 했습니까? 그 때에는 실족하기 때문입니다. 일할 수 없는 때이기 때문입니다. 이미 문이 닫힌 후이기 때문입니다.

(3) 때를 분별하는 사람

끝으로 때를 분별하는 사람은 말씀대로 충성하는 생활입니다. 고전 4:2절에 보면 "그리고 맡은 자들에게 구할 것은 충성이니라"고 했습니다. 여러분들에게 어떤 기회가 왔습니까? 그 기회를 놓치지 마시기를 바랍니다. 하나님의 때에, 카이로스의 때에 자녀교육도 하고, 부부간에 사랑도 하고, 사업도 하시고, 신앙생활도 하시기를 바랍니다. 저도 인생을 마감할 때가 오면서 후회되는 것이 참 많습니다. 좀 더 때를 분별하지 못한 것이 가장 안타깝습니다.

여행도 해야 할 기회가 왔을 때 하시기 바랍니다. 대개 보면 젊어서는 돈이 없어 못하고 중년에는 시간이 없어 못하고 시간도 돈도 있는 노년에는 건강이 없어서 못합니다. 모든 게 다 그렇습니다. 그러므로 기회를 놓치지 않고, 맡겨진 일에 충성을 다하는 저와 여러분들이 다 되시기를 축원합니다.

그 이름을 힘입어

(행 10:39-43)

오늘은 6.25 50주년이 되는 날입니다. 바라기는 이 희년에 우리 모두가 '그 이름을 힘입어' 다시는 제2의 6.25가 없는 참 자유 함을 누릴 수 있기를 축원합니다.

세상의 모든 것은 다 이름이 있습니다. 창세기 2장 19절에 보면 하나님께서는 아담에게 모든 생물의 이름을 짓도록 맡기신 것을 볼 수 있습니다. "아담이 각 생물을 일컫는 바가 곧 그 이름이라". 이름이란 아주 중요한 것입니다. 그래서 유대인과 한국 사람들은 이름을 지을 때 함부로 짓지 않습니다. 이름에 뜻과 의미를 부여합니다. 한국 사람들은 이름을 아주 중요시하기 때문에 서울의 여기저기에는 '작명소'가 있습니다.

우리 교회에서 가장 많은 이름을 보면 여자는 '예은'이, 남자는 '다니엘'이 가장 많습니다. 가장 인상적인 이름은 형제의 이름을 형은 '대한' 동생은 '민국'이라고 지은 신 집사님 가정입니다. 그래서 제가 아들을 하나 더 낳아 '만세'라고 지으면 좋겠다는 말을 했습니다. 이름을 잘 지어서 그런지 두 아들이 다 우수합니다. 큰아들은 베벌리힐 고등학교의 전체의 회장이 되어 한국일보에도 크게 보도되기도 하였습니다.

우리는 다 이름이 있습니다. 우리 부모들이 우리를 낳고 이름을 지을 때 거기에는 우리 부모님들의 소원이 있었던 것을 볼 수 있습니다. 딸을 많이 낳으면 이름에 사내 남자를 붙이거나 좀 무식하기는 하지만 '딸 고만'이라고 짓습니다. 좀 유식하면 '딸 고만'이란 뜻의 '말희'라고 짓습니다. 딸을 낳으면 예쁘라고 아름다울 미자를 이름에 넣어서 미옥, 미자, 미순이 등 이름을 짓습니다. 남자는 복을 받으라고 복남이, 복만이 등 이름을 짓고 불신자들은 용 용자를 넣어 덕룡, 삼룡 등 이름을 짓습니다. 부모의 소원이 이름에 담겨 있는 것입니다. 성경에 보면 하나님과의 관계가 바로 회복되었을 때에 새로운 이름을 갖게 되는 것을 볼 수 있습니다. 아브람은 아브라함으로 새 이름을 주셨고, 그의 아내 사래는 사라란 새 이름을 주었습니다. 야곱은 이스라엘이란 새 이름을 주셨고, 사울은 바울이란 새 이름을 주었습니다. 시몬은 베드로 혹은 게바라는 이름을 주었습니다. 그래서 천주교에서는 지금도 세례를 받을 때에 새 이름을 하나씩 다 줍니다. 이처럼 성경적으로 볼 때에도 이름이란 중요한 의미를 가집니다.

더구나 하나님의 이름은 더 큰 의미가 있습니다. 그래서 오늘은 '그 이름을 힘입어'라는 43절의 말씀을 중심으로 함께 은혜를 나누려고 합니다.

1. 이름 중에 뛰어난 이름은?

세상에 많은 이름이 있지만 예수님의 이름만큼 뛰어난 이름은 없습니다. 우리 예수님의 이름은 하나님이 직접 지어주신 이름입니다. 마태복음 1장 21절에 보면 "아들을 낳으리니 이름을 예수라 하라. 이는 그가 자기 백성을 저희 죄에서 구원할 자이심이라"고 했습니다. 성경에는 여호수아, 호세아, 예수아 라는 이름도 나오는데 다 꼭 같은 뜻입니다. '구원자'란 뜻입니다. 그런데 그 중에서도 예수님의 이름은 세상에 뛰어난 이름입니다. 왜냐하면 예수님의 이름을 부르기만 해도 많은 놀라운 역사가 일어나기 때문입니다.

(1) 예수님을 모르는 사람들

예수님을 모르는 사람들은 예수님을 '4대 성자 중에 하나'라고만 말합니다. 인간으로서는 최고의 영광이요 존경의 표시입니다. 그러나 그것은 예수님에게는 모독입니다. 왜냐고요? 그는 단순한 사람이 아니기 때문입니다. 그는 하나님의 아들로서 우리 믿음의 대상이기 때문입니다.

(2) 예수님은 '성자'

가장 정확하게는 예수님은 '성자'이십니다. 삼위일체의 한 분이시요 우리를 구원하기 위하여 말씀이 육신이 되어 이 땅에 오신 우리의 구세주입니다. 그런데 중요한 것은 '예수님의 이름에는 능력이 있다'는 사실입니다. 믿습니까? 그래서 우리는 예수님의 이름을 자주 불러야 합니다. 우리 함께 소리를 질러서 예수님의 이름을 함께 불러보기를 원합니다. "예수님", "예수님" 감사합니다. 주님이 기뻐하실 것입니다. 왜냐고요? 사람도 이름을 불러주는 것을 기뻐합니다. 저의 집사람은 결혼하고 나서 이름이 없어졌습니다. 이름이 사모님이 되고 말았습니다. 그러다가 동창들이 서로 만나면 '야 건숙아' 하고 부르면 좋아합니다. 우리는 부부간에 여보하고 부릅니다만 그것은 여기를 보라는 뜻일 뿐이기 때문에 이름을 부르면 더 정감이 가고 좋아합니다. 한번 집에 가서 그렇게 불러 보시기를 바랍니다.

2. 예수님 이름의 능력은?

(1) 먼저 예수님의 이름을 부르면

'죄 사함을 받고' '구원을 받습니다.' 오늘 본문 43절에 "저를 믿는 사람들이 다 '그 이름을 힘입어 죄 사함'을 받는다 하였느니라"고 했습니다. 또 사도행전 2:21절에 분명히 말씀했습니다. "누구든지 주의 이름을 부르는 자는 구원을 얻으리라." 믿습니까? 할렐루야. 주의 이름을 항상 부를 수 있기를 바랍니다. 힘들 때 주의 이름을 부르고, 기쁠 때도 주의 이름을 부르고, 감사할 때도 주의 이름을 부르고, 외로울 때도 주의 이름을 부르시기 바랍니다. 특별히 사망의 골짜기를 다닐 때 주님의 이름을 부르면 놀라운 역사가 일어납니다.

눅 24:47절에는 "그의 이름으로 죄 사함을 받는다"고 했습니다. 왜 우리가 예수님의 이름으로 세례를 받습니까? 행 2:38절에 "너희가 회개하여 각각 예수 그리스도의 이름으로 세례를 받고, 죄 사함을 얻으라. 그리하면 성령을 선물로 받으리라". 이처럼 예수님의 이름은 능력을 나타냅니다.

(2) 주의 이름을 부르면 '기도에 응답'이 됩니다.

요 14:14절 "내 이름으로 무엇이든지 내게 구하면 내가 시행하리라"고 하였고, 요 16:23 "너희가 무엇이든지 아버지께 구하는 것을 내 이름으로 주시리라"고 했습니다. 왜 예수님의 이름이 중요합니까? 여러분 은행에 저축한 것을 찾을 때는 저축한 사람의 sign이 중요합니다. 아무나 달라고 주지 않습니다. 본인의 사인이 있어야 은행에서 대출을 합니다. 솔직히 우리는 하나님께 나와서 무엇을 요구할 자격이 없습니다. 우리 이름으로 하나님께 저축한 것이 하나도 없고, 있다면 죄지은 것, 즉 부채만 잔뜩 졌기 때문입니다. 그렇기 때문에 자격을 가지신 예수님의 이름으로 하나님께 사인을 하는 심정으로 기도하면 응답해주십니다.

그러나 예수님의 이름은 주문이 아니기 때문에 자동적으로 이루어지는 것은 아닙니다. 우리가 예수님의 이름으로 간구할 때에 주님, 저는 자격이 없지만 주님의 십자가 공로를 의지하고 주님의 이름으로 기도합니다. 믿습니다. 하면서 기도할 때에 응답이 되는 것이지 자동적으로 되는 것은 아닙니다.

(3) 주님의 이름에는 '능력'이 나타납니다.

마 7:22절에 "주의 이름으로 귀신을 쫓아내며"라고 했습니다. 사실 악한 영들은 예수님의 이름만 들어도 두려워 떱니다. 제가 학보병으로 군대에 갔을 때 4.19와 5.16이 났습니다. 마침 5.16이 일어난 뒤인데 하사관이 저를 불러서 '너 군대에 잘 아는 사람이 있는가?' 하고 물었습니다. 그래서 당시 참모총장인 장도영 씨의 이름을 댔습니다. 김선운 목사님의 처남이기 때문에 전혀 모르는 바는 아니지만 그분이 저를 아는 것은 물론 아니었습니다. 그러나 저는 신문과 라디오, 텔레비전을 통해서 그분을 잘 알고 있었습니다. 그래서 잘 안다고 했더니 좋은 보직을 주면서 언제든지 불편한 것 있으면 말하라고 해서 덕을 본 적이 있습니다. 세상에서도 유명한 사람의 이름이 능력을 나타냅니다. 그런데 주님의 이름은 영의 세계에서도 통하는 이름입니다. 악령도 무서워 떠는 이름입니다.

행 2:6절에 보면 성전의 미문이란 문 앞에서 구걸하는 앉은뱅이를 베드로가 일으켰습니다. "은과 금은 내게 없거니와 내게 있는 것으로 네게 주노니 곧 나사렛 '예수 그리스도의 이름으로 걸으라'." 이때 앉은뱅이가 걷게 되는 능력이 나타났습니다. 이처럼 예수님의 능력은 그의 이름에서 나타납니다.

(4) 예수님의 이름으로 우리는 가는 곳마다 '승리'하게 됩니다.

세상에서만 줄을 잘 서야 하는 것이 아닙니다. 영의 세계에서도 줄을 잘 서야 합니다. 예수님의 이름을 의지만 하면 구원을 받고, 기도에 응답이 되고, 또 중요한 것은 가는 곳마다 승리를 하게 됩니다.

(5) 예수님의 이름만 불러도 '전도'가 됩니다.

전도란 복음을 전하는 것입니다. 그런데 복음의 핵심은 바로 예수님이십니다. 그러므로 예수님의 이름만 불러도 은혜가 되고, 예수님의 이름만 불러도 전도가 됩니다. 그러나 우리가 이 땅에서 모범적인 삶을 살지 못하면 오히려 전도는커녕 예수님의 영광만 가립니다. 그러므로 우리는 부끄럽지 않은 삶을 살면서 주님의 이름을 자주 불러 전도할 수 있기를 바랍니다.

3. 죄 사함을 받는 비결은?

(1) 왜 죄 사함을 받아야 하는가?

우리의 죄가 하나님과 우리 사이를 갈라놓고 있기 때문입니다.

죄는 '갈라놓는 일'을 합니다. 하나님과 우리 사이를 갈라놓고, 사람과 사람 사이를 갈라놓고, 그래서 죄는 무서운 것입니다. 죄는 이처럼 분열시키는 일을 합니다. 가정도 분열시키고, 교회도 분열시킵니다.

(2) 어떻게 죄 사함을 받을 수 있는가?

먼저 "나의 죄를 씻기는 예수의 피밖에 없네." 바로 예수님의 피가 우리의 죄를 씻어줍니다. 언제인가 제가 청소철학을 말씀드린 적이 있습니다. 저는 3년 이상 청소를 직업으로 하였습니다. 그런데 청소를 하면서 청소하는 비결을 발견했습니다. 크게 세 가지입니다. 첫째는 물이 들어가야 깨끗하게 청소가 됩니다. 총채로 아무리 먼지를 털어도 안 됩니다. 다시 먼지가 내려앉으면 또 더러워지기 때문입니다. 그래서 물 묻은 걸레로 닦아야 깨끗해집니다. 두 번째 비결은 기름기가 있는 것은 비눗물로 닦아야 깨끗해집니다. 그냥 물로 닦으면 미끌미끌 할 뿐입니다. 세 번째 죄로 더러워진 영혼은 예수님의 보혈이 아니면 씻을 수가 없습니다.

그런데 예수님의 보혈로 씻김을 받으려면 먼저 내가 죄인인 것을 인정하고 회개할 뿐 아니라 예수님을 구주로 영접해야 됩니다. 간단히 말하면 예수님의 이름을 부르면 보혈의 역사가 일어나 저와 여러분 모두가 다 씻김을 받게 됩니다.

4. 죄 사함을 받는 자에게 주시는 하나님의 축복은?

(1) 먼저 '하나님과의 관계가 바로 회복'됩니다.

다시 말해서 하나님의 자녀가 되고, 하나님과 동행하게 되고, 참 자유 함을 받게 됩니다.

"내 죄 사함 받고서 예수를 안 뒤 나의 모든 것 다 변했네. 지금 나의 가는 길 천국 길이요 주의 피로 내 죄를 씻었네"(210장). 다 같이 후렴을 부르겠습니다. "나의 모든 것 변하고, 그 피로 구속받았네. 하나님은 나의 구원 되시오니, 내게 정죄 함 없겠네."

사죄함을 받아 하나님과의 관계가 바로 회복되면 다음에는 인간관계가 회복됩니다. 따라서 모든 관계 회복의 열쇠가 바로 죄 사함을 받는 것입니다. 바라기는 이곳에 계신 모든 분들이 다 이런 축복을 받을 수 있기를 축원합니다.

(2) 가장 중요한 것은 죄 사함을 받은 사람만이 '하나님의 일'을 할 수 있습니다.

우리는 누구나 하나님의 일을 할 수 있다고 착각합니다. 아닙니다. 오직 주님의 보혈로 씻김을 받은 자만이 하나님의 일을 할 수 있습니다. 가끔 교사들 가운데 예배는 드리지 않고, 가르치기만 하는 사람들이 있습니다. 본인 생각에는 주님의 일을 한다고 생각하지만 사실은 하나님께 영광을 돌리고 있는 것이 아닙니다. 모든 것에는 순서가 있습니다. 축구시합을 할 때 공을 많이 넣어야 하지만 그러나 자기 골대에 넣는 사람(자살골)은 이적 행위를 하는 사람인 것처럼 무조건 하나님의 일을 할 수 있는 것이 아니라, 먼저 죄 사함을 받고, 하나님께 예배를 드린 후에 봉사를 해야 그것이 참 봉사입니다. 죄송한 것은 어떤 교회에 가 보면 찬양대원들 가운데도 예배는 제대로 드리지 않고, 찬양에만 관심이 있는 분들이 있습니다. 물론 우리 교회는 그런 사람이 절대로 없습니다. 교회는 취미로 봉사하는 곳이 아닙니다. 먼저 하나님께 예배드리고, 그 후에 봉사하는 자세를 가져야 합니다. 그래야 하나님의 손이 되어 주의 일을 할 수 있습니다. 그러므로 죄 사함은 모든 새로운 것의 시작이요 천국의 열쇠요 주의 일을 할 수 있는 절대적 조건입니다.

(3) 죄 사함을 받은 사람들은 다 '천국의 열쇠'를 받습니다.

천국의 열쇠는 바로 '복음'입니다. 그러므로 우리의 전도가 얼마나 중요하다는 것을 우리는 알아야 합니다. 그래서 지난 목요일에는 전도학교가 문을 열었습니다. 바라기는 우리가 이 전도의 특권을 행사할 수 있기를 바랍니다. 열쇠는 열 때에 역사가 나타납니다. 가지고만 다니면 아무런 효과도 없습니다.

(4) 죄 사함을 받은 사람들은 다 '천국에서 주님과 영원한 복락'을 누리게 됩니다.

우리의 소망이 어디에 있습니까? 바로 천국에서 복락입니다. 그런데 우리가 오해하지 말아야 할 것은 천국은 죽은 후에만 가는 곳이 아닙니다. 이 땅에서도 그 맛을 보면서 삽니다. 왜냐하면 요한복음 5장 24절에 분명히 말씀했습니다.

"내 말을 듣고 또 나 보내신 이를 믿는 자는 영생을 얻었고, 심판에 이르지 아니 하나니"

　시상이 과거형으로 되어 있습니다. 영생을 얻었고, 그러나 헬라어 원
문에 보면 시상이 현재형으로 되어 있습니다. 현재적으로 영생을 누린
다는 말씀입니다. 다시 말하면 현재적으로 천국 생활을 하고 있다는 뜻
입니다. 이런 삶이 우리 모두에게 함께 하시기를 축원합니다.

오순절의 역사 없이는

(행2:1-4)

지금은 주님이 18장 8절에서 말씀하신 "인자가 올 때에 세상에서 믿음을 보겠느냐?"고 말씀하신 대로 참 믿음을 보기가 힘든 시대가 되었습니다. 형식적인 신앙은 물론 사이비신앙이 판을 치고 있습니다. 그런 점에서 개인도, 가정도, 교회도, 그리고 우리 사회와 국가도 새로운 변화가 일어나야 합니다. 지금 이대로는 모든 토대가 흔들리고 마침내는 무너질지도 모릅니다. 폴 틸릭이 말한 대로 'Shaking Foundation', 모든 기본이 흔들리고 있습니다. 그런데 이런 근본적인 변화는 그냥 일어나는 것이 아니라 오순절의 역사가 있어야 합니다. 오순절의 역사 없이는 근본적인 변화는 일어나지 않습니다. 노력한다고 되는 것 아니고, 힘쓴다고 되는 것이 아닙니다.

그러면 먼저 왜 우리들에게 오순절의 변화가 필요한가부터 말씀드리겠습니다.

1. 우리들에게 오순절의 역사가 필요한가?

(1) 하나님의 권능이 필요하기 때문

무엇보다도 우리들에게 하나님의 권능이 필요하기 때문입니다. 인간의 힘으로는 할 수 없는 일들이 너무도 많기 때문입니다.

지금 세상은 에너지 부족으로 인해서 고통을 당하고 있습니다. 그래서 휘발유 값이 자꾸 오릅니다. 그런데 어떤 분이 이 에너지 문제로 고민을 하자 그를 데리고, 나이아가라 폭포로 데리고 갔습니다. "저것이야말로 세상에서 사람들이 사용하지 않은 에너지야" 하고 말했습니다. 그랬더니 그 말을 듣고 있던 사람이 "아니야, 더 큰 힘은 바로 성령이야." 하고 대답을 했다고 합니다. 그렇습니다. 성령이야말로 많은 사람들이 사용하지 않고 있는 위대한 힘입니다. 놀라운 힘입니다. 인간이 가질 수 있는 가장 강한 힘입니다. 온 세상을 움직일 수 있는 힘이 바로 성령의 힘입니다.

몇 주 전에 제가 라이프 잡지의 그림을 소개한 적이 있습니다. 종이가 나무에 깊이 박힌 그림을 소개하였습니다. 어떻게 그렇게 약한 종이가 나무에 꼽히는가? 그것은 바로 토네이도 같은 바람의 힘이 초자연적으로 강하기 때문에 그 바람의 힘으로 종이가 나무 깊숙이 꼽힐 수가 있는 것입니다. 마찬가지로 종이처럼 약한 우리 인생이지만 하나님의 권능만 받으면 초자연적인 역사를 일으킬 수 있을 줄로 믿으시기 바랍니다. 성령이 임하시면 나도 변화되고, 여러분들도 변화되고, 우리 교회도 변화되고, 모든 것이 변화될 수가 있습니다.

지금 우리가 살고 있는 세상은 변화되지 않으면 안 되는데 그러나 불행하게도 우리는 지금 한계에 와있습니다. 지식의 한계, 과학의 한계, 돈의 한계, 에너지의 한계, 능력의 한계에 와있습니다. 이 한계를 극복하는 비결은 오직 한 가지뿐입니다. 바로 하나님의 능력을 받아야 합니다.

성령의 역사가 일어나야 합니다. 그것 외에는 다른 소망이 없습니다. 그러므로 이 시간 저와 여러분 모두에게 이런 귀한 역사가 일어나기를 축원합니다.

(2) 예수 사랑 운동이 필요하기 때문입니다.

지금 우리 사회는 극도로 이기주의적인 문화로 물들어 있습니다. 개인은 물론 가정도 그렇습니다. 사회는 물론 심지어 교회까지 이기적인 물이 들어 있습니다. 그러므로 이런 것들이 변화되려면 예수 사랑운동이 일어나야 하는데 그것은 내 힘으로는 불가능합니다. 오직 성령이 임하셔야 합니다. 마가의 다락방에서 일어난 성령운동은 예수사랑 운동으로 변하면서 전 세계를 흔들어 놓았던 것입니다.

지금 세상은 미움과 이기주의의 씨앗들이 민족과 민족은 물론 나라와 나라, 심지어는 개인과 개인들 사이에 들어가서 사탄의 미움운동이, 인본주의적 이기주의가 온 세상을 흔들고 있습니다. 이것이 변화되지 않으면 안 됩니다. 그러려면 원자탄보다 더 강한 예수 사랑 운동이 필요한데 그것은 바로 성령의 역사로만 이루어집니다. 십자가를 통해서 보여주신 예수의 사랑 운동이 가정에 들어가면 가장이 변합니다. 십자가를 통해서 보여주신 예수의 사랑 운동이 교회에 들어오면 교회가 뜨거워지고 변합니다. 이 세상에 사랑보다 더 강한 것은 없기 때문입니다. 그런데 이 예수 사랑 운동은 바로 성령의 역사를 통해서 일어났고, 또 일어납니다. 지금도 일어납니다. 믿습니까?

(3) 교회의 부흥이 필요하기 때문

날마다 더하게 하는 교회의 부흥이 필요하기 때문입니다. 지금 우리는 교회의 부흥을 원하고 있습니다. 부흥이란 날마다 더하는 것입니다. 그러기 위해서는 날마다 더하는 성령의 역사가 일어나야 합니다. 초대 교회도 날마다 더하게 하시는 하나님의 축복으로 부흥했습니다. 그런데 그것은 그냥 되는 것이 아니라 성령의 역사가 일어나야 합니다. 바람 같은 성령의 역사가 일어나야 합니다. 모든 미움과 질투와 음란과 사치와 죄악의 쓰레기들을 태우는 불의 역사가 일어나야 합니다. 모든 것을 날려 보내는 토네이도 같은 성령의 바람이 불어와야 합니다. 초대 교회는 마가의 다락방에서 성령을 받고 그리고 예수의 사랑운동이 전 세계로 확산되었습니다. 지금도 성령의 역사만 일어나면 예수 사랑 운동이 일어날 줄로 믿습니다.

2. 오순절의 성령의 역사는 어떻게 임하였는가?

(1) 먼저 성령이 바람같이 임했다고 했습니다.

이것은 성령의 역사는 인간의 의지와는 관계없이 일어났다는 뜻입니다. 하나님이 인간을 창조하실 때에 코에 입김을 후하고, 불어넣으셨습니다. 성령의 바람, 영혼을 불어넣으신 것입니다. 마찬가지로 오순절의 바람은 바로 생명의 바람, 성령의 바람입니다. 에스겔이 본 골짜기의 마른 뼈도 하나님의 바람으로 소생했습니다. 다른 것으로는 안 됩니다. 성령의 바람이 불어야 합니다. 그런데 이 바람은 자유롭게 왔다가 마음대로 갑니다. 성령의 역사도 자유롭게 임합니다. 인위적으로는 절대로 안 됩니다. 그러므로 우리는 항상 준비하고 기다려야 합니다.

또 바람은 신비한 성격을 가지고 있습니다. 출처도 알 수 없고, 거처도 알 수 없습니다. 그래서 바람은 번지수가 없습니다. 너무나 신비해서 아무도 측량을 할 수가 없습니다. 마찬가지로 성령의 역사도 신비합니다. 어느 때 갑자기 임합니다. 그래서 초대 교회는 모이기를 힘썼습니다. 모이는 동안 어느 순간에 임하였습니다. 이처럼 성령의 역사는 신비하게 임합니다.

또 바람은 누구도 저항할 수 없는 힘을 가지고 있습니다. 미국에서 많이 일어나는 토네이도나 허리케인이나 다 그 힘은 인간의 힘으로는 막을 수 없는 것입니다. 핵폭탄보다도 더 강하게 일어납니다. 바로 이런 성령의 역사가 지금 일어나야 합니다. 먼저 내 안에 일어나야 하고, 다음에는 우리들의 가정에 임해야 합니다. 교회에 임해야 교회가 삽니다. 그냥 그대로는 새 성전 시대를 맞이할 수가 없습니다.

(2) 다음은 성령이 불과 같이 임했다고 했습니다.

3절에 보니 "불의 혀같이 갈라진 것이 각 사람 머리 위에 임하여 있더니"라고 했습니다. 이것은 초자연적이란 뜻입니다. 불은 하나님의 임재를 뜻하는 것입니다. 모세도 부르실 때에 호렙산에서 불 가운데서 부르셨습니다. 솔로몬 성전을 짓고 하나님께 봉헌할 때에 하나님의 불이 나와서 제물을 다 살랐습니다. 또 이스라엘을 광야에서 인도하실 때에도 불기둥으로 인도하셨습니다. 그러므로 불은 바로 성령이시고 하나님이십니다. 지금 우리들에게도 이 바람 같은 초자연적 역사가 일어나야 하고, 성령으로 말미암은 불의 역사가 일어나야 우리는 다 살 수 있습니다.

불은 적어도 세 가지의 역사를 일으킵니다. 첫째는 불은 태웁니다. 더러운 것을 태웁니다. 죄악을 태우고, 불의를 태우고 미움을 태웁니다. 둘째는 불은 밝게 합니다. 마음을 밝게 하고, 세상을 밝게 하고, 가정을 밝게 합니다. 이 어두운 세상을 밝게 하는 것은 불같은 성령이 임할 때입니다. 셋째는 불은 뜨겁게 합니다. 마음을 뜨겁게 하고, 가정을 뜨겁게 하고, 교회를 뜨겁게 합니다. 이런 불의 역사가 우리 가운데 일어나기를 축원합니다. 축원합니다.

3. 오순절의 역사가 임하려면?

(1) 모일 때 일어나는 성령의 불

먼저 한 곳에 모여야 성령의 역사가 임합니다. 오순절의 성령의 역사는 120문도가 마가의 다락방에 함께 모였을 때에 임했습니다. 성령은 언제든지 모일 때에 임합니다. 지금도 성령은 우리가 원하면 일어나는데 그것은 성도들이 함께 모일 때에 임합니다. 그러므로 모이는 데에 힘쓰기를 바랍니다. 히 10:25절의 말씀처럼 "모이기를 폐하는 어떤 사람들의 습관과 같이 하지 말고, 오직 권하여 그 날이 가까움을 볼수록 더욱 그리 하여야" 합니다.

구약성경을 보면 미스바의 신앙운동도 수문 앞 광장에 모였을 때에 일어났고, 초대교회의 부흥운동도 함께 모였을 때에 일어났습니다. 물 한 방울은 아무런 힘이 없습니다. 그러나 많은 방울의 물이 모이면 폭포수와 바다 같은 큰 힘이 됩니다. 그러므로 우리 미주 성산교회도 모이는데 힘쓰기를 축원합니다. 모이면 기적을 만들어내는 힘이 생깁니다. 그러나 모이지 않으면 절대로 성령의 역사는 일어나지 않습니다. 성령의 운동은 개인적 운동이 아닙니다. 함께 일어나는 운동입니다.

(2) 다음은 성령의 역사는 약속을 믿고 기다려야 합니다.

마가의 다락방에 모였던 120 문도는 주님께서 승천하시기 전에 하신 말씀을 믿었습니다. "너희는 예루살렘을 떠나지 말고, 아버지의 약속하신 것을 기다리라"는 말씀을 그대로 믿고, 마가의 다락방에 모여서 성령의 강림을 기다리면서 기도를 했던 것입니다. 기적은 믿음의 시작입니다. 믿어야 기적이 일어납니다. 기도해도 믿지 않으면 역사는 일어나지 않습니다. 그러므로 먼저 믿으시기 바랍니다. 하나님의 권능과 약속을 믿으시기 바랍니다. 지금도 성령의 강림이 있을 것을 믿으시기 바랍니다. 그러면 일어납니다.

조지 뮐러가 5만 번에 걸친 기도응답을 받은 것은 그가 기도할 때마다 성경 가운데서 하나님의 약속을 찾아 거기에 손을 얹고 믿음으로 구했기 때문입니다. 그런데 성경에는 수천수만의 약속이 있습니다. 이것을 언약이라고 말하는데 구약과 신약이란 말은 바로 옛 언약, 새 언약이란 뜻입니다. 이 하나님의 언약을 믿고, 기도하여 성령의 역사가 일어날 수 있기를 축원합니다.

"이 눈에 아무 증거 아니 뵈어도 믿음만을 가지고서 늘 걸으며, 이 귀에 아무 소리 아니 들려도 하나님의 약속 위에 서리라. 걸어가세. 믿음 위에 서서 나가세 나가세 의심 버리고, 걸어가세 믿음 위에 서서 눈과 귀에 아무 증거 없어도"(찬송 344장. 1절).

(3) 더불어 기도할 때

가장 중요한 것은 기도할 때에 "더불어 마음을 같이 하여 전혀 기도에 힘써야" 성령의 역사가 일어납니다.

이 말씀은 지난주간에 말씀을 드렸습니다. 세 가지의 뜻이 있다 했습니다. '더불어'라는 말은 지체의식을 의미하고, 마음을 같이한다는 말은 같은 제목으로 기도하였다는 뜻입니다. 전혀 기도에 힘썼다는 말은 계속해서 기도했다는 뜻입니다. 바로 이렇게 기도할 때에 성령의 역사는 일어났습니다. 지금도 더불어 마음을 같이하여 전혀 기도에 힘쓰면 성령의 역사가 일어납니다. 믿습니까? 문제는 함께 더불어 기도하지 않기 때문입니다.

(4) '간절한 목적'이 선행되어야

끝으로 하나님의 뜻을 이루려는 '간절한 목적'이 선행되어야 성령의 역사가 일어납니다. 우리는 내 뜻을 이루려고 할 때가 너무도 많습니다. 그러나 하나님의 뜻을 이루려는 마음을 가질 때에 성령의 역사는 일어납니다. 왜냐하면 성령은 하나님의 뜻을 이루기 위해서 주님이 이 땅에 보내신 영이기 때문입니다. 주님이 약속하신 "구하라 그러면 너희에게 주실 것이요"라고 하시면서 "구하는 자에게 주시지 않겠느냐?"는 말은 가난한 자가 간절하게 구하는 그 간절한 간구를 하면 하나님께서는 주신다는 말입니다.

사실 신앙생활에서 가장 중요한 것이 '간절함'입니다. 왜냐하면 하나님은 간절히 사모하는 자에게 주시기 때문입니다. 그러므로 기도의 응답은 간절함에 비례합니다. 지금 여러분들이 간절히 성령을 사모하면 그 사모함에 비례해서 이 순간에 일어날 줄로 믿습니다. 문제는 우리가 무엇을 간절히 사모하느냐에 달려 있습니다. 하나님을 간절히 사모하고 주님과 성령을 간절히 사모하면 지금도 놀라운 역사가 일어납니다. 그 때에 큰 변화가 일어납니다.

맺는 말

이제 우리의 살 길은 성령의 역사 없이는 안 됩니다. 우리는 이제 한계에 와 있습니다. 모든 것이 다 한계에 와 있습니다. 이 한계의 극복은 바로 성령의 역사를 통해서만 일어납니다. 오늘 이 성령의 역사가 여기서 일어나 우리 개개인이 살고, 우리의 가정들이 변하고, 우리 교회가 변하고, 엘에이가 변화될 수 있기를 축원합니다. 그러기 위해서는 우리가 항상 하나님의 약속을 믿고, 교회에 모여서 마음을 같이하여 전혀 기도에 힘써야 합니다. 그런 역사가 나타나기를 축원합니다.

아버지 손에서 빼앗을 수 없느니라

(요10:22-39)

　인간은 누구나 다 소유본능이 있습니다. 이것은 태평양 바다보다도 크고, 또 죽는 순간까지 계속되는 본능입니다. 어려서는 장난감 때문에 울고 싸우고 청소년이 되어서는 애인을 소유하려고 싸우고, 애인을 빼앗기지 않으려고 싸우다가 중년이 되면 자식들 때문에 돈과 재물에 눈이 어두워 배신을 하면서까지 버둥대다가 노년이 되면 명예에 눈이 어두워 노욕으로 생을 망치다가 두 손 쭉 뻗고 죽는 것이 인생입니다.

　오늘은 '내 아버지 손에서 빼앗을 수 없느니라'는 제목으로 다섯 가지의 깨달음을 가지는 시간이 되기를 축원합니다.

1. 첫 번째 깨달음 : 청지기로서의 깨달음

　'지금 내가 소유하고 있는 것은 진정한 의미에서 볼 때에 내 것이 아니다'라는 것을 깨달아야 합니다. 살면서 남에게 빼앗기기도 하고, 아니라 해도 결국은 주인 되시는 하나님께 되돌려주는 것입니다. 나의 가장 소중한 생명도 되돌려 주어야 하고, 일평생 피땀 흘리며 번 돈도 되돌려주어야 하고, 가족도 되돌려 주고 가야 하는 것이 인생입니다.

　그런데도 많은 사람들은 지금 내가 소유하고 있는 것들이 내가 주인이고, 내 마음대로 할 수 있는 것으로 착각하면서 삽니다. 그래서 시계들도 가면서 이런 인생을 교훈하면서 쟉각쟉각 갑니다. 밤에는 죽음을 연습하라고 해서 눈을 감고 잡니다. 물론 요즈음에는 시계들을 옛날처럼 밥을 주지 않아도 됩니다. 배터리만 갈아주면 일 년은 넉근하게 사용할 수 있습니다. 옛날에는 매일 밥을 주었는데 가끔 태엽을 감아주는 것을 잊어버리면 서기도 하였습니다. 그래서 옛날에는 시계도 밥을 주어야 했습니다. 그러나 지금은 아주 편리합니다. 시계가 배터리가 거의 쓰게 되면 조금씩 시간이 늦어지고 틀립니다. 이것은 인생도 마찬가지입니다. 깜박깜박하면서 치매 현상의 하나인 건망증이 생기는데 이것은 이제 우리 인생의 배터리가 거의 달아가니 준비하라는 하나님의 경고인 것입니다. 그런데 사람들은 죽음을 준비하지 않고 보약만 먹으려고 하고, 영양가 있는 것만 먹으면 되는 줄 착각합니다.

그러면 우리 소유물의 의미는 무엇입니까? 우리에게 하나님의 뜻을 이루기 위해 하나님이 잠깐 맡겨주신 것입니다. 다시 말하면 우리는 소유물의 소유자가 아니라 주인이 아니라 관리인일 뿐입니다. 그런데 주인 되시는 하나님께서 우리들에게 살아 있는 동안은 찾지 않으시고 맡겨주시니까 내가 주인인 줄로 착각하면서 주인 행세하면서 삽니다. 얼마나 어리석은 인생입니까? 그러므로 이 시간 우리는 내가 관리자라는 것을 깨달을 수 있기를 축원합니다.

2. 두 번째 깨달음

'인생의 참 행복은 무엇을 얼마나 소유하느냐에 따라 결정되는 것이 아니라 어떤 사람이 되느냐에 따라 결정된다'는 것을 깨달아야 합니다. 그러나 불행하게도 많은 사람들은 소유와 행복을 혼동하고 있습니다. 지식을 아무리 소유해도 박사학위를 여러 개 가져도 그것이 행복을 보증해주지 않습니다. 또 돈을 아무리 벌어도 그것이 나의 행복을 보증해주지도 않습니다. 또 한국에서는 대권 싸움으로 정치계가 지저분하기

그지없습니다만 그 권력이 우리의 행복을 지켜주지도 않습니다. 그동안의 한국의 역사를 보면 대통령들은 다 불행한 결과를 가져왔습니다.

그러면 무엇이 우리의 행복을 보증해줍니까? 어떤 사람이 되느냐에 달려 있습니다. 어떻게 사느냐에 달려 있습니다. 이 세상에는 네 가지 종류의 사람들이 살고 있습니다. 사람이면 사람인가 사람이라야 사람이지. 다시 말하면 이 말속에 네 가지 종류의 사람이 살고 있습니다. 첫째는 사람이면, 즉 이름만 사람이지 동물과 다름없이 자기 위하다가 사명을 감당하지도 못하고, 심지어 깨닫지도 못하고 죽는 사람이 있습니다. 두 번째는 사람들이 무엇인가를 항상 추구하지만 그러나 왜 추구해야 하는지, 무엇을 위해서 추구해야 하는지 목적도 없이 끝없이 추구만하다가 사명을 깨닫지도 못하고 죽어가는 구도자와 같은 인생이 있습니다. 세 번째는 사람이라야. 즉 도덕적 인생이 있습니다. 착하고 선하게 살아갑니다. 많은 사람들에게 유익을 주면서 살아갑니다. 법 없이도 살아갈 수 있는 사람입니다. 그러나 문제는 참 종교가 없습니다. 믿음이 없습니다. 그래서 땅의 것만을 찾다가 죽어갑니다. 저 위를 바라보지 못합니다. 영적 세계가 없습니다.

그러나 끝으로 참사람인 인간, 즉 종교적 인생이 있습니다. 인생이란 하나님을 발견하고 섬기면서 사는 인생입니다. 사명이 무엇인지를 깨닫고 그 사명 속에서 살아가는 인생입니다. 바로 이런 인생이 되기를 축원합니다.

3. 세 번째 깨달음

'세상에서 가장 안전한 것은 만유보다 크신 하나님께 모든 것을 맡기는 것입니다.'라는 것을 깨닫는 것입니다. 이번 칼기가 괌도에서 소낙비 속에서 어떤 이유였는지는 모르나 떨어져 많은 사람들이 죽었습니다.

효도 관광을 갔다가 죽은 사람, 신혼부부가 행복을 나누려고 신혼여행을 갔다가 죽은 사람. 저의 조카뻘 되는 국회의원이 단합대회 한다고 부인과 함께 사람들을 데리고 갔다가 몰살을 당하는 정말 눈뜨고 볼 수 없는 참혹한 죽음들이었습니다. 우리는 언제 어느 순간에 죽을지 모르는 인생 입니다.

도무지 비행기 타고 해외로 자주 출장하는 사람들에게는 두려움이 아닐 수 없습니다. 사람이 가지고 있는 것 가운데 가장 소중한 생명을 빼앗긴다는 것만큼 슬픈 것은 없습니다. 그러나 안 빼앗기는 방법이 있습니다. 아이들이 연초에 받은 세뱃돈은 부모에게 맡기는 것이 가장 안전하고, 집은 보험에 맡기는 것이 안전하고, 자녀들은 주일학교와 교회에 맡기는 것이 안전합니다. 돈은 은행에 맡기는 것이 안전하고, 가장 소중한 우리의 생명은 하나님께 맡기는 것이 가장 안전합니다. 오늘 본문 28절에 보면 "내 손에서 빼앗을 자가 없느니라"고 했습니다

사실 우리의 생명은 사명이 있는 동안에는 안전합니다. 왜냐하면 인생은 누구나 다 이 땅에 태어난 사명이 있습니다. 그것을 완성한 후에는 다 가는 것입니다. 다른 말로 말하면 사명이 있는 동안에는 죽지 않는다는 것입니다. 그러나 사명이 없는 사람들에게는 생명도 소모품에 불과합니다. 그러므로 사명의 사람들이 되기를 바랍니다.

세상에서 높은 직위를 갖는 것이 사명이 아닙니다. 직분자만이 사명의 사람이 아닙니다. '나도 한 사람' 운동이 바로 나를 향하신 하나님의 뜻임을 깨닫고 충성하는 사람이 사명의 사람입니다. 세상에서나 교회에서는 직분이 높고 낮음은 일의 분량을 말해 줄 뿐 사명과는 무관합니다. 몇 달란트 받은 사람인가를 말해 줄 뿐입니다. 그래서 내가 충성해야 할 달란트의 분량만을 말해 줄 뿐입니다.

엄격하게 말해서 우리들은 다 사명자입니다. 다만 모르고 있을 뿐입

니다. 그러므로 오늘이라도 나도 한 사람 전도하는 일에 모두가 참여하고 협력하시기를 바랍니다.

4. 네 번째 깨달음

'참으로 풍성한 삶은 주면서 사는 것입니다.'라는 것을 깨달아야 합니다. 아무리 소유가 많아도 줄 줄 모르면 그 사람은 가난한 사람입니다. 항상 부족을 느끼면서 살아가기 때문입니다. 그러나 비록 소유가 풍성치 못해도 남에게 줄 줄 아는 사람은 여유가 있는 사람이요 부자입니다.

우리는 주라고 하면 나는 가진 것이 없다고 착각합니다. 그러나 우리는 없는 것도 많지만 있는 것이 더 많습니다. 달란트를 가지고 있으면서도 그것을 땅에 묻어두고 사는 사람들이 의외로 많습니다. 그러면 세월이 지나면서 그 가졌던 것을 잃고 맙니다. 손에 물을 한 줌 잔뜩 쥐고 있으면 새서 없어지고 수증기가 되어 없어지고, 결국 나중에 남은 것이 없습니다. 그러나 비록 한줌의 물이라도 목마른 사람에게는 큰 도움이 됩니다. 그래서 주고 살면 여유가 생깁니다. 그래서 행 20:38절에 보면 주는 것이 받는 것보다 복이 있다고 했습니다. 과연 우리들이 무엇을 주어야 할까요? 하나님은 우리들에게 내게 없는 것을 주라고 하지 않습니다. 내가 먹을 것을 먹지 말고 주라고도 하지 않습니다. 남은 부스러기를 주라는 것입니다. 그냥 썩혀서 버리지 말고 그것을 아꼈다가 주라는 것입니다. 이 시간 내가 가진 것이 무엇인가를 발견하고 그것을 활용하시기를 축원합니다.

그러면 우리가 무엇을 주어야 할까요?

부정적인 면에서 주어야 할 것이 있습니다. 우리의 죄와 허물을 주님께 주어야 합니다. 근심과 걱정을 주어야 합니다. 지은 죄악의 보따리를 주어야 합니다. 이런 정신적인 쓰레기들을 다 버려야 합니다. 그러므로 주님께 이 시간 주시기를 바랍니다. 그러나 긍정적으로 주어야 할 것도 있습니다. 시간과 물질을 주어야 하고, 나의 재능을 주어야 하고, 가장 소중한 생명을 주어야 합니다. 왜냐하면 하나님께서 가장 보람 있게 활용하시기 때문입니다.

5. 다섯 번째 깨달음

'가장 보람 있고 의미 있는 삶은 믿음 안에서 사는 것입니다.'라는 것을 깨달아야 합니다. 왜냐하면 믿으면 우리의 근심과 걱정도 해결되고, 특별히 죄의 문제가 해결되고, 죽음의 문제도 해결되고, 의미의 문제도 해결되기 때문입니다.

바울은 갈 2:20절에서 이렇게 고백했습니다. "내가 그리스도와 함께 십자가에 못 박혔나니 그런즉 이제는 내가 산 것이 아니요 오직 내 안에 그리스도께서 사신 것이라. 이제 내가 육체 가운데서 사는 것을 나를 사랑하사 나를 위하여 자기 몸을 버리신 하나님의 아들을 믿는 믿음 안에서 사는 것이라."

그러면 믿음 안에서 산다는 것은 무엇입니까? 내가 주인이 되어 내 마음대로 사는 삶이 아니라 주님이 나의 왕이 되셔서 그가 내게 맡겨주신 사명 안에서 사는 것을 말합니다. 그러므로 예수를 믿으면서도 아직도 주님이 왕좌에서 떠나 변두리에 있고, 내 뜻을 이루어 드리는 분 정도로만 있다면 아직도 내게는 참 믿음이 있다고 말할 수 없습니다.

저는 예수 믿고 갈라디아 2:20절의 말씀이 저의 인생관이 되고, 철학이 되면서 제 인생이 변했습니다. 저는 본래 별 볼일 없는 시골의 평범한 농부의 아들이었습니다. 한 때에는 자살을 생각할 만큼 너무도 비참한 삶을 살았습니다. 그러나 예수 믿고 갈 2:20이 저의 인생관이 되면서 참으로 보람 있는 삶과 인생을 살게 되었습니다. 이제는 신성종목사 하면 학계와 목사들의 세계에서는 유명세를 낼만큼 유명해졌습니다. 아무것도 아닌 제가 이렇게 활용될 수 있었던 것은 내 자신을 주님의 손에 맡겼기 때문입니다. 이것을 사람이 빼앗을 수 없습니다. 권력이 빼앗을 수 없습니다. 제가 사명을 다 감당하기까지는 하나님은 저와 함께하실 것이고, 저는 행복할 것을 믿습니다.

예수를 믿으면 적어도 네 가지의 축복을 받습니다. 첫째는 죄의 용서함을 받고, 두 번째는 하늘의 평안을 누리게 되고, 셋째는 삶에 목적이 생기고 사명자가 됩니다. 끝으로 능력을 얻게 되어 이 세상에서도 성공하는 축복을 받게 됩니다.

여러분들도 이번 새 생명 훈련을 통하여 확신과 함께 삶의 참 의미를 깨닫고 하나님의 영광을 위하여 참으로 보람 있게 사용되는 인생이 되시기를 축원합니다.

하나님이 높이시매

(행2:33-36)

　오늘은 우리 민족이 일제의 지배에서 해방이 된 지 54주년이 되는 뜻 깊은 날입니다. 바라기는 저와 여러분들에게 정치적인 해방뿐만 아니라 경제적으로나 영적으로도 참된 해방의 기쁨을 가지기를 축원합니다. 오늘은 본문 중에서 특별히 33절에 "하나님이 오른손으로 예수를 높이시매 그가 약속하신 성령을 아버지께 받아서 너희 보고 듣는 이것을 부어 주셨느니라"는 베드로의 설교의 말씀을 중심으로 '하나님이 높이시매'라는 제목으로 함께 은혜를 나누려고 합니다.

　인간은 누구나 높아지기를 원하고 있습니다. 그래서 스스로 자신을 높입니다. 자신을 높이려고 PR을 부지런히 합니다. 그러나 사도행전 12:23절에 보니까, "헤롯이 영광을 하나님께로 돌리지 아니하는 고로 주의 사자가 곧 치니 충이 먹어 죽으니라"고 했습니다. 두로와 시돈에서 온 사절단과 평화조약을 발표하는 날, 아첨꾼들이 헤롯을 신으로 추대 했던 것입니다. 그때에 헤롯은 자신을 신으로 착각했습니다. 이때의 역사를 역사가인 요세푸스는 기록하기를 헤롯이 갑작스러운 복통으로 인해서 5일 만에 죽었는데 몸이 썩어 벌레가 생겼다고 했습니다.

　그러나 바울의 경우는 정반대였습니다. 바울과 바나바가 함께 루스도라에서 전도할 때(행 14:8-18) 나면서 앉은뱅이 되어 걸어본 적이 없는 사람을 데리고 왔습니다. 이 사람에게 바울이 네 발로 바로 일어서라고 했을 때 그 사람이 뛰어 걸었습니다. 그러자 주민들이 두 사람을 신으로 추대해서 경배를 하려고 했습니다. 바나바는 쓰스, 바울은 허매라고 불렀습니다. 이때 바울과 바나바는 옷을 찢으며 만류하면서 우리도 너희와 같은 성정을 가진 사람이라고 하면서 오직 만유의 하나님을 믿도록 전했던 것입니다.

1. 스스로 높이는 자와 낮추는 자

이처럼 '스스로 높이는 자는 다 자신의 무덤을 파게 됩니다. 그러나 반대로 자신을 낮추는 사람은 다 영광을 얻게 됩니다. 장로교의 핵심 교리인 웨스트민스터 소 요리문답 제1번에 인간의 목적이 무엇인가? 에 대해서 "하나님을 영화롭게 하고, 하나님을 영원토록 즐거워하는 것"이라고 했습니다. 그런데 스스로를 높이는 것은 자신을 영화롭게 하는 것입니다. 하나님이 가장 싫어하는 것이 바로 자신을 높이되 하나님보다 높이는 것입니다. 세상에서는 많은 사람들이 하나님이 차지해야 할 자리에 자신이 앉으려고 합니다. 그러나 하나님은 세상을 창조하신 만왕의 왕이 되십니다. 믿습니까?

사울 왕의 경우 처음에는 얼마나 겸손했는지 모릅니다. 삼상 9:21절에 보면 "나는 이스라엘 지파의 가장 작은 지파 베냐민 사람이 아니오며 나의 가족은 베냐민 지파 모든 가족 중에 가장 미약하지 아니 하니이까. 당신이 어찌하여 내게 이같이 말씀하시나이까?"하고 대답을 합니다. 얼마나 겸손합니까? 10장에 보면 더 웃기는 사건이 일어났습니다. 사울에게 기름을 부어 왕으로 삼으려고 했을 때 22절에 보면 행구 사이에 숨었다고 했습니다. 키가 큰 어른이 어린아이들의 숨바꼭질하듯이 숨은 것입니다. 이것은 그의 겸손을 말해 줍니다. 그러나 그가 왕이 된 뒤에는 나중에 교만해지기 시작하였습니다. 13장에 보면 사울이 스스로 길갈에서 번제를 드렸습니다. 이것은 정종의 분리 원칙을 어긴 것입니다. 그러면서도 핑계를 댑니다. 부득이 하여 번제를 드렸나이다. 그래서 결국 그는 망하게 되었습니다.

2. 하나님께서 높이실 때의 축복은 무엇인가?

(1) 하나님께서 '우리를 높여'주십니다.

요셉이나 다니엘이 바로 그런 경우입니다. 요셉은 죄를 짓지 않으려고 몸부림친 사람입니다. 왜냐하면 죄를 지으면 하나님과의 관계가 끊어질 뿐 아니라 하나님의 이름을 망령되게 일컫는 것이 되기 때문입니다. 다니엘이 사자굴에 들어가면서까지 하나님을 부인하지 않은 것은 하나님보다 더 높으신 분이 없기 때문입니다.

그러므로 우리는 내가 나를 높이려고 하면 결국 망하고 맙니다만 그러나 반대로 내가 자신을 낮추고, 하나님만을 높이면 하나님께서 우리들을 높여주십니다. 이것이 참으로 높아지는 비결입니다. 그러므로 자신을 높이는 자는 망하고, 자신을 낮추는 자는 높아집니다.

(2) '하나님의 일을' 할 수 있도록 해주십니다.

모세는 하나님이 이스라엘의 지도자로 삼으셨을 때에 내가 누구관데 바로에게 가며 이스라엘을 구원하여 내리이까 하면서 사양하였습니다. 겸손하였기 때문입니다. 하나님은 모세를 통하여 하나님의 일을 할 수 있도록 하였습니다.

이사야도 "나는 입술이 부정한 사람이요. 입술이 부정한 백성 중에 거하면서 만군의 여호와이신 왕을 뵈었음이로다" 하면서 겸손했습니다. 그때에 스랍의 하나가 화저로 단에서 취한 숯을 가지고 입에 대었습니다. 그래서 그의 죄가 깨끗이 사하여졌습니다. 그리고 하나님의 선지자로서의 일을 하게 되었습니다.

(3) '항상 동행'하여 주십니다.

하나님은 겸손한 자와 함께 동행하여주시고, 교만한 자는 물리치십니다. 그래서 잠언 15:33절에 보면 "겸손은 존귀의 앞잡이니라"고 했습니다. 미가서의 핵심 구절인 6:8절, 이 구절은 카터 대통령이 대통령 취임식 때 손을 얹고 서약한 구절로 유명하고, 김영삼 대통령이 대통령 취임식 날 새벽에 저를 불러 손명순 권사님과 함께 안수기도를 받을 때 바로 이 구절 위에 손을 얹고 기도를 받았습니다. 무엇이라고 했습니까?

"사람아, 주께서 선한 것이 무엇임을 네게 보이셨나니 여호와께서 네게 구하시는 것이 오직 공의를 행하며 인자를 사랑하며 겸손히 네 하나님과 함께 동행하는 것이 아니냐?"

겸손하면 하나님이 동행하여 주십니다. 믿습니까?

(4) '풍성한 삶을 살도록 인도'하십니다.

풍성한 삶은 하나님과 동행하는 사람에게 주시는 축복이요 특권입니다. 예수님이 이 땅에 오신 것은 양으로 생명을 얻게 하고, 더 풍성히 얻게 하려는데 있습니다. 그러므로 부족한 삶은 하나님의 뜻이 아닙니다. 풍성한 삶이 하나님의 뜻입니다. 그러나 현실적으로 얼마나 많은 사람들이 풍성한 삶을 모른 채 살고 있습니까?

3. 하나님에게서 높이심을 받는 비결은?

(1) 겸손한 자

하나님께서는 두말할 필요도 없이 '겸손한 자'를 높이십니다. 세상에서는 자신을 높이는 사람이 높아지는 경우가 많습니다.

그러나 역사는 그런 사람들을 계속해서 높여주지 않습니다. 자신을 낮추고 겸손할 때에 하나님은 높여주십니다. 그러므로 우리는 겸손을 먼저 배워야 합니다. 겸손은 성공의 근본입니다. 겸손은 하나님의 모든 축복을 담는 보석상자입니다. 이 그릇이 준비되어야 축복을 담을 수 있습니다.

(2) 하나님께서는 '주님의 일을 하는 자'를 높이십니다.

저는 본래 말이 둔해서 누구를 가르칠 능력이 없는 사람입니다. 목회자로서 부족한 것이 너무도 많은 사람입니다. 그러나 목사라는 단 하나의 이유 때문에 저에게 님이란 글자를 붙여서 목사님하고 불러줍니다. 참 부끄럽고 죄송합니다. 주님의 일을 한다는 단 하나의 이유 때문에 높임을 받는 것입니다. 그러므로 주님의 일에 힘쓰는 우리들이 다 되시기를 축원합니다.

(3) '순종하는 자'를 하나님께서는 높여주십니다.

순종은 제사보다 낫기 때문에 순종하면 하나님께 영광이 되고, 하나님은 그들을 높여주십니다. 다윗은 순종의 사람이었습니다. 그래서 그는 역사상 가장 높임을 받은 사람이 되었습니다. 성경에 나오는 모든 인물들은 다 순종의 사람들이었습니다. 결과적으로 다 하나님이 저들을 높여주셨습니다. 이것은 지금도 변함없는 진리입니다.

(4) 하나님과 '함께 하고 동행할 때에' 높여주십니다.

마태복음 21장을 보면 아무 짝에도 쓸모없는 나귀가 예수님을 태우고, 예루살렘에 들어간 사건이 기록되어 있습니다. 사람들이 손에 종려나무를 들고 찬송하리로다, 다윗의 자손이여 하면서 예수님을 높였고, 환영했습니다. 나귀는 한 것이 없습니다. 그러나 예수님을 태웠다는 단

하나의 이유 때문에 나귀도 함께 영광을 받았습니다. 이것은 지금도 마찬가지입니다. 하나님과 함께 하고, 동행하면 누구나 높임을 받습니다. 그래서 성경은 말합니다.

"복 있는 사람은 악인의 꾀를 좇지 아니하며 죄인의 길에 서지 아니하며 오만한 자의 자리에 앉지 아니하고"(시1:1).

4. 우리가 어떻게 하나님을 높일 수 있습니까?

그러면 이제 우리들이 하나님을 높이는 삶을 살아야 하는데 그 방법은 무엇입니까?

(1) '예배를 통해서' 하나님을 높일 수 있습니다.

하나님은 예배를 가장 기뻐하십니다. 따라서 성도들에게 있어서 가장 소중한 것은 예배입니다. 그런데 예배 시간을 빠지는 분들이 가끔 있습니다. 기분이 상한 것이 있어서 빠지고, 몸이 좀 불편하다고 빠지고, 바쁘다고 빠지고, 긴 주말이라고 빠지고, 빠질 이유가 참 많습니다. 그러나 예배는 하나님을 높이는 최고의 방법이기 때문에 우리들은 예배에는 빠지지 말아야 합니다. 예배에 우선순위를 두어야 합니다. 세상에 그 무엇보다도 예배가 소중한 것을 알아야 합니다.

(2) '성전 건축을 통해서' 하나님을 높일 수 있습니다.

우리는 힘이 들고, 어렵지만 이번에 성전 건축을 우리는 기어코 해내고 말았습니다. 할렐루야. 우리에게는 성취감이 있습니다만 더 중요한 것은 이번 성전 건축을 통해서 하나님을 높였다는 것이 중요합니다. 아니 하나님께서 건축을 하도록 인도하여 주셨고, 축복해주셨습니다.

사실 성전 건축은 의무가 아니라 특권입니다. 성전 건축은 하나님이 우리들에게 주시는 최고의 축복입니다. 하나님의 마음에 합한 다윗도 못한 일입니다. 바라기는 이번에 성전 건축에 참여한 모든 분들에게 하나님으로부터 높임을 받기를 축원합니다.

(3) '전도와 선교를 통해서' 하나님을 높일 수 있습니다.

전도는 하나님 자랑입니다. 하나님을 자랑하는 간증입니다. 선교는 문화가 다른 사람들에게 하나님을 선전하고, 자랑하는 것입니다. 따라서 전도와 선교는 하나님을 높이는 사업입니다.

천국에서 가장 큰 영광은 순교한 사람을 제외하고는 전도와 선교의 상입니다. 그러므로 '나도 한 사람, 너도 한 사람, 우리 모두 한 사람씩' 방주 채우기 운동에 참여하시기를 바랍니다.

(4) '기도와 헌금과 봉사를 통해서 하나님을 높일 수 있습니다.

기도는 하나님과의 영적인 대화입니다. 이 기도를 통해서 하나님을 높일 수 있습니다. 또 헌금도 마찬가지입니다. 우리 미주 성산교회의 성도들은 힘에 겹도록 헌금을 합니다. 제가 헌금에 대한 설교를 할 필요가 없습니다. 오히려 무리한 헌금을 하지 않도록 자제를 해야 할 정도입니다. 바라기는 이번 성전 건축에 헌금하신 액수만큼 매 달 수입이 있기를 축원합니다. 성전 건축에 참여한 육백 오십여 명의 성도들과 가정에 하나님이 높여주시는 축복이 함께 하기를 축원합니다. 봉사도 하나님을 높이는 방법입니다. 그러므로 우리는 기도와 헌금과 봉사를 통해서 하나님을 높일 수 있기를 축원합니다.

맺는 말

이제 설교를 맺으려고 합니다. 우리가 하나님을 높이면 '주님의 손이 되어' 주님의 사랑을 베풀게 되고, 모든 사람들을 '주님께로 인도'할 수 있습니다. 위대한 사람이란 바로 하나님의 손이 되어 일을 하는 사람들

입니다. 하나님께서 우리들을 그의 형상대로 지으신 것은 주님의 지체
가 되어, 주님의 손이 되어 많은 사람들을 섬기라고 하신 것입니다. 믿
습니까? 그러므로 우리 교회의 모든 성도들은 구경꾼은 하나도 없이 다
하나님의 손이 되어 하나님을 높이고, 그를 영화롭게 하는데 앞장서는
그런 교회가 될 수 있기를 축원합니다.

아라우나의 타작마당

(삼하24:18-25)

1. 도입

최근 몇 년 동안에 한국에서는 계속해서 많은 대형사고가 일어났습니다. 성수대교가 무너지고, 배행기가 추락하고, 단양에서는 배가 불에 타서 많은 사람들이 죽고, 지하철 공사가 무너지고, 가스가 폭발하여 많은 사람들이 죽고, 삼풍백화점이 무너져서 역사상 최대의 사람들이 죽었습니다. 왜 이런 대형사고가 일어나는 것일까요? 한 가지 분명한 것은 결코 우연은 아니란 점입니다.

미국에서도 계속해서 경제가 침체되고, 지진이 일어나고, 금년 들어 갑자기 전국을 강타하고 있는 폭설, 혹한, 홍수, 강풍 등으로 27개 지역이 재해 지구로 선포되고 있습니다. 특별히 워싱턴의 젖줄인 포토맥 강이 범람했다는 것은 단순한 사건은 결코 아닙니다. 또 이번에는 기차 충돌로 11사람이 죽고 3사람이 실종되고 20여 명이 중상을 입은 사건이 일어났습니다. 하나님의 경고가 있는 것을 우리는 알아야 합니다.

그래서 이 시간에는 다윗이 범죄함으로 전염병으로 7만 명의 사람들이 죽었으나 여부스 사람(가나안 족속의 하나)인 아라우나(여호와는 군건하시다란 뜻)의 타작마당을 은 50세겔을 주고 사서 제단을 쌓음으로 인해서 극복한 사건들을 함께 살펴보면서 오늘의 우리가 더 이상의 대형사고를 피하고 평안히 사는 비결을 함께 살펴보려고 합니다.

2. 오늘 말씀의 배경

방금 봉독한 본문은 사무엘서의 마지막 장으로서 다윗이 솔로몬에게 어떻게 성전의 터를 마련하게 되었는가를 보여줍니다. 아라우나는 대상 21장에 보면 오르난이란 또 다른 이름이 있습니다. 오르난이란 말은 강함이란 뜻입니다. 다윗은 어리석게도 인구조사를 한 결과로 하나님의 큰 심판을 받게 되었습니다. 하나님은 다윗에게 세 가지 중에서 하나를 선택하라고 하였습니다. 7년간의 기근이든가, 석 달 동안 적에게 유린당하고 도망 다니든가, 온역으로 인해 사흘 동안 백성들이 죽을 것인가를 택하라고 하였습니다. 이때에 다윗은 사람의 손에 당하는 것보다 차라리 하나님에게서 직접 매를 맞는 것을 택하고 그리고 아라우나의 타작마당을 사서 하나님께 번제를 드리고 모든 고난을 극복한 내용입니다.

3. 하나님 앞에서 회개의 기도

본문 10절에 보면 다윗이 하나님 앞에서 회개의 기도를 한 것이 나옵니다. "다윗이 인구조사한 후에 그 마음에 자책하고 여호와께 아뢰되 내가 이 일을 행하므로 큰 죄를 범하였나이다. 여호와여 이제 간구 하옵나니 종의 죄를 사하여 주옵소서. 내가 심히 미련하게 행하였나이다."

다윗이 인구조사를 한 것이 왜 죄가 되는 것일까요?

(1) 오직 하나님만 의지하지 아니하면

하나님께 대한 신앙을 버리고 군사력에 의하였기 때문입니다. 우리는 하나님만을 의지해야지 숫자를 의지해서는 안 됩니다. 군대의 힘을 의지해도 안 되고, 돈을 의지해도 안 되고, 인간을 의지해서도 안 됩니다.

이것은 오늘 우리도 마찬가지입니다. 하나님만을 의지하는 우리들이 되시기를 축원합니다.

(2) 정치에만 관심이 있을 때

인구조사에만 급급했지 반 세겔을 걷는 종교적 일을 했다는 기록이 없는 것으로 보아서 그는 정치에만 관심이 있었지 신앙이나 교회나 종교는 중요시 하지 않았기 때문에 하나님의 심판을 받은 것입니다. 물론 정치인에게는 정치가 중요하고, 사업하는 사람들에게는 사업이 중요합니다. 그러나 우리에게 가장 중요한 것은 믿음의 생활인 것을 믿으시기 바랍니다.

(3) 신정 정치와 왕정 정치

신정 정치를 버리고 왕정 정치를 하려고 했기 때문입니다. 왕정 정치는 인간을 의지하는 정치입니다. 그러나 다윗은 처음에 그가 양치기였을 때에는 만군의 여호와만을 의지하여 골리앗을 물리쳤습니다. 그러나 왕이 되어 권력을 가지고 주변의 나라들을 점령하면서 변질이 된 것입니다. 여러분, 우리는 신앙에 변질이 생기지는 않았습니까? 하나님만 의지하는 신앙을 버리지 마시기를 바랍니다.

3. 재앙을 그치게 하자면

그러면 끝으로 우리 민족에게 내리는 재앙을 그치게 하려면 어떻게 해야 하는가?

(1) 기도부터 하는 믿음

먼저 하나님께 기도부터 해야 합니다. 17절에 보면 '다윗은 여호와께 아뢰되'라고 하였습니다. 여기서 다윗은 자신이 죄를 지은 것이지 백성은 무죄하다고 하면서 자신과 아비집을 치고 백성들을 용서해 달라고 기도합니다.

　(2) 먼저 제단을 쌓아야 합니다.

　단을 쌓는다는 말은 하나님께 예배를 드리기 위해서 제단을 만든다는 말입니다. 오늘의 제단은 바로 교회를 짓는 것입니다. 물론 우리가 개인의 주택도 지어야 하고 일터도 있어야 하지만 더 중요한 것은 하나님의 제단인 교회를 지어서 거기서 하나님께 예배를 드리는 것입니다. 저는 여러분들이 많은 희생을 하면서 이 교회를 산 것을 잘 알고 있습니다. 하나님께서 분명히 여러분들을 축복해주실 것을 믿습니다.

　제단의 역사를 보면 에덴동산에서는 따로 예배처소가 필요 없었습니다. 그러나 인간이 범죄한 뒤에는 따로 예배처소가 필요하게 되었습니다. 아담 때에는 하나님께서 가죽 옷을 만들어 입히셔서(창3:21) 은혜로 그들을 일방적으로 구원하여 주셨습니다.

　그 다음 대인 가인과 아벨 때에는 들에서 제사를 드렸습니다. 가인은 땅의 소산으로, 아벨은 양의 첫 새끼와 기름으로 하나님께 제사를 드렸습니다. 하나님은 위선적인 감사보다는 나는 죄인입니다, 용서하여 주시옵소서 하고 드린 아벨의 믿음으로 드린 제사를 기쁘게 받으셨습니다.

　노아 때에는 아라랏산에서 번제를 드리자 하나님은 그 향기를 흠향하셨다고 했습니다. 이때만 해도 본격적인 예배 처소가 없었습니다. 본격적인 예배처소가 생기게 된 것은 아브라함 때였습니다. 벧엘에 제단을 쌓았기 때문입니다. 아브라함이 위대한 것은 제단을 쌓은 것이 아니라 제단에 드리는 제물 때문이었습니다. 그는 백세에 낳은 아들, 이삭을 모리아산에서 산 예물로 드렸기 때문입니다. 이때에 하나님은 말씀하셨습니다.

"네가 네 아들 독자라도 내게 아끼지 아니하였으니 내가 이제야 네가 하나님을 경외하는 줄로 아노라"고 말씀했습니다.

다음 야곱 때에는 벧엘에 단을 쌓았습니다. 그때에 하나님은 말씀했습니다. "다 이루기까지 너를 떠나지 아니하리라." 제단을 쌓으므로 큰 축복을 받은 것입니다. 이렇게 단을 쌓는다는 것은 대단히 중요한 의미가 있습니다. 이것은 오늘날도 마찬가지입니다. 그러므로 우리는 매일 제단을 쌓기를 바랍니다. 가정 제단을 쌓기 바랍니다. 직장의 제단도 쌓기를 바랍니다. 무엇보다도 교회의 제단을 쌓으시기 바랍니다.

(3) 셋째로 번제와 화목제를 드려야 합니다.

구약에 보면 5대 제사가 나옵니다. 그 중에서 다윗은 번제와 화목제를 드렸다고 했습니다. 번제는 불로 사른다고 해서 화제라고도 합니다. 그런데 놀라운 것은 이 불로 태우는 것이 여호와 하나님께 향기로운 냄새가 된다고 했습니다. 사실 번제는 냄새가 고약합니다. 송장 태우는 냄새를 좋아하는 분들은 없을 것입니다. 그러나 하나님은 그 냄새를 향기롭다고 했습니다. 그렇습니다. 하나님은 우리 자신을 바치는 것을 가장 기뻐하십니다.

그래서 로마서 12:1-2절에는 분명히 말씀하셨습니다. "그러므로 형제들아, 내가 하나님의 모든 자비하심으로 너희를 권하노니 너희 몸을 하나님이 기뻐하시는 거룩한 산제사로 드리라. 이는 너희의 드릴 영적 예배니라. 너희는 이 세대를 본받지 말고 오직 마음을 새롭게 함으로 변화를 받아 하나님의 선하시고 기뻐하시고 온전하신 뜻이 무엇인지 분별하도록 하라."

갈라디아서에서는 또 다른 각도에서 말씀하고 있습니다. "내가 그리스도와 함께 십자가에 못 박혔나니 그런즉 이제는 내가 산 것이 아니요,

오직 내 안에 그리스도께서 사신 것이라. 이제 내가 육체 가운데 사는 것은 나를 사랑하사 나를 위하여 자기 몸을 버리신 하나님의 아들을 믿는 믿음 안에서 사는 것이라."

오늘 우리의 문제는 내 고집이 아직도 살아 있고, 내 혈기가 여전히 살아 있으면 아직 완전히 내가 죽은 것이 아니란 것을 알아야 합니다.

내가 죽어야 주님이 사십니다. 목사인 저도 죽고 우리 장로님들도 죽어야 교회가 삽니다. 집사님들과 권사님들도 주님의 뜻을 주장해야지 자신들의 주장과 고집이 살아 있으면 주님은 떠나 계십니다. 주님은 설 자리가 없습니다. 그러므로 주님에게 통치의 자리를 내어주기 바랍니다. 그래야 천국이 이루어지고 평안이 생깁니다.

(4) 넷째로 중요한 것은 하나님의 말씀에 순종해야 합니다.

19절에 "다윗이 여호와의 명하신바 갓의 말대로 올라가니라"고 했습니다. 놀라운 것은 다윗이 선지자인 갓의 말대로 했다고 했습니다. 저는 갓 같은 그런 위대한 선지자는 아닙니다. 그러나 하나님의 뜻을 전달하려고 힘쓰고 있습니다. 때로는 여러분들의 마음과 달라도 손해가 되어도 그것이 성경적일 때에는 순종하시기 바랍니다.

여기서 올라갔다는 말은 아라우나의 타작마당이 언덕에 있었기 때문입니다. 그러나 이 말씀 속에는 우리가 올라가는 생활을 해야 할 것을 말씀하는 신령한 뜻이 있습니다. 내려가서는 안 됩니다. 올라가야 합니다.

"저 높은 곳을 향하여 날마다 나아갑니다. 내 뜻과 정성 모두어 날마다 기도합니다. 내 주여 내 발 붙드사 그곳에 서게 하소서. 그곳은 빛과 사랑이 언제나 넘치옵니다(찬송 453장1절)."

주의 종의 말에 순종하면 절대로 여러분들에게 복이 될 것입니다. 믿습니까?

(5) 회개의 기도

다섯째로 '기도를 들으시매', 하나님께서 받으실만한 회개의 기도를 드려야 합니다.

지금 우리가 사는 길은 회개하는 길뿐입니다. 우리 민족이 사는 길은 회개의 기도밖에는 없습니다. 우리 교회가 사는 길도 회개밖에는 없습니다. 혹 어떤 분은 아니 우리 교회가 무슨 죄가 많다고 회개하란 말이냐고 할지 모르겠습니다. 자신의 죄는 물론 우리 가정들이 안고 있는 수많은 죄가 있습니다. 우리 사회가 안고 있는 많은 죄악이 있습니다. 이것을 가지고 중보의 기도를 우리는 드려야 하는 것입니다.

아브라함이 소돔과 고모라 성을 위해서 기도했던 것처럼 모세가 이스라엘을 위해서 기도했던 것처럼 기도하는 저와 여러분들이 다 되시기를 주님의 이름으로 축원합니다.

맺는 말

25절에 보니 "이스라엘에게 내리는 재앙이 그쳤더라"고 했습니다. 다시 말하면 재앙을 그치게 하는 것은 하나님 앞에서 제단을 쌓고 번제와 화목제를 드리고 회개하면서 단을 쌓아야 합니다. 그것이 우리 민족이 사는 길이요 미국이 사는 길이요 우리 교회가 사는 길입니다. 믿습니까?

끝으로 우리의 타작마당인 우리의 심령과 우리의 집, 우리의 직장이 하나님의 제단으로 바쳐질 때에 우리는 축복을 받습니다. 다시 말하면 거듭나야 한다는 말입니다. 거듭나지 않은 사람은 누구나 다 교회에 문제를 일으킵니다. 그러므로 우리의 심령, 우리의 가정과 직장이 아라우나의 타작마당처럼 하나님께 바쳐지고 헌신될 수 있기를 축원합니다.

이상적인 가정

(행10:1-8)

　우리는 누구나 이상적인 가정 갖기를 원합니다. 어떤 분은 과연 이상적인 가정이 있는가 하고 현실적인 면에서 의심을 합니다. 아빠가 힘나고, 엄마가 즐겁고, 아이가 신나는 그런 이상적인 가정이 참으로 있습니다. 문제는 대부분이 상대방만, 남편은 아내에게, 아내는 남편에게 이상적이기를 원하는 데 있습니다. 그래서 실제적으로 이상적인 가정은 많지 않습니다. 이상적인 가정이 되려면 우리 자신 하나하나가 이상적인 구성원이 되어야 합니다. 어느 한 편만 이상적인 것은 참으로 이상적인 가정이 못됩니다.

　오늘은 고넬료의 가정을 보면서 우리도 그런 이상적인 가정이 될 수 있기를 축원합니다.

1. 고넬료의 가정은 어떤 가정인가?

(1) 하나님을 경외하는 가정

　'온 집이 하나님을 경외'하는 이상적인 가정입니다. 행 10:2절 상반절에 "그가 경건하여 '온 집으로 더불어 하나님을 경외'하며"라고 했습니다. 그런데 어떤 분들을 보면 식구들이 각기 다른 교회에 나가는 경우를 많이 봅니다. 그러나 온 가족이 함께 출석하는 것이 보다 이상적인 경우입니다.

당시 고넬료라는 사람은 가이사랴에 살고 있었습니다. 이 가이사랴는 지중해 연안에 있는 욥바 항구 바로 위에 있는 곳인데 주전 22년 헤롯에 의해서 로마의 황제를 기념하기 위해서 만들어진 로마의 총독부가 있는 곳입니다. 고넬료의 계급은 백부장이었다고 했는데 그 정도면 두 번째로 높은 계급입니다. 그런데 그는 온 집으로 더불어 하나님을 경외하였다고 했습니다. 여기서 하나님을 경외한다는 말은 유대교에 완전하게 개종한 의의 개종자가 아니라 오순절 때에 은혜를 받고, 유대교에는 등록되지 않는 개종자를 말합니다.

가장 이상적인 가정이란 바로 믿음이 있는 경건한 가정입니다. 지금 엘에이만 해도 많은 이민자들이 교회에 등록되어 있고, 교회에 출석하지만 참으로 경건한 교인들을 찾기란 가뭄에 콩 나듯이 힘이 듭니다.

그래서 딤전 4:7~8절에 보면 "경건을 연습하라. 육체의 연습은 약간의 유익이 있으나 경건은 범사에 유익하니 금생과 내생에 약속이 있느니라"고 했습니다.

그러면 경건이 무엇입니까? 경건이란 '하나님의 임재 앞에서의 올바른 자세와 행동'을 말합니다. 간단히 말하면 '위엣 것을 찾는 생활'을 말합니다. 또 '위엣 것을 생각하는 생활'입니다. 그러기 위해서는 먼저 '땅의 것을 버려야' 합니다. 그래야 경건한 삶을 살 수가 있습니다.

이 경건은 그냥 되는 것이 아니라 훈련이 필요하기 때문에 경건은 어려서부터 가져야 합니다.

그러면 어떻게 경건의 훈련을 할 수 있습니까?

첫째는 '예배를 통해서' 합니다. 자주 예배에 참석하는 것은 바로 경건의 훈련입니다.

둘째는 '사랑의 실천을 통해서' 합니다. 먼저 사랑은 부부간에서부터 시작하여야 합니다. 그런데 부부간의 사랑을 방해하는 것이 있습니다.

바로 부부싸움입니다. 부부싸움의 경우를 보면 아주 사소한 것에서 시작합니다. 이때에 '하지 말아야 할 말들'이 있습니다. 남편을 다른 남편과 비교하면서 "능력 없는 남자"라느니, "이혼하자"라느니 하는 말이나, 아내에게 "집에서 놀면서 그것도 못해?"하고 화를 내는 일이나, "아무래도 우린 잘못 결혼한 것 같아" 하는 마음에도 없는 말을 하는 것이나, "당신 집안은 왜 그 모양이야" 하는 가문에 모독적인 말을 하는 것이나, "집에만 있는 당신이 뭘 안다고" 하는 아내를 아주 무시해버리는 말 등등은 부부간에 감정만 증폭시킬 뿐입니다. 그래서 야고보는 경건을 자기의 혀를 재갈 먹이는 것(약1:26)이라고 했고, 또 고아와 과부를 돌보는 것(약1:27)이라고 정의를 내렸습니다.

셋째는 경건이란 '자기를 지키는 생활을 통해서' 할 수 있습니다. 야고보는 '자기를 지켜 세속에 물들지 않는 것', 즉 '세상과 짝하지 않는 것'이 경건이라고 했습니다(약1:27). 그러므로 우리는 너무 세상의 유행을 따라가면 위험합니다.

(2) 사랑을 베푸는 가정

다음은 고넬료의 가정은 구제를 많이 하며, '사랑을 주는 가정'이었습니다. 행 10:2절 중반 절에 "백성을 많이 구제하고". 예수님의 모든 말씀은 다 복음서에만 기록되어 있습니다. 그러나 복음서에 기록되지 않은 구절이 행 20:35절에 나옵니다. "주는 것이 받는 것보다 복이 있다"는 말씀입니다. 그러므로 고넬료의 가정은 참으로 남에게 줄줄 아는 사랑이 가득한 이상적인 가정입니다. 병든 자들을 치료해주고, 굶주린 자들을 먹이고, 벗은 자들을 입히고, 고아와 과부들을 사랑으로 돌보아주는 가정이었다고 했습니다. 이런 가정은 마치 사막의 오아시스처럼 정말 갈증이 없는 시원한 가정입니다.

왜 하나님께서는 구제를 하라고 했을까요? 구제가 하나님의 영광을 많이 나타내기 때문입니다. 하나님의 본질은 사랑인데 하나님의 사랑이 구제를 통하여 가장 잘 나타나기 때문입니다. 또 잠 19:17절에 보면 "가난한 자를 불쌍히 여기는 것은 여호와께 꾸이는 것이니 그 선행을 갚아 주리라"고 했습니다.

그런데 우리가 구제를 할 때에 구제하는 사람이 가져야 할 자세가 있습니다. 무엇보다도 보상을 생각하지 말아야 합니다. 숨어서 덕을 쌓아야 합니다. 그래서 주님은 마 6:3-4절에서 "너는 구제할 때에 오른손의 하는 것을 왼손이 모르게 하여, 네 구제함이 은밀하게 하라. 은밀한 중에 보시는 너의 아버지가 갚으시리라"고 했습니다. 끝으로 구제할 때에는 아끼는 마음을 품지 말아야 합니다(신15:10). 또 참고 기다려야 합니다. "선을 행하되 낙심하지 말지니 피곤하지 아니하면 때가 이르매 거두리라"(갈6:9).

놀라운 것은 전도서 11:1절에 보면 "네 식물을 물위에 던지라 여러 날 후에 도로 찾으리라"고 했습니다. 던진다는 말은 인색함이 없이 너그러운 행동을 하는 것을 말합니다. 사실 구제할 때에는 식물을 물위에 던지는 심정으로 해야 할 수 있습니다. 창고에 쌓아두는 마음으로 하면 항상 실망을 하게 됩니다.

그런데 우리가 구제하는데 여러 가지의 장애가 생깁니다. 첫째는 가난에 대한 두려움입니다. 둘째는 갚아주신다는 하나님의 말씀에 대한 불신입니다. 셋째는 행복은 갖는데서 온다는 착각이 있습니다. 넷째는 성공을 물질적 조건으로만 판단합니다. 다섯째는 영적인 색맹입니다. 여섯째는 현세에만 단기적 투자를 합니다.

구제란 한 마디로 말하면 사랑의 실천입니다. 가정 안에서도 이 사랑의 실천이 이상적인 가정을 만드는 중요한 비결입니다. 우리 한번

'5.3.1의 원칙'을 가정 안에서 꼭 실천해 볼 수 있기를 바랍니다. 5번 기도해주고, 3번 칭찬하고, 1번 꾸중해 주면 우리들의 자녀들은 잘 자라게 된다는 말입니다.

그러면 이 시간에 가장 간단한 사랑의 실천을 연습하겠습니다. 그것은 바로 얼굴 표정과 미소입니다. 지난주간에 읽은 책 가운데 「성공하는 사람에겐 표정이 있다」는 어느 표정 연구가의 책을 읽었습니다. 얼굴을 펴면 운도 펴진다는 내용입니다. 사실 매력적으로 아름답게 웃는 얼굴은 상대방에게 호감을 줄 뿐만 아니라 상대방의 마음까지 행복하게 만들어줍니다. 자, 그러면 한번 연습을 해보겠습니다. 먼저 긴장을 푸시고, 다음에는 위의 이만 나오게 하고, 입술은 영어의 V자처럼 하고, 한번 옆에 계신 분에게 속삭이듯이 웃어보시기 바랍니다. 이번에는 악수까지 하면서 미소를 지어보기 바랍니다. 바로 그것이 행복한 가정을 만드는 비결의 하나입니다.

(3) 항상 기도

끝으로 고넬료는 기도의 사람이었습니다. 행10:2절 하반 절에 "하나님께 항상 기도하더니"라고 했습니다.

하나님은 우리의 기도를 들으시는 분이십니다. 우리 육신의 아버지는 자녀의 말 같지 않은 말도 들으면서 기뻐합니다. 비록 서툴고 뜻이 되지 않는 말을 한다 해도 부모들은 기뻐서 어쩔 줄을 모릅니다. 작년에 세 살 난 제 손자가 와서 하는 말 가운데 '대책이 없어'라는 말을 하는 것을 듣고, 얼마나 놀랐는지 모릅니다.

어린애가 어떻게 그런 어려운 말을 배웠는지 놀랍기만 했습니다. 이 꼬마가 이번 6월말에 온다고 하는데 또 어떤 말을 배웠는지 궁금합니다. 세상의 부모뿐 아니라 하나님도 우리의 기도 같지 않은 말에 관심이 큽니다.

그러나 하나님께서는 모든 기도를 다 들으시는 것은 아닙니다. 이사야 16:12절에 보면 무효인 기도가 있다고 했습니다. 우상에게 기도하는 것이나, 형식적인 기도나, 교만한 기도나, 회개가 없는 기도나, 믿음이 없는 기도는 다 무효입니다. 시간 낭비일 뿐입니다.

왜 우리는 하나님께 기도해야 합니까? John R. Rice가 쓴 「Asking and Receiving'(능력 있는 기도)」란 책에 보면 일곱 가지를 지적하고 있습니다.

첫째는 하나님께서 성경에 기도를 강조해서 명하시기 때문이고,

둘째는 기도가 바로 우리가 원하는 것을 얻는 하나님이 가르쳐주신 길이기 때문이고,

셋째는 기도가 충만한 기쁨을 갖는 하나님의 비결이기 때문이고,

넷째는 기도는 모든 고통의 출구요, 걱정, 근심의 치료가 되기 때문입니다.

다섯째는 기도가 현대의 모든 불신앙과 회의주의에 대한 유일한 반증이기 때문이고,

여섯째는 기도는 성령의 능력을 갖는 길이기 때문이고,

끝으로 누구든지 주의 이름을 부르는 자는 구원을 얻기 때문입니다. 그러므로 우리들도 기도의 사람들이 다 되시기를 축원합니다.

성경에 보면 모든 위대한 인물들은 다 기도의 사람들이었습니다. 거꾸로 말해서 기도의 사람들은 다 위대한 성도들입니다. 기도의 사람들은 무엇이나 할 수 있습니다. 주님은 "기도 외에 다른 것으로는 이런 유가 나갈 수 없느니라"(막9:29)고 했습니다. 그러므로 우리들도 기도가 아침을 여는 열쇠가 되고, 저녁을 닫는 자물쇠가 될 수 있기를 바랍니다.

또 가정에서는 기도하는 마음이 바로 사랑과 용서의 마음입니다. 이

마음을 가지면 그 가정은 항상 행복이 넘치게 됩니다.

2. 고넬료 가정에게 주신 하나님의 축복은?

(1) 가정에 임하는 축복

하나님이 함께 하는 가정이었습니다. 행 10:3절 상반 절에 보면 하나님의 사자가 들어와 임했다고 했습니다. 하나님의 사자가 한 가정에 임한다는 것은 최고의 축복입니다. 그러므로 그런 축복이 우리 모든 가정에 임하기를 축원합니다.

(2) 구체적으로 하는 기도

하나님이 기억하고 기도마다 응답을 받았습니다. 행 10:4절 하반 절에 보면 고넬료가 기도할 때에 "네 기도와 구제가 '하나님 앞에 상달하여 기억하신 바가 되었으니'."라고 했습니다. 모든 기도가 응답이 되고, 모든 구제가 하나님께 상달이 되었다는 것입니다. 예레미야 선지자는 말씀했습니다. "너희가 진심으로 나를 찾고 찾으면 나를 만나리라(렘 29:13)"고 했고 마7:7-8절에는 "구하라 그러면 너희에게 주실 것이요, 찾으라 그러면 찾을 것이요 문을 두드리라 그러면 너희에게 열릴 것이니"라고 했습니다. 그러므로 우리들도 고넬료의 가정에 임한 응답의 축복을 다 받을 수 있기를 축원합니다.

(3) 하나님께 쓰임 받는 가정

고넬료의 가정은 역사적으로 하나님의 귀한 도구가 되는 축복을 받았습니다. 고넬료를 통해서 선민과 이방 사이의 편견이 깨어지는 역사가 나타났습니다. 행복한 가정은 바로 하나님께 쓰임 받는 가정입니다. 그러므로 우리들의 가정도 고넬료의 가정처럼 하나님께 쓰임 받을 수 있기를 축원합니다.

3. 고넬료의 가정과 같이 되려면?

(1) 온 가정이 '다 하나님을 경외'하여야 합니다.

왜냐하면 참 사랑은 하나님을 경외하는 데서 오기 때문입니다. 지난 주일 열린 예배시간에 자살을 하기 전에 마지막으로 어떤 분을 만나기 위해서 우리 교회에 처음으로 오신 분이 있었습니다. 제가 만나려고 했을 때에는 벌써 다른 분이 모시고 갔기 때문에 만나지 못해서 안타까운 마음이 많습니다만 하나님을 참으로 경외하는 가정이 되어야 이런 좌절감이 찾아왔을 때 힘을 얻게 되고, 위로를 받을 수 있습니다. 사람의 힘과 위로만으로는 절망을 극복할 수가 없기 때문입니다. 하나님을 경외함에서 얻어지는 위로, 참 힘이 됩니다.

(2) 우리들이 '구제와 기도'하는 일에 힘써야 합니다.

왜냐하면 가정은 행복을 저축하는 곳이지 채굴하는 곳이 아니기 때문입니다. 주는 삶은 우리의 가정을 보다 더 여유와 풍성함을 갖게 합니다. 우리는 구제는 여유가 있는 사람들이 하는 것이라고 생각합니다. 그러나 사실은 구제는 부자보다는 가난한 사람들이 더 많이 합니다. 또 중요한 것은 내가 돈을 번 후에 구제하려는 생각은 절대로 이루어지지 않는다는 것을 기억해야 합니다. 항상 '다음에' 하다가 결국 '아, 그때 했을 걸' 하고 후회로 끝나기 때문입니다. '다음에'라는 생각은 바로 사탄이 우리들에게 선한 일을 하지 못하도록 하는 전술의 하나임을 기억하시기 바랍니다.

(3) 무엇보다도 하나님께서 말씀하실 때에는 '순종해야' 합니다.

이상적인 가정에는 언제나 순종이 따랐습니다. 아브라함의 가정이 그랬고, 고넬료의 가정이 그랬습니다. 하나님은 모든 것을 주관하시는 분이시고 권능의 하나님이시기 때문에 순종보다 더 좋은 비결은 없습니다. 그러므로 우리들도 순종하는 가정이 될 수 있기를 축원합니다.

맺는 말

이제 설교를 맺으려고 합니다. 지난 주일에는 아버지의 권위가 회복되어야 가정에 질서가 생기고, 아버지의 제사장적 기도를 통해서 새로워지는 것을 발견하게 될 것이라는 말씀을 드렸습니다. 오늘은 고넬료의 가정처럼 하나님께 대한 순종을 통해서 이상적인 가정들이 다 될 수 있기를 축원합니다.

믿음 성장의 비결은?

(행 8:25-39)

살아 있는 동식물은 다 어느 시기에까지 성장을 합니다. 만약 성장하지 않고 정체하게 되면 그것은 병에 걸린 증거입니다. 믿음도 병에 걸리면 성장하지 않습니다. 물론 구원을 얻게 하는 믿음은 단번에 주어집니다(유1:3). 그러나 믿음에는 '큰 믿음'(마15:28)이 있고, '적은 믿음'(마6:30)이 있습니다. 이것은 믿음에는 성장 과정이 있다는 증거입니다. 처음에 주시는 믿음은 하나님의 은혜입니다. 그것은 씨알과 같이 작은 것입니다. 이 믿음을 키우는 것은 우리의 사명입니다. 처음 믿음의 씨알은 하나님이 주시지만 그러나 믿음이 성장하는 것은 우리들의 노력과 열심에 따라 변합니다.

1. 믿음이란 무엇인가?

믿음에는 적어도 세 가지의 성격을 가지고 있어야 합니다.

첫째로 믿음이란 '꼭 붙잡는 것'입니다. 무엇을 꼭 붙잡습니까? 예수님을 꼭 붙잡는 것입니다. 놓으면 죽을 줄 알고, 꼭 붙잡는 것입니다. 왜냐하면 예수님만이 파선 당한 우리 인생을 구원하는 구명줄이기 때문입니다. 놓으면 우리는 죽습니다.

둘째로 믿음이란 '내어 맡기는 것'입니다. 내가 가진 문제를 다 주님께 내어맡기는 것이 바로 믿음입니다. 그러나 우리는 내가 쥐고 벌벌

떱니다. 돈은 은행에 맡기고, 자녀들은 교회와 학교에 맡기고, 나 자신
은 주님께 맡겨야 하나님이 쓰십니다.

셋째로 무엇보다도 중요한 것은 믿음이란 '순종'하는 것입니다. 믿음
과 순종은 '동의어'입니다. 그러므로 순종하지 않는 사람은 믿음이 없는
사람입니다. 그러므로 우리 모두가 하나님께 순종할 수 있기를 축원합
니다.

2. 믿음의 역사는 무엇인가?

(1) 믿음으로 우리는 구원을 받습니다(롬1:17절).

죄 사함을 받고, 의롭다 함을 받습니다. 이것이 기독교의 핵심입니다
만 많은 사람들이 이것을 잊고 있습니다. 그것을 최초로 발견한 사람이
바울이었고, 그 다음이 루터였습니다. 오늘도 이 이신칭의의 교리를 꼭
붙들 수 있기를 축원합니다.

(2) 믿음으로 기도하면 능력의 역사가 나타납니다(막9:23절).

이번에 러시아에 갈 때에 의약품을 2만 불 정도 가지고 갔습니다. 물
론 그 의약품 곁에는 이것이 구제품으로 사용된다는 것과 또 증명서를
가지고 갔습니다. 그러나 저는 혼자서 비행기를 타고 가는 도중에 열심
히 기도했습니다. '주여, 잘 통과되게 하옵소서.' 그런데 역시 공항에서
그 의약품이 문제가 되어 돈을 요구합니다. 아무리 설명을 해도 되지를
않습니다. 바로 그때에 김바울 선교사가 데리고 온 바실리 목사가 들어
와서 소리를 치면서 야단을 했습니다. 그는 13번이나 전도하였다는 이
유로 감옥에 간 사람입니다. 제가 안정현 장로님에게 싸우는 모습을 비
디오로 찍으라고 했습니다. 저들이 못 찍게 하면서 그냥 통과시켜 주면
서 들어가라고 했습니다. 믿음의 기도는 반드시 역사 되는 것을 모스크

바 공항에 도착하면서부터 보았습니다. 주일설교와 전도 집회 때에도 기도를 많이 하였습니다. 다들 잠자는 시간에 일어나서 혼자서 하나님께 부르짖었습니다. 결과는 주일에 약 700명, 전도 집회에 750명 정도 참석했는데 전도 집회에서는 90%의 사람들이 주님을 영접하겠다고 손을 들었습니다. 기도하면 하나님께서 다 이루어주십니다. 믿습니까?

(3) 믿음으로 세상을 이깁니다(요일2:13-17).

제가 전에 명지대학교회의 담임 목사로 있을 때에 전도사로 있던 장규대 목사가 선교사로 지금 러시아에서 문서 선교와 제자화 훈련에 전념하고 있습니다. 그는 중국에서 선교하다가 체포령이 내려서 러시아로 도망 와서 선교의 가능성을 타진하려고 모스크바 크렘린광장을 걷고 있었다고 합니다.

혼자서 할렐루야 하면서 찬송을 하다가 소리가 자기도 모르게 커지자 옆에 있는 사람이 함께 찬양을 합니다. 마침내 500여 명이 광장에 모여들었고, 그러자 경찰이 양쪽으로 포위를 했습니다. 이제는 죽었구나 생각하면서 모든 것을 주님께 맡겼다고 했습니다. 장 선교사는 통역관을 통해서 간단하게 복음제시를 하였고, 많은 사람들이 결신을 하게 되었습니다. 그런데 그때에 경찰의 총책임자가 군중들을 제지하는 것이 아니라 이들에게 반항하지 못하도록 다른 사람들로부터 청중들을 보호하고 있었습니다.

마침내 경찰서장이 앞으로 나오면서 당신이 가지고 있는 성경을 나에게 줄 수 있느냐 나도 믿겠다고 했다고 합니다. 이 놀라운 체험이 그를 러시아에 선교사로 머물게 한 동기였다고 합니다. 결국 공산 러시아에서도 믿음으로 행할 때에 세상을 이기었던 것입니다.

(4) 믿음으로만 주님을 따라가면 좇아갈 수 있습니다(마21:22절).

예수님의 제자가 된다는 것은 그를 좇아가는 것입니다. 그것은 우리의 열심만으로 되는 것이 아닙니다. 믿음이 있어야 됩니다. 왜 가룟 유다가 3년 동안 주님을 따르다가 결국 실패하고 말았습니까? 믿음이 부족하였기 때문입니다. 우리도 믿음이 없으면 제2의 가룟 유다가 됩니다.

3. 믿음의 성장 비결은 무엇인가?

제일 먼저 믿음의 장애물을 제거해야 합니다. 무엇이 장애물입니까?

(1) 인간에게서 영광을 구하는 것이 장애물입니다(요5:44절).

우리는 눈에 보이는 것만 너무 의지합니다. 그래서 사람들에게서 영광을 구하려고 합니다. 그런 사람은 믿음을 가질 수가 없습니다. 갖는다 해도 형식적인 믿음일 뿐입니다. 보이는 사람들에게서 영광을 구하고 있는 한 그는 외식주의자 일뿐입니다.

(2) 높은 마음을 품는 것입니다(롬11:20절).

높은 마음, 즉 교만은 멸망의 선봉입니다. 믿음을 가질 수 없도록 하기 때문입니다. 가장 대표적인 사람이 사울 왕입니다. 그가 겸손할 때에 이스라엘의 초대 왕이 되었지만 그러나 그가 교만해졌을 때에 그는 하나님과 사람들에게서 버림을 받았습니다. 우리도 마찬가지입니다.

다음은 긍정적인 면에서 믿음의 성장의 비결을 살펴보겠습니다.

(1) 먼저 좋은 지도자를 만나야 믿음이 성장합니다(31절).

오늘 본문에 보면 에티오피아의 간다게의 국고를 맡은 내시가 이사야서를 읽고 있었지만 전혀 무슨 뜻인지 깨닫지 못하였습니다. 빌립이 물었습니다. 읽는 것을 깨닫느뇨? 그러자 지도하는 사람이 없으니 어찌 깨달을 수 있느뇨? 하고 내시는 대답하였습니다. 마침내 빌립 집사가 이사야 53장이 바로 예수 그리스도를 의미한다는 것을 가르쳐줄 때에 깨닫게 되었던 것입니다. 그래서 교인들에게는 좋은 목회자를 만나는 것이 중요합니다. 일단 만난 후에는 계속해서 이것이냐 저것이냐 하고 방황하지 말고, 위해서 기도하며 그 목회자가 하나님의 선한 일꾼이 되게 해달라고 기도해야 합니다. 또 가르침을 받을 때에 그 말씀대로 순종해야 합니다. 듣기만 하는 교인은 형식적인 신자가되고 말기 때문입니다.

(2) 결단과 실천이 있을 때 믿음은 성장합니다(36절).

에티오피아의 내시는 말씀을 듣고 난 뒤에는 물을 보자 세례를 받게 하여 달라고 요청했습니다. 중요한 것은 결단입니다. 듣는 것만으로는 부족합니다. 그러므로 이 시간에 주님께 순종하기로 결단하시기를 바랍니다.

(3) 믿음은 들음을 통해서 성장합니다(롬10:17).

우리가 너무도 잘 아는 구절입니다만 그러나 실천을 안 하는 구절입니다. "믿음은 들음에서 나며 들음은 그리스도의 말씀으로 말미암느니라." 여기서 들음이란 자신은 가만히 앉아서 듣기만 하는 것을 말하는 것이 아닙니다. 성경을 연구하고, 묵상하고, 읽으면서 주님을 만나는 것을 말합니다.

(4) 말씀에 순종하면서 섬길 때에 믿음은 성장합니다.

무엇보다도 '가라 아니면 보내라'는 말씀에 따라 사탄과의 최선봉에서 싸우는 선교 현장을 가면 믿음이 급성장합니다. 저는 설교를 준비할 때에나 기도할 때마다 하나님의 응답을 받곤 합니다. 그러나 구체적이면서 분명한 음성은 꼭 5번 들었습니다.

무엇보다도 감사한 것은 이번 선교지에 가서 지하교회의 현장을 보았고, 그곳에 세워진 모스코바에 단 하나밖에 없는 십자가가 있는 개신교를 짓고 있는 현장을 보았습니다. 여기서 주의 음성을 들었던 것입니다.

제가 첫 번째 하나님의 음성을 들은 것은 1955년 10월의 어느 날이었습니다. 김선운 집사님이 인도하는 학생부흥성회에 참석해서 마지막 토요일에 말씀을 듣고 통성기도를 하고 있을 때 "내 너를 위하여 몸 버려 피 흘렸건만 너는 나를 위해 무엇을 주느냐?"는 음성과 함께 그날의 본문의 말씀인 롬 14:7-8절의 말씀이 제가 와 닿았습니다. "우리 중에 누구든지 자기를 위하여 사는 자가 없고, 자기를 위하여 죽는 자도 없도다. 우리가 살아도 주를 위하여 살고, 죽어도 주를 위하여 죽나니 그러므로 사나 죽으나 우리가 주의 것이로다." 이것이 저로 하여금 주님을 믿을 뿐 아니라 신학을 공부하고 하나님의 종이 되기로 했던 동기가 된 것입니다.

두 번째 주의 음성은 1987년에 제가 대전 중앙교회에서 목회를 하고 있을 때였습니다. 교회가 도무지 성장을 하지 않아서 새벽마다 눈물로 울고 있을 때에 하나님이 제게 음성을 들려주셨습니다. 바로 요한복음 12:24절이었습니다. "한 알의 밀이 땅에 떨어져 죽지 아니하면 한 알 그대로 있고, 죽으면 많은 열매를 맺느니라". 그때에 K라는 재정을 맡고 있는 장로가 저를 너무도 괴롭혔습니다. 저는 그때에 그 장로를 콩가루가 되게 해달라고 기도했는데 주님의 응답은 네가 죽어야 한다는 응답이었습니다. 물론 그 장로는 콩가루가 되어서 완전히 망해서 일평생 갚아도 갚지 못할 빚으로 인해 지금은 도망가서 숨어 살고 있습니다만 저는 다시는 이런 기도를 하지 않기로 그때 결심했습니다. 한 알의 밀이 되라는 구절은 제가 대전중앙교회를 성공시킨 가장 중요한 구절입니다.

세 번째 주의 음성은 1995년 10월의 어느 날이었습니다. 제가 충현교회에서 음해를 받고 사임한 뒤에 하와이 코나에서 기도를 하고 있을 때였습니다. 국내에서는 기자들의 등쌀로 기도를 할 수 없어서 아들이 공부하고 있는 코나에 가서 기도하기로 하였습니다. 마침 제 아내도 그곳에 있었기 때문에 좋은 기회였습니다. 그때 저는 주여 나의 원수를 갚아주옵소서 하면서 이 억울한 것을 아무도 안 믿어줄 터인데 하나님이여, 나는 어떻게 합니까? 하고 기도했습니다. 그때 주의 음성이 너무도 생생하게 들려왔습니다. 롬 12:19절의 말씀입니다. "내 사랑하는 성종아, 네가 친히 원수를 갚지 말고, 내게 맡기라, 내가 갚아 주리라. 너에게는 내가 따로 맡길 일이 있느니라." 이것이 제가 성산교회에 오게 된 직접적인 이유입니다.

네 번째 주의 음성은 미주 성산교회에 온 뒤에 들었습니다. 1998년의 어느 날입니다. 성전 건축을 하려고 하는데 반대하는 분들이 너무 많습니다. 찬성하는 분들은 조용하고, 반대하는 사람들의 소리만 크게 들립니다. 게다가 성전을 지을 돈도 없고, 그래서 제가 울면서 기도했습니다. 하나님은 눈물의 기도를 좋아하시는지 이번에도 울면서 기도할 때에 음성이 들려왔습니다. "내가 너를 버리지 않았다. 내가 너와 함께 하고 너를 크게 쓰리라" 하는 음성이었습니다. 제게 주신 것은 이사야 41장 10절의 말씀이었습니다.

"두려워 말라. 내가 너와 함께 함이니라. 놀라지 말라. 나는 네 하나님이 됨이니라. 내가 너를 굳세게 하리라. 참으로 너를 도와주리라. 참으로 나의 의로운 오른손으로 너를 붙들리라."

다섯 번째 주의 음성은 이번 선교지에서 들었습니다.

지난 월요일에 장규대 선교사를 만나 러시아의 지하교회를 갔습니다. 순교자의 아들로서 성전을 짓고 있는 중이었습니다. 러시아에서 유일하게 십자가를 높이 세우고 예배를 드리는 유일한 곳이었습니다. 거기에는 과거에 성경을 비밀리에 출판하다가 케이지비에 들켜서 감옥에도 가고, 불타버린 자국이 있는 곳이었습니다.

이 간증을 니코라이 목사가 할 때에 본인은 눈물이 고였고, 통역하는 사람은 목이 메어서 말을 하지 못하였습니다. 저는 그때에 환상과 함께 주의 음성을 들었습니다. 제가 본 환상은 그 불타버린 성경의 잿더미가 바람에 날려 날아가면서 성령의 불과 함께 성경으로 변하여 러시아 전역으로 흩어지는 모습이었습니다.

그때에 주님은 제게 말씀했습니다. "내가 너를 통하여 러시아 선교를 이룩하리라." 방법까지도 제게 가르쳐 주었습니다. 그것은 제가 쓰고 있는 망원경식 성경 연구를 통해서 이미 있는 구소련의 15개국의 대표들을 불러서 그들에게 성경을 망원경식으로 가르치는 것입니다. 그래서 저는 장 선교사와 출판계약을 맺고 내년부터 3년 동안 제가 직접 가서 성경을 가르치기로 약속하고 돌아왔습니다. 할렐루야.

언제 믿음이 성장합니까? 선교지에 가서 사탄과 싸우게 될 때에 믿음은 성장합니다. 그래서 앞으로 우리의 교회는 선교하는 일에 최선을 다하려고 합니다.

맺는 말

이제 설교를 마치려고 합니다. 우리는 믿음이 있어야 영적으로도 살고, 이 세상에서도 승리할 수 있습니다. 그러나 이 믿음의 성장을 방해하는 장애물을 제거해야 합니다.

먼저 세상에서 영광을 구하지 말고, 사람들에게서 인정을 받으려고도 말고, 높은 데 마음을 두지 말아야 합니다. 말씀 연구를 통해서 우리의 믿음을 키워야 합니다. 가장 중요한 것은 복음을 전하라 하면 순종하는 그런 성도들이 될 때에 놀라운 믿음의 성장이 이루어지고, 하나님의 역사를 체험하며 승리할 줄로 믿습니다.

성령 받기를 기도하니

(행8:14-24)

본문의 구절은 많은 사람들을 어리둥절하게 만듭니다. 왜냐하면 사마리아 사람들이 믿고 세례를 받았는데도 불구하고, 그들에게 성령이 내리시지 않았다고 본문 성경에 기록되어 있기 때문입니다. 오늘은 그 오해를 풀고 오순절의 참된 의미를 깨달을 수 있기를 축원합니다.

1. 세 가지 유형의 오순절

오순절 사건은 예수님의 탄생에 버금가는 기독교의 중요한 분수령입니다. 오순절은 바로 교회의 생일이기 때문입니다. 오순절은 두말할 필요도 없이 일회적인 사건이지만 그러나 사도행전을 보면 세 가지 유형으로 성령이 임하신 것을 볼 수 있습니다. 이것은 오순절 사건이 지리적으로도 전 세계적인 사건이고, 인종적으로도 전 세계적인 사건이고, 시간적로도 전 세계적인 사건이란 것을 보여주는 것입니다.

이 세 가지 유형의 오순절은 마치 비가 온 세계에 임하지만 시간적으로는 동시적이 아닌 것과 같습니다.

따라서 초대교회와 꼭 같은 오순절의 체험은 지금은 불가능합니다. 다만 그와 유사한 체험을 오늘날도 할 수 있습니다. 왜냐하면, 그 오순절을 기점으로 해서 계속해서 성령이 임하고 있기 때문입니다. 그러면 세 가지 유형의 오순절은 어떤 것입니까?

(1) 먼저 유대인의 오순절에 임했습니다(행2장).

이것은 성령시대의 시작을 알리는 신호였습니다. 또 모든 성도들이 한 몸이 되었다는 의미를 가집니다. 그래서 당시 가장 중요한 것은 성령 강림의 결과로 방언을 하게 되었고, 그 결과로 창세기 11장에서 모든 언어가 분열되게 되었던 바벨탑 사건이 다시 해결된 것을 의미합니다. 따라서 구약에 시내 산 사건을 통해서 율법을 주신 하나님께서 신약에서는 오순절 사건을 통해서 성령을 주셨다는 구원사적 의미를 가집니다.

(2) 다음은 오늘 본문에 기록된 사마리아의 오순절입니다(행8장).

오늘 본문에 나타난 사마리아의 오순절 사건은 이방 선교의 중간 담이 무너지기 시작했다는 중요한 의미를 가집니다. 행 1:8절에 보면 선교의 확산이 먼저는 예루살렘에서 다음에는 사마리아로, 다음에는 땅 끝까지의 세계 선교로 확대될 것을 말씀했는데 그것이 2장에서 예루살렘에서의 오순절, 오늘 본문 8장에서의 사마리아에서의 오순절, 끝으로 13장 이하에서의 이방인의 오순절로 이어짐을 볼 수 있습니다. 따라서 8장에서의 사마리아에서의 오순절은 흩어지는 교회의 의미를 가르쳐줍니다.

(3) 고넬료 가정에의 오순절

끝으로 10장에 기록된 이방인의 대표인 고넬료 가정에의 오순절입니다(행 10장). 특히 10장에서 베드로와 고넬료의 상봉은 아주 중요한 의미를 가집니다. 당시까지만 해도 유대인들과 이방인의 상봉은 불가능했습니다. 왜냐하면 유대인들과 이방인들 사이에는 큰 홍해바다와 같은 간격이 있었기 때문입니다. 유대인들은 사마리아인들을 개처럼 취급해서 만나지를 않고, 유다에서 갈릴리로 갈 때에 중간에 있는 사마리아를 피해서 베뢰아 지역으로 돌아서 갔습니다. 바로 민족간에 가지는 편견 때문입니다. 이 편견이 무너진 것은 바로 고넬료 가정에 임한 오순절의 역사 때문이었습니다.

그러면 이렇게 예루살렘과 사마리아와 이방 사이에 놓인 편견이 무너지게 된 오순절의 현대적 의미는 무엇인가를 살펴보면서 계속해서 우리 교회 안에도 오순절의 역사가 나타나기를 축원합니다.

2. 민족 간의 장벽을 허물기 위해서

민족 간의 장벽을 허물기 위해서 주시는 성령의 임재는 지금 우리가 가지고 있는 모든 편견을 허물기 위한 하나님의 뜻이 있습니다. 세상에서 편견만큼 무서운 것은 없습니다. 사람이 편견을 가지면 마치 귀신에 걸린 사람처럼 되어 거기에 사로잡히게 되고, 안개와 같이 시야를 흐리게 하여 그만 어리석게 만들고, 무지에 빠지게 만듭니다. 또 중요한 것은 편견을 가지면 그것이 자기의 세계의 한계를 벗어나지 못하게 가둡니다. 그래서 우리는 편견을 되도록 빨리 버려야 합니다. 무엇이 편견입니까? 마음에 드는 것만 보고, 있는 그대로를 보지 못하는 것이 편견입니다. 편견을 가지면 그것이 표준이 되어서 다른 것들은 다 배척을 합니다. 그래서 편견은 위험한 것입니다.

이 편견을 버리는 방법은 여러 가지가 있습니다. 여행을 많이 하는 것은 가장 간단하고 빨리 할 수 있는 방법입니다. 다음에는 외국어를 배워서 그 나라의 문화를 이해하는 것인데 이것이 가장 좋기는 하지만 그러나 문제는 시간이 많이 걸립니다. 그러나 근본적으로 해결하는 비결은 바로 성령을 받는 것이라고 본문을 말씀하고 있습니다. 성령을 받으면 보는 안목이 달라지고, 그동안 가지고 있던 편견을 버릴 수가 있습니다. 그러면 우리가 가지고 있는 편견은 어떤 것들이 있고, 또 어떻게 이 편견을 버릴 수 있습니까?

(1) 편견

우리가 가자고 있는 편견으로는 첫째로 민족 간에 가지는 편견이 있습니다. 독일의 반유대주의나 남아프리카의 백인우월주의는 우리가 너무도 잘 알고 있습니다. 또 미국에 아직도 남아 있는 인종차별주의는 사라지지 않고 있습니다만 우리 안에도 있다는 것을 알고 계십니까?

대원군 때에 우리나라는 고립주의의 하나인 쇄국정책을 폈습니다. 미국에서도 한 때에 먼로(Monroe주의, 5대 대통령의 이름을 딴 고립주의)가 있었습니다. 대원군 때의 고립주의는 미국의 상선인 셔만(Sherman)호를 불사르고, 마침내 신미양요(1871)의 원인을 제공하여 국가적인 위기를 가져오게 하였습니다.

이것은 바로 민족 간에 가지는 편견의 결과입니다. 그래서 서양 사람들이 처음에 왔을 때에는 그들을 이상한 동물로 보았습니다. 사실 대원군 때에 서양의 앞선 과학을 받아들였다면 임진왜란은 일어나지 않았을 것입니다. 당시 한국이 알고 있는 나라는 중국뿐이었습니다. 그들이 알고 있는 중국만이 대국이고, 또 본받아야 할 대상이었습니다.

죄송한 말씀입니다만 지금도 우리는 민족 간의 편견이 심합니다. 흑인들에 대한 편견이 심합니다. 깜둥이란 말이 바로 우리들의 편견을 말해줍니다. 멕시코 사람들에 대한 편견도 적지 않게 있고, 연변에 살고 있는 조선족들에 대한 편견도 큽니다. 이런 편견을 우리들이 극복하지 않으면 하나님의 일꾼으로 크게 일을 할 수 없습니다.

(2) 한국 안의 편견

다음은 한국 안에서 지역 간의 편견도 있습니다. 옛날에는 일평생 자기의 고향을 떠나지 않고 사는 사람들이 대부분이었습니다. 교통이 발달하지 못하였기 때문이었습니다. 그래서 섬에서 사는 사람들은 뭍에 사는 사람들을 전혀 모릅니다. 그러다 보니 '터널의 비전'에 빠지고 말았습니다. 이것이 소위 지방색의 뿌리가 됩니다. 강원도 사람들을 '감자바위'라고 놀리고, 충청도 사람들은 '멍청도'라고 놀리고, 전라도 사람들은 '사꾸라'라고 놀리고, 이북사람들은 '삼팔따라지'라고 놀리고, 아니 그 작은 나라에서 어떻게 지방색이 있을 수 있습니까?

많은 사람들이 선거 때면 지방색이 없어져야 한다고 야단입니다. 없어져야 합니다. 그러나 너무 걱정하지 마세요. 서울에 서울 사람들이 없듯이 다 이 지방 저 지방에서 온 사람들이듯이 전국적으로 흩어지게 될 것입니다. 지방색은 3김의 작품입니다만 그러나 머지않아 이 지방색이 고향에 대한 사랑으로 변화될 줄로 믿습니다. 문제는 우리들의 편견이 깨지면 됩니다. 그것은 바로 성령을 받으면 해결됩니다.

(3) 이성간의 편견

다음은 남녀간에 가지는 이성(남성과 여성) 간의 편견도 적지 않습니다. 플라톤 같은 사람은 남자들이 악하면 죽은 뒤에는 여자로 다시 환생한다고까지 생각했습니다. 또 아리스토텔레스의 「The Generation of Animals」란 책에 보면 여성을 '일종의 불구화된 남성'으로 보았습니다. 요세푸스 같은 역사가는 '여자는 남자보다 열등하다'라고 말했습니다. 또 탈무드에 보면 하와의 예를 들면서 여자들을 악마의 통용이라고도 했습니다. 물론 고대 사회를 보면 여자들이 남자들보다 열등하였습니다. 이유는 본질적으로 열등해서가 아니라 교육을 받을 기회를 주지 않았기 때문입니다. 그런데 문제는 오늘날도 이런 불평등이 남아 있다는 점입니다.

여자들이 똑똑해서 앞에 나서면 '여자가 뭘' 하면서 여성들에 대한 편견을 가집니다. 심하게는 '암탉이 울면 나라가 망한다'고 말합니다. 물론 성경에도 '여자들은 교회 안에서 잠잠할지니라'는 말씀이 있습니다만 그러나 그것은 당시 고린도교회 안에서 방언 문제가 여성도들을 중심으로 심각했기 때문에 한 잠정적이고 특정한 지역에 국한된 말씀이지 성의 차별이나 편견을 정당화하는 것은 아닙니다. 불행한 것은 지금 성 간에 가지는 편견은 각 가정은 물론 교회 안에도 편견이 심합니다. 이것을 극복할 때 교회가 정상적으로 발전할 수 있습니다.

(4) 교파의 편견

우리가 가진 교파간의 편견도 삼팔선만큼이나 큽니다. 교파의 기원은 어떤 특정한 것을 강조하는 데서 온 것입니다. 하나님 중심의 사고에서 장로교가 생겼고, 선교적인 강조점과 감독정치의 강조점에서 감리교가 생겼습니다. 그러므로 교파란 강조점의 차이일 뿐이지 옳고 그른 것의 차이점은 아닙니다. 있다면 그것은 이단일 뿐입니다.

(5) 직업적 편견

직업 간의 편견도 극복해야 할 과제의 하나입니다. 지금은 돈 많이 버는 직업이 최고로 올라가고 있습니다만 전에는 고시에 합격하여 판검사가 되는 것이 최고라고 생각했습니다. 소위 양반 개념이 전통적으로 있었기 때문입니다. 그 후에는 은행에 취직하는 것과 의사가 되는 것이 최고라고 생각하기도 하였습니다. 그러나 지금은 돈 많이 버는 것이 최고로 변했습니다. 그래서 벤처기업이 여기저기 떠오르고 있습니다.

그러나 이런 것은 다 틀린 것입니다. 하나님께 영광이 되고, 사회에 유익이 되고, 자신의 달란트를 발휘할 수 있는 것이 최고의 직업입니다. 돈을 얼마나 버느냐? 사람들에게 얼마나 존경을 받느냐? 하는 것은 나

중의 문제이고, 중요한 것은 하나님께 얼마나 영광이 되느냐? 사회에 얼마나 공헌할 수 있느냐? 자신의 달란트를 얼마나 활용할 수 있느냐에 있는 것입니다.

3. 편견을 버리는 길

지금 우리들이 가지고 있는 수많은 편견을 버리기 위해서는 오늘 본문에서 볼 수 있는 것처럼 교회적인 성령의 체험이 필요합니다. 물론 여행이나 독서를 통해서 어느 정도 극복할 수 있습니다. 그러나 성령의 체험 없이는 깊은 편견을 극복할 수 없습니다.

그러면 어떻게 성령 체험을 할 수 있습니까? 그 비결은 무엇입니까? 첫째는 먼저 마음을 비우는 것이 선행되어야 합니다. 지역에 따라 다릅니다만 제가 살고 있는 지역에서는 매주 화요일에 쓰레기를 버립니다. 검은 통에는 일반 쓰레기를, 하늘색 통에는 재활용할 수 있는 쓰레기를, 초록색 통에는 풀과 꽃, 나무들을 버립니다. 한 주만 밀려도 문제가 심각합니다. 인간의 마음도 그릇과 같아서 차면 넘습니다. 따라서 죄악으로 가득 찬 우리의 마음을 비워야 성령을 받을 수 있습니다. 어떻게 비웁니까? 토해내어야 합니다. 그것은 바로 회개의 기도입니다. 창세기에 보면 하나님께서 아브라함에게 삼 년된 암소와 숫양과 염소와 산비둘기 새끼와 집비둘기 새끼를 취하여 각을 뜨고(죄악을 각을 뜨고), 더러운 것을 제거하고 제사를 지내라고 한 것은 바로 회개의 법을 가르쳐 주신 것입니다. 다음은 겸손이 바로 마음을 비우는 것입니다.

둘째로 비운 후에는 채우기 위해서 연결시켜야 합니다. 무엇으로 연결시킵니까? 먼저 믿음으로 연결시켜야 합니다. 믿음은 하나님과 우리들을 연결시키는 영적인 줄입니다. 영적인 채널입니다. 다음에는 기도의 선으로 연결시켜야 합니다. 끝으로 채워야 합니다. 채우는 비결은 먼저 말씀으로 채우고, 순종으로 채우고, 눈물로 채워서 성령 충만함을 받게 될 때에 놀라운 변화가 일어납니다. 먼저 마음에 확신이 생기고, 권능의 사람이 되어서 승리하게 되고, 은사자가 되어 교회를 부흥시킵니다. 우리의 편견이 사라지고 모든 것을 하나님의 시각으로 봅니다. 바라기는 오늘 이방에 임하였던 오순절의 역사가 우리 교회에도 임해서 모든 편견의 담이 무너지고, 하나가 되는 역사가 나타날 뿐 아니라 교회부흥의 놀라운 축복이 우리 모두에게 임하기를 축원합니다.

전도의 열매

(행8:9-13)

오늘의 말씀의 배경은 예루살렘에서 스데반의 순교를 시작으로 큰 핍박이 일어났습니다. 그러나 "그 흩어진 사람들이 두루 다니며 복음을 전할 새" 놀랍게도 핍박은 사마리아에 복음 전파의 신호가 되었습니다. 당시 빌립 집사의 전도는 큰 능력이 나타났습니다. 심지어 마술사인 시몬이란 사람도 세례를 받고, 기독교로 돌아오는 역사가 나타났다고 기록하고 있습니다. 그러면 그때에 전도의 열매는 무엇이었는지를 함께 살펴보면서 우리도 전도를 통해 그런 열매를 맺고, 주님의 사역에 동참하는 사람들이 다 될 수 있기를 축원합니다.

1. 전도의 열매는

(1) 삶의 변화

제일 먼저 삶의 변화가 일어납니다. 3절에 보면 마술사 시몬도 믿고 세례를 받게 되었다고 했습니다.

기독교는 신비주의 운동도 아니고, 도덕 재무장 운동도 아니고, 하나의 '삶의 운동'입니다. 따라서 기독교에는 언제나 세 가지의 요소가 있습니다. 그것은 지적인 요소와 정적인 요소와 의지적인 요소입니다. 여기서 제일 먼저 일어나는 것이 정적인 변화입니다. 어떤 분들은 이 정적인 변화를 기독교의 본질로 착각을 합니다만 그렇지 않습니다. 시작일 뿐입니다. 또 지식인들 가운데는 이 감정적인 변화를 깔봅니다만 그러나 이 감정적인 변화가 없이는 그 다음 단계가 일어나지 않습니다. 가장 안타까운 것은 많은 교인들이 이 제일의 단계에 그냥 머물러 있기를 원한다는 사실입니다. 마치 아이들이 젖을 떼고, 이유식을 해야 할 때가 왔는데도 하지 않고, 젖을 계속해서 먹으려는 것과도 같습니다.

그러면 그 다음에 일어나는 것이 무엇입니까? 그 다음에 일어나는 것이 바로 지적인 변화입니다. 물론 어떤 사람은 이 지적인 데서 신앙이 시작되는 경우가 있습니다. 그런 사람은 주로 믿는 가정에서 태어난 사람들인데 그런 분들은 중생의 체험이 없이는 교회에 익숙한 사람이 될 뿐 신앙생활에 참 만족을 하지 못합니다. 따라서 체험이 있어야 합니다. 바로 정적인 변화가 일어나야 합니다. 아무튼 중요한 것은 모든 기독교인들은 정적인 변화만으로는 안 되고, 반드시 지적인 변화가 일어나야 합니다! 믿음이란 무엇인가? 하나님은 어떤 분이신가? 예수님은 누구시며 교회는 무엇을 하는 곳인가? 어떻게 사는 것이 기독교적인 삶인가? 이런 것에 관한 지식을 가져야 합니다. 지식이 없는 감정적인 만족은 오래 갈 수가 없습니다. 그래서 영적인 세계에 대한 지식을 가져야 하는데 그것을 위해서 우리는 부지런히 성경을 연구하고, 배운 말씀을 묵상을 해야 합니다. 여기에는 노력이 필요하고, 시간적 희생이 필요하고 고통이 따르기 때문에 많은 교인들은 이것을 기피하려고 합니다. easy going, 쉽게 가려고 합니다. 그러나 신앙에는 때로는 딱딱하고, 머리가 아프기도 하지만 지적인 요소인 성경공부가 필수적입니다. 왜냐하면 기독교는 반지성적인 종교가 결코 아니기 때문에 이 지적인 단계를 거쳐서 가야 하기 때문입니다.

그러나 기독교의 궁극적인 단계는 마지막, 의지적인 단계입니다. 바로 삶 자체입니다. 그래서 우리는 신앙만을 말하지 않고, '신앙생활'이란 말을 합니다. 그런데 중요한 것은 전도를 하면 우리의 삶에 큰 변화가 일어납니다. 먼저 삶의 '방향'이 변합니다. 삶의 방향이 변한다는 말은 '삶의 목적'이 변한다는 말입니다. 다음에는 삶의 '질'이 변합니다. 삶이 넓이로만 가지 않고, 깊이로 변합니다. 또 '삶의 내용'도 변합니다. 비슷한 것 같지만 사실은 삶의 내용이 변합니다. 좋아하는 것도 다르고, 가고 싶은 곳도 달라집니다. 어떻게 삶의 내용이 변합니까? 믿기 전에는 내가 중심이 되고, 행복도 나의 행복이 중심이었습니다.

그러나 믿고 난 후에는 주님의 몸된 교회가 중심이 되고, 나는 항상 다음의 순서에 속합니다. 따라서 삶의 '중심'이 변하고, 다음에는 '순서'의 변화가 생깁니다. 어떤 순서입니까? 영어로 기쁨이란 단어는 Joy(Jesus, others, yourself)라는 말인데 거기에 보면 주님이 앞에 가고, 다음에는 다른 사람들이 가고, 내가 항상 뒤에 서게 됩니다. 그러면 모든 것이 다 해결됩니다. 끝으로 삶의 내용이 변합니다. 삶에 대한 능력이 일어나고, 안전과 보장에 대한 확신이 생기고, 영원한 세계에 대한 소망이 생기고, 귀신들이 떠나가는 역사가 일어납니다. 따라서 전도는 우리가 해야 할 가장 중요한 것입니다. 그러므로 전도를 통해서 이런 삶의 변화가 우리 모두에게 일어날 수 있기를 축원합니다.

(2) 내적 변화

전도를 하면 그 다음에 일어나는 것이 '내적인 변화'입니다. 즉 '큰 기쁨'이 심령 속에 생깁니다. 8절에 보면 "그 성에 큰 기쁨이 있더라"고 하였습니다. 믿기 전에는 물질에 기쁨이 있었고, 출세에 기쁨이 있었고, 육적인 만족에만 기쁨이 생겼습니다. 그러나 믿고 난 뒤에는 다른 종류의 기쁨이 생깁니다. 그것은 내 죄가 용서함 받았다는 기쁨, 내가 천국의 백성이 되었다는 기쁨, 주님과 함께 동행한다는 기쁨, 전도했을 때

지옥으로 향하던 사람들이 천국의 백성이 될 때에 오는 기쁨, 주님과 동행한다는 기쁨, 성령의 열매를 맺는 기쁨이 있습니다.

제가 가지고 있는 중요한 기쁨이 무엇인지 아십니까? 내가 주님의 도구가 되어 주님이 하는 사역에 동참한다는 기쁨이 항상 있습니다. 또 천국에서 받을 상급을 생각하면 받기도 전에 마음에 기쁨이 충만합니다.

그렇다면 지금 여러분들이 가지고 있는 기쁨이 무엇입니까? 영적인 기쁨이 없습니까? 그렇다면 아직도 구원의 확신이 없기 때문이고, 믿음이 잠자고 있거나 더 무서운 것은 믿음이 죽어 있을지도 모른다는 뜻입니다. 그렇다면 이 시간에 내 가슴을 치며 자신을 살펴보아야 합니다.

바울이 데살로니가 교회에 보내는 편지 가운데 항상 기뻐하라고 하면서 이것이 바로 그리스도 예수 안에서 너희를 향하신 하나님의 뜻이니라고 했습니다.

사실 누구에게나 기쁨은 있으나 대개는 잠정적인 기쁨입니다. 세상적인 기쁨이고, 물질적인 기쁨입니다. 물론 그런 것도 있어서 나쁜 것이 없습니다. 그러나 정말 우리들에게 근본적으로 필요한 것은 위에서 오는 영적인 기쁨입니다. 이것은 주님의 일을 할 때 참여자가 가지는 기쁨입니다. 사실, 주의 일을 하면 눈물을 흘릴 때가 많습니다. 고통이 따르기 때문입니다. 그러나 그런 고통 가운데서도 위로가 있고, 기쁨이 있습니다. 그래서 주의 일을 계속하는 것입니다. 참 기쁨은 영적인 일을 할 때에 옵니다. 주님과 대화하고, 주님의 말씀을 듣고, 주님과 동행할 때에 옵니다.

기쁨에는 세 가지 종류의 기쁨이 있습니다. 첫째는 참여자의 기쁨입니다. 여기에는 때때로 고통이 함께 따릅니다. 그래서 참여하기를 주저합니다. 그러나 그 고통은 기쁨과 비교할 때에 비교가 되지 않습니다.

몇 억을 버는 사업가는 몇 만원의 손실 정도는 괴로워하지 않습니다. 의례 있는 것으로 생각합니다. 따라서 참여의 기쁨을 가지기를 원하는 사람들은 작은 고통에 구애되어서는 안 됩니다.

둘째는 구경꾼의 기쁨입니다. 우리들은 다 구경하는 것을 좋아합니다. 한국 사람들은 싸움 구경과 불구경은 야단을 맞으면서도 합니다. 취미로는 야구도 구경하면서 박찬호의 승리도 기다립니다. 농구도 구경하면서 잭슨 감독의 코비와 샥, 글렌으로 이어지는 트라이앵글 시스템을 구경하면 두어 시간 동안 흥분 속에서 기쁨을 누립니다.

그러나 중요한 것은 이런 기쁨은 계속되지 않습니다. 그저 잠정적인 기쁨일 뿐입니다. 따라서 우리들에게는 전도를 통한 영적인 기쁨이 넘치기를 축원합니다.

(3) 죄에서 해방

전도를 하면 '죄의 수렁에서 벗어나는 해방의 기쁨, 참 자유의 기쁨'이 있습니다. 본문에 보면 자칭 큰 자라는 마술사가 많은 사람들을 놀라게 하였습니다. 마술에 많은 사람들을 묶어 놓았습니다. 그러나 마술사 자신이 기독교로 돌아오면서 많은 사람들이 개종하는 역사가 일어난 것입니다.

죄의 수렁이 얼마나 무서운가 하면 그것이 연달아 일어난다는 점입니다. 다윗의 경우를 보면 처음에는 아름다운 밧세바를 보고, 성의 노예가 되어 순간적인 쾌락에 빠졌습니다. 그러나 죄는 열매가 무섭습니다. 밧세바가 임신을 한 것입니다. 그래서 이것을 은폐하기 위해서 이번에는 우리아를 격전지로 보내어 죽게 하였습니다. 요압이란 장군과도 함께 공모를 하였습니다. 이처럼 죄란 눈덩어리처럼 점점 불어납니다. 처음에는 혼자 죄를 짓지만 그 다음에는 여럿이 연결됩니다. 이 죄는 쇠

사슬처럼 서로 연결이 되어 있기 때문입니다.

일단 죄는 범한 사람을 사슬로 묶은 후에는 죄의 종이 된 사람들을 괴롭히기 시작합니다. 처음에는 '양심의 가책'에서 시작하지만 나중에는 '개인에게서 웃음을 빼앗고' 다음에는 '가정까지 괴로움'을 당합니다. 그러므로 죄는 그 사슬을 빨리 끊어야 합니다. 어떻게 끊습니까? 방법은 오직 한 가지, 그것은 바로 '회개의 기도'입니다.

다윗은 나단의 설교를 듣고 회개하였습니다. 그래서 죄의 사슬을 끊게 되었습니다. 그러므로 이 회개의 기도는 말씀의 전파인 전도 없이는 일어나지 않습니다. 바라기는 전도를 통해서 우리 모두가 해방의 기쁨, 자유의 기쁨을 누리기를 바랍니다.

(4) 전도는 우리들을 '믿음의 사람'으로 만듭니다.

빌립 집사는 두 가지 주제를 가지고 전도했습니다. 하나는 하나님의 나라에 관한 것이고 다른 하나는 예수님의 이름이었습니다. 중요한 것은 사람들이 듣고 믿게 되었다는 점입니다. 세례를 받게 되었다는 점입니다.

바울은 로마서 10장에서 이렇게 외쳤습니다. "듣지도 못한 이를 어찌 믿으리요, 전파하는 자가 없이 어찌 들으리요, 보내심을 받지 아니하였으면 어찌 전파하리요? 기록된바 아름답도다. 좋은 소식을 전하는 자들의 발이여 함과 같으니라"(14-15).

이 세상은 믿음의 사람들을 통해서 하나님의 나라가 확장되고, 믿는 사람들을 통해서 하나님의 사역이 이루어지고, 믿는 사람들을 통해서 참 행복이 전달되고, 가장 중요한 것은 믿는 사람들을 통해서 생명운동이 계속되는 것입니다. 이것이 어디서 시작됩니까? 바로 전도에서 모든 것이 시작됩니다. 그러므로 전도가 없다면 이미 죽은 것입니다. 기독교도 전도가 없으면 죽고 맙니다. 교회도 전도가 없으면 죽고 맙니다. 성도 개인도 전도가 없으면 죽고 맙니다. 따라서 이번 부흥회를 통해서 범죄인간, 고장난 인간의 비참을 깨달았다면 이제는 전도하는 일에 모두가 동참할 수 있기를 축원합니다.

(5) 전도는 우리에게 복음에 대해 마음이 열리게 만듭니다.

사마리아 성은 마음이 완악한 곳이고, 우상숭배로 가득 찬 곳이었습니다. 그런데 그곳에 마음의 문이 열리면서 믿게 된 것입니다. 중요한 것은 마음의 문이 열리게 되었다는 점입니다.

세상의 모든 것은 '마음먹기에 따라' 변합니다. 이것을 발견한 것이 불교의 핵심입니다. 그러나 불교에서는 마음의 문을 여는 그 방법을 모릅니다. 아니, 내 마음이 어떻게 내 마음대로 됩니까? 자동차는 내가 마음대로 운전할 수 있어도 마음은 내 마음대로 운전이 안 됩니다. 그래서 우리는 성령의 충만을 받아야 성령께서 나를 인도하시고, 내 마음을 하나님이 기뻐하는 곳으로 운전하여 줍니다.

그런데 문제는 성령의 충만도 마음이 열려야 됩니다. 이번에도 보니까 은혜 받는 사람들은 얼굴에 기쁨이 넘치고, 은혜가 충만한데 어떤 분들은 얼굴에 변화가 없습니다. 왜 그렇습니까? 마음의 문이 열리지 않아서 그렇습니다. 그런데 이 마음의 문은 언제 열립니까? 바로 복음의 전파를 통해서 열립니다.

본래 복음, gospel이란 말은 God spell(주문, 마법)이란 말에서 유래한 것입니다. 그야말로 하나님의 역사가 일어나는 것은 바로 복음의 전파를 통해서 일어납니다. 무슨 역사가 일어납니까? 굳게 닫혔던 마음의 문이 열립니다.

바라기는 이 시간에 우리들의 마음의 문입니다. 열릴 수 있기를 축원합니다.

2. 전도 방법

그러면 우리는 어떻게 전도할까요? 우리 교회에서는 '사영리'는 물론 '새 생명 훈련'을 통해서 전도의 방법을 익히 다 알고 있습니다. 그러다 조금 지나면 식어지고, 그렇다고 다시 교육을 받을 수도 없고, 그래서 문제가 생깁니다. 앞으로 계속해서 새 생명 훈련은 계속되겠습니다만 그러나 급한 대로 몇 가지의 방법을 말씀드리겠습니다.

(1) 자기 목사님을 자랑

가장 간단하고 효과적 방법은 '담임 목사를 자랑하는 것'입니다. 담임 목사가 바로 교회의 간판이기 때문입니다. 사람은 누구나 장점과 단점이 있습니다. 그러므로 단점은 말씀하지 말고, 장점만, 그것도 간단하게 자랑을 하면 상대방에게 큰 도전이 됩니다. 지금 많은 교인들이 교회를 정하지 못하고 방황하는 사람들이 의외로 많습니다. 교인들이 목사를 잘 만나는 복은 쉽지 않기 때문입니다. 목회자의 신학이나 교육 배경이나 관계없이 설교 한두 번 듣고 결정한 뒤에 후회하는 사람들이 얼마나 많은지 아십니까? 그런 점에서 여러분들이 담임 목사를 자랑하면 전도가 됩니다.

(2) 주보와 테이프로 전도

다음은 '주보와 테이프를 가지고' 전도하는 방법입니다. 엘에이에서는 제 설교를 방송을 통해서 한 번도 안 들어본 사람은 별로 없습니다. 그러므로 이미 홍보되고, 광고가 되었으므로 여러분들이 조금만 수고하시면 의외로 전도가 됩니다.

(3) 교회를 소개

또 다른 전도 방법은 '특별한 기회에 사람들을 데리고 와서 교회를 보여주는 것'입니다. 그런 점에서 오늘 저녁에 있게 될 초청성가의 밤은 누구에게나 매력을 줍니다. 그러기 위해서는 교인들이 조금만 부지런하면 됩니다. 초청장을 나누어만 주면 됩니다.

(4) 현미경식 성경 공부

우리 교회에서 매주 하는 수요 성경 공부는 전도하는 좋은 도구입니다. 문제는 지금 많은 교인들이 easy going 하려고 합니다. 모든 것을 쉽게만 하려고 합니다. 그래서 지난번 오신 김선운 목사님이 첫날 한 설교의 제목이 '성도 인생의 심각성'이란 제목이었고, 계속해서 심각성이란 말을 강조했습니다. 저의 성경 공부는 미원과 설탕 같은 조미료를 전혀 사용하지 않기 때문에 큰 재미는 없지만 그러나 신학적인 깊이나 우리의 생활에의 적용에는 수준급이기 때문에 여러분들이 어디를 가서 광고해도 결코 실망을 주지 않습니다. 제가 전에 가르쳤던 현미경식 성경 공부는 지금 매달 월간 목회에서 인기리에 잡지에 나오고 있습니다. 많은 분들이 그것을 구하려고 애를 쓰고 있습니다. 여러분들도 책으로 한번 보시면 왜 내가 빠졌지, 처음 듣는 말씀이야 하고, 감탄을 할 것입니다. 그러므로 수요일 성경공부를 잘 활용하시기 바랍니다.

(5) 식사 초대하기

여러분들 주변에 교회를 정하지 못하고 방황하는 분들에게 전화를 통해서 '엄마손 식당에서 점심을 같이하자고 초청'을 하시면 그래? 그런 식당에 가본 적이 없는데 하면서 언제 생긴 식당이냐? 어디에 있느냐 하고 물을 것입니다. 교회의 구내식당인데 아주 맛이 그만 이라고 하면서 초청을 하시면 쉽게 전도할 수가 있습니다.

(6) 평소 성실한 모습을 보여주기

끝으로 그러나 뭐니 뭐니 해도 최고의 전도방법은 우리의 '생활 자체'입니다. 보는 것만큼 확실한 것은 없기 때문입니다. 사실 거짓말을 하거나 성실치 못하거나 친절치 못한 사람은 아무리 천사의 말을 해도 전도에 전혀 도움이 되지 않습니다. 그래서 평소에 우리들의 성실한 모습이 중요합니다. 빛과 소금의 생활을 하면 인정을 받게 되고, 전도하는 데 힘이 됩니다.

맺는 말

이제 설교를 마치려고 합니다. 바라기는 이번에 정말 부흥회에서 은혜를 받았다면 불타는 심령으로 전도하는 일에 모두가 참여할 수 있기를 축원합니다. 그러면 계속해서 전도의 열매가 우리들에게 맺혀질 줄로 믿습니다.

말씀을 믿고 가더니

(요4:43-54)

정말 다사다난했던 1996년도 이제는 영원한 과거로 지나가고, 소망에 찬 1997년 정축년 새해가 밝아왔습니다. 바라기는 1997년도에는 여러분 모두가 소원이 성취되고, 참으로 성공하는 한 해가 되시기를 주님의 이름으로 축원합니다. 오늘 새해의 첫 주일인 오늘 1997년 1월 5일에는 '말씀을 믿고 가더니'란 제목으로 믿음의 역사가 어떻게 나타나는가를 함께 살펴보면서 은혜를 나누려고 합니다.

예수님은 선지자가 고향에서는 높임을 받지 못한다는 것을 아시면서도 고향인 갈릴리 지역으로 오셨습니다.

1. 왜 예수님은 갈릴리로 가셨는가?

(1) 갈릴리의 사람들의 필요를 채워주시기 위해서

주님에게는 높임을 받고, 대접을 받는 것이 문제가 아니라 어두움 속에 있는 영혼들을 구원하고, 그들의 영적인 필요를 채워주시기를 원했던 것입니다. 주님의 마음은 지금도 마찬가지입니다. 그러므로 금년에도 주님은 저와 여러분들의 필요를 채워주실 것입니다.

그러므로 두려움과 불안을 다 버리고 가벼운 마음으로 새해를 출발하시기를 축원합니다.

(2) 성경말씀을 이루기 위해서 갈릴리로 가셨습니다.

이사야서 9장 1절에 보면 "옛적에는 여호와께서 스불론 땅과 납달리 땅으로 멸시를 당케 하셨더니 후에는 해변 길과 요단 저편 이방의 갈릴리를 영화롭게 하셨느니라"고 예언한 것이 나옵니다.

이사야 선지자는 북왕국인 이스라엘이 앗수르에게 망하고, 그들이 이방인들의 본거지가 되어 유대인들에게 멸시를 당할 것을 예언하면서 그러나 후에는 영화롭게 될 것이라고 했습니다. 이것은 주님께서 나사렛에서 자라시고, 갈릴리에서 그의 공생애를 시작할 것을 미리 예언하신 것입니다.

주님이 마 5:18절에서 "천지가 없어지기 전에는 율법의 일점일획이라도 반드시 없어지지 아니하고, 다 이루리라"고 말씀하신대로 하나님의 말씀은 다 이루어집니다. 성경에는 수많은 말씀이 있는데 중요한 것은 우리들에게 많은 축복의 말씀들을 주셨는데 그것들이 어느 하나도 취소되지 않고 다 이루어진다는 점입니다.

(3) 주님이 갈리리로 가심

주님이 갈릴리에 가신 것은 주님은 실패에 구애치 않으신다는 것을 보여주시기 위해서였습니다. 선지자가 고향에서 대접을 받지 못한다고 하셨습니다. 그러나 주님은 45절의 말씀대로 갈릴리인들의 일부가 그를 영접할 것을 알고 계셨던 것입니다.

그러면 왜 선지자가 고향에서 대접을 받지 못합니까? 이유는 등잔 밑이 어둡다는 말대로 어린 시절의 어린 모습을 잘 알고 있기 때문이고, 보다 중요한 것은 우리의 내적인 면을 보지 못하기 때문입니다.

그러나 중요한 것은 그럼에도 불구하고, 주님은 실패에 구애치 않으셨다는 점입니다. 우리도 성공하려면 참으로 성공하려면 실패에 구애되어서는 안 됩니다. 실패를 두려워하는 사람은 절대로 성공하지 못합니다. 왜냐하면 실패를 두려워하지 않는 사람에게는 실패는 결과가 아니라 과정이요 교훈이기 때문입니다. 그러나 실패를 두려워하는 사람에게는 실패는 마지막 결과가 됩니다.

더욱이 우리는 하나님의 절대주권을 믿습니다. 그러므로 우리에게는 어떤 의미에서 실패란 있을 수도 없는 것입니다. 합력해서 선을 이루는 것입니다.

2. 두 번째 이적의 내용을 분석해 보면

예수님의 첫 번째 이적이 물이 변하여 포도주가 되게 한 이적이었고, 두 번째가 오늘 본문에 나오는 죽게 된 왕의 신하의 병을 고쳐주신 사건입니다. 욥기 5:7절의 말씀처럼 인생은 고난입니다. 고난의 연속입니다. 산을 넘으면 또 다른 산이 다가옵니다. 골짜기를 지나면 또 다른 골짜기가 다가옵니다. 도대체 언제 이 산과 골짜기가 끝납니까? 인생의 여정이 끝날 때입니다. 그러므로 고난을 두려워하지 마시기를 바랍니다. 오히려 "이 풍랑으로 인하여 더 빨리 갑니다. 더 빨리 갑니다."하고 고백할 수 있기를 바랍니다. 저도 이제 겨우 60밖에 안 되는 어린 사람이지만 수많은 고난 속에서 살아왔는데 그러나 이 고난으로 인해서 더 많은 것을 이루었고, 더 많은 것을 체험했고, 더 많은 열매를 얻게 되었습니다.

(1) 이적의 공통점

두 이적의 공통점은? 둘 다 주님의 책망에서 시작되었다는 점입니다.

물을 포도주로 만든 가나혼인 잔치에서의 이적도 예수님의 어머님이 요청했을 때 그냥 이루어주신 것이 아닙니다. 처음에는 "여자여 나와 무슨 상관이 있나이까. 내 때가 아직 이르지 아니하였나이다."고 책망조로 말씀하셨습니다. 이 두 번째 표적도 왕의 신하가 내 아들의 병을 고쳐 주소서 하고 요청을 했을 때 "너희는 표적과 기사를 보지 못하면 도무지 믿지 아니하리라"고 책망을 하셨습니다.

이것을 보면 주님은 요청하는 자들에게 문제가 좀 있다고 해서 거절하지 않는다는 사실입니다. 지금도 주님은 저와 여러분들이 믿음이 부족하다고 책망은 하시지만 그렇다고 우리의 요청을 거절치는 않을 줄로 믿습니다.

두 번째 공통점은 말씀을 믿을 때 표적이 일어나고, 이적이 일어났다는 점입니다. 첫 번째 표적도 보면 물을 항아리 아귀까지 채우라고 했을 때 채웠고, 물을 떠서 갖다 주라고 했을 때 주었다는 점을 중요시해야 합니다. 두 번째 표적도 왕의 신하가 아들이 죽기 전에 내려오소서 하고 요청했을 때 주님은 그냥 말씀으로만 네 아들이 살았다고만 약속하신 것입니다. 그러나 그 왕의 신하는 그 약속을 믿었습니다. 그래서 그냥 갔습니다. 실망하고 간 것이 아니라 말씀대로 나을 것이라는 믿음을 가지고 간 것입니다. 이 말씀을 믿는 신앙이 중요합니다. 말씀만 믿으면 모든 것이 가능합니다.

그러므로 금년에는 성경말씀대로 믿자는 표어를 내걸었던 것입니다. 하나님의 말씀은 능력이 나타납니다. 일점일획 변함없이 반드시 이루어집니다.

(2) 두 이적의 차이점은?

첫 번째 이적은 결혼식장에서 일어난 사건이고, 두 번째 이적은 질병으로 인해 죽게 된 황당한 때에 일어난 사건입니다. 또 첫 번째 이적은 기뻐하고 있는 자리에서 일어난 사건이고, 두 번째 표적은 슬퍼하는 자리에서 일어난 사건입니다. 이것을 보면 주님은 어떤 경우에도 우리를 충족시켜주시고 보살펴 주시는 분임을 알 수 있습니다. 그러므로 여러 분들이 어떤 환경에 있더라도 낙심치 마시고 주님에게 구하시기를 바랍니다.

3. 두 번째 이적이 오늘의 우리들에게 주는 교훈은?

(1) 누구에게나 오는 고난

문제는 누구에게나 있고 고난은 누구에게나 온다는 사실입니다. 기쁨 밖에 없을 것 같은 결혼식장에도 문제가 있었고, 권력을 가진 왕의 신하에게도 자녀의 질병의 문제가 있었습니다. 다시 말하면 고난과 슬픔은 지위에 관계없이 찾아옵니다. 재물에 관계없이 찾아옵니다. 심지어 예수를 잘 믿는 가정에도 찾아옵니다. 그러므로 기복신앙은 비성경적입니다.

그러나 신불신간의 차이점이 있다면 이 고난과 슬픔이 누구에게나 찾아오지만 그것을 대처하는 사람에 따라 그 결과가 다르다는 사실입니다. 우리는 믿는 성도들입니다. 그러므로 롬 8:28절의 말씀대로 "우리가 알거니와 하나님을 사랑하는 자 곧 그 뜻대로 부르심을 받는 자들에게는 모든 것이 합력하여 선을 이루느니라"는 믿음을 가지시기 바랍니다.

우리가 하나님의 절대주권을 믿는다면 우리들에게는 실패란 있을 수 없습니다. 모든 것이 다 하나님의 뜻을 이루어가는 과정일 뿐입니다. 따라서 성도들에게는 실패란 결과가 아닙니다. 과정일 뿐입니다.

(2) 이적

참된 이적은 오늘의 설교제목처럼 '말씀을 믿고 가더니', 말씀을 믿을 때 나타난다는 사실입니다. 먼저 믿어야 이적이 일어납니다. 왜냐하면 이적은 믿음의 아들이기 때문입니다.

그러나 불행하게도 교인들 중에서도 말씀을 믿지 못하고 의심하는 분들이 적지 않게 있습니다. 그러니까 이적이 나타나지 않습니다. 나타나도 깨닫지 못합니다.

신앙에서 가장 기본적인 것은 말씀을 있는 대로 받아들이고 믿는 것입니다. 이 말씀신앙에서 주님께 대한 신앙이 생기고, 기독교의 삼대신앙인 창조신앙과 부활신앙과 재림신앙도 생깁니다.

그러면 말씀을 믿고 가는 신앙은 어떤 신앙입니까? 그것이 바로 말씀 중심의 신앙입니다. 금년에 우리 교회에 이루어지기를 바라는 것은 말씀 중심의 신앙입니다.

그러므로 우리도 왕의 신하가 가졌던 '말씀을 믿고 가더니'란 말씀처럼 먼저 하나님의 말씀을 믿기를 바랍니다. 우리에게 기적이 일어나지 않는 것은 말씀을 믿지 않기 때문입니다. 상식대로만 살고 주님께 대한 믿음이 없기 때문입니다. 그러므로 새 해에는 하나님의 절대주권에 대한 믿음을 가지고 날마다 승리하는 삶을 사시기를 축원합니다.

(3) 보지 못하고 믿는 신앙

이적 중심의 신앙도 나쁘지 않지만 요 20:29절의 말씀처럼 "보지 못하고 믿는 자들은 복되도다"는 말씀대로 정말 우리가 이적이 필요할 때에는 주시리라고 믿고 이적을 보지 않고도 믿는 그런 절대 신앙의 소유자가 되시기를 축원합니다. 이것을 우리는 하나님의 절대주권 사상입니다. 이것을 신학적으로는 개혁주의 신앙이라고 말합니다. 하나님의 사랑과 그의 전능하심을 믿고 사는 정축년 한 해가 되시기를 바랍니다. 그러면 모든 일에 참 의미를 깨닫게 될 것입니다. 모든 것이 합력하여 선을 이룬다는 확신을 가지게 될 것입니다.

(4) 잘못된 기복신앙

끝으로 이적은 반드시 있어야 할 때에 일어나는 것이지 날마다 일어나는 것은 아닙니다. 왜냐하면 이적은 자연법칙을 보완해 주는 것이지 절대로 자연법칙을 어기거나 폐기시키는 것이 아니기 때문입니다. 이적이 언제 필요하며 일어나야 하느냐는 오직 하나님만이 아십니다. 그러므로 우리는 자신에 해야 할 책임과 소임은 감당치 않고, 하나님의 이적만을 기대하는 것은 잘못된 기복신앙입니다. 우리가 맡겨진 일에 최선을 다 할 때 하나님은 우리의 필요에 따라 이적을 일으키시는 것입니다.

맺는 말

'말씀대로 믿고 가더니' 아들이 낫게 되었다는 소식을 듣게 된 왕의 신하처럼 우리들도 하나님의 주권과 그의 사랑과 축복을 믿고 갈 때에 하나님은 금년 초에 우리들에게 참으로 놀라운 축복으로 우리를 인도하실 것입니다. 중요한 것은 말씀을 믿고 가야 합니다. 그런 축복이 저와 여러분 모두에게 넘치기를 축원합니다.

진리가 너희를 자유케 하리라

(요 8:31~41)

인류의 역사는 자유를 찾아 싸워 온 발자취라고 할 수 있습니다. 아담과 하와가 선악과를 따먹고 에덴동산에서 쫓겨난 후에, 잃어버린 자유를 찾아 오늘에 이르도록 싸워 왔던 것입니다. 헤겔의 「역사철학」이란 책에 보면 세계의 역사는 자유 의식의 진보의 역사 바로 그것이라고 한 것을 볼 수 있습니다. 또 미국의 유명한 패트릭 헨리는 '자유가 아니면 죽음을 달라'고 외칠 만큼 인간은 참으로 자유를 그리워합니다. 그러나 인간은 자유를 찾아 헤매면서도 실제는 참 자유를 얻지 못하고 자연에 얽매이고, 악한 독재자에게 얽매이고, 제도에 얽매이고 그래서 이것저것에 얽매이면서 지금까지 살아온 것을 볼 수 있습니다.

1. 왜 인간은 참 자유를 얻지 못하였는가?

그 가장 중요한 이유는 자유가 무엇인지 모르기 때문입니다. 문제는 사람들이 외적인 자유만 생각하여 왔습니다. 다시 말해서 정치적인 자유와 경제적인 자유만 생각하여 왔다는 말입니다. 1941년 미국의 대통령인 루즈벨트는 최초로 4대 자유를 외친 사람입니다. 그는 미국이 추구해야 할 네 가지의 자유를 이렇게 말했습니다.

첫째는 어디서나 자유롭게 말할 수 있는 '언어와 표현의 자유', 둘째는 어디서나 자유롭게 예배드릴 수 있는 '예배의 자유', 셋째는 어디서

나 궁핍으로부터 해방되는 '궁핍으로부터의 자유', 넷째는 어디서나 공
포로부터 보장받을 수 있는 '공포로부터의 자유'라고 하였습니다.

이것이 중요한 것은 미국의 헌법에 명시된 자유의 뿌리가 될 뿐 아니
라 모든 자유민주주의의 뼈대가 되기 때문입니다. 물론 저는 이 네 가
지의 자유가 중요하지 않다는 것은 아닙니다. 그러나 문제는 이것이 인
간에게 진정한 의미의 참 자유를 줄 수 없다는 것입니다. 만약에 줄 수
있었다면 미국에 사는 사람들은 다 자유롭게요? 그러나 오늘날의 미국
만큼 범죄가 많은 나라가 또 어디에 있습니까? 미국의 도시 중에 밤에
마음대로 다닐 수 있는 곳이 어디에 있습니까?

그렇다면 인간의 참 자유는 도대체 무엇입니까? 이것은 바울이 로마
서에서 아주 분명하게 언급하고 있습니다.

첫째는 율법으로부터의 자유,

둘째는 죄로부터의 자유,

셋째는 죽음으로부터의 자유입니다. 이것에서 우리가 자유를 얻을 때
우리는 진정으로 자유인이 될 수 있다는 말입니다.

구원이 무엇입니까? 바로 이 세 가지로부터의 자유가 로마서에 기록
된 구원이요 우리가 꼭 소유해야 할 영생입니다. 이렇듯이 우리가 참
자유를 얻지 못하는 가장 큰 이유는 참 자유가 무엇인지 모르기 때문입
니다. 다시 말해서 영적인 것과 육적인 것을 혼동하는 데서 참 자유를
얻지 못하고, 지옥 생활을 하다가 지옥에 영주하게 되는 것입니다.

니고데모의 경우도 그랬습니다. 그는 예수님께서 영적인 출생을 말했
으나 육적인 출생만 생각하였던 것입니다. 또 사마리아 여인도 예수님
께서 영적인 생수에 대해서 언급하고 있을 때 육적인 물만을 생각하고
있었습니다. 그러나 알아야 할 것은 무익하다는 주님의 말씀입니다. 따
라서 우리는 먼저 이 영적인 자유를 얻은 다음에 외적인 자유인 정치적,

경제적 자유를 추구해야 이것이 바른 순서라는 말씀입니다. 본문에서도 보면, 유대인들은 이 자유를 외적인 측면에서만 생각했습니다. 33절에 무엇이라고 하였습니까? "우리가 아브라함의 자손이라, 남의 종이 된 적이 없거늘 어찌하여 우리가 자유케 되리라 하느냐?" 바로 이런 사고 구조에 문제가 있습니다. 그래서 참 자유를 얻지 못하였습니다.

2. 참 자유를 얻는 비결은 무엇입니까.

본문 32절에 아주 분명하게 말씀하고 있습니다. "진리를 알지니, 진리가 너희를 자유케 하리라." 다시 말하면 진리가 우리를 자유케 한다는 것입니다. 인간은 따지고 보면 '무지'로 인해서 종노릇을 해왔습니다. 아주 고대시대에는 자연과학에 대한 무지로 인해서 산에 가면 산신이 있고, 나무에는 목신이 있고, 물에 가면 수신이 있고, 하늘에는 천신이 있고, 땅에는 지신이 있고, 돌 속에는 석신이 있다고 믿었습니다.

심지어 뱀이나 새나 소나 코끼리나 곤충도 신으로 믿어 왔습니다. 이런 것은 다 무지로 인한 종노릇입니다. 그러나 과학이 발달한 오늘에 와서도 영적인 세계에 대한 무지는 현대인들로 하여금 미신에 빠지게 하고 있습니다.

근사하게 넥타이를 맨 신사가 돼지 대가리 앞에서 절하고 온갖 음식 차려놓고 절하고 이 얼마나 보기가 딱한지요. 창조주를 믿는 것이 아니라 피조물을 믿고 있다는 말씀입니다. 돈을 믿고, 권력을 믿고, 과학을 믿고, 지식을 믿고 있습니다. 그러나 이 모든 것은 우리를 자유케 할 수 없습니다. 오직 본문 말씀대로 진리만이 우리를 자유케 할 수 있습니다.

어떤 손가락이 잘린 신자가 목사님 앞에 찾아와서 이런 이야기를 했습니다.

"목사님, 제가 왜 손가락이 잘리었는지 아십니까? 사실은 제가 도박을 너무 좋아해서 아내와 항상 다투었습니다. 그래도 도무지 이 도박을 끊을 수가 없었습니다. 그래서 다시는 도박을 안 하겠다고 칼로 손을 끊었습니다, 그런데도 도박을 끊을 수가 없었습니다. 그런대 이상합니다, 어느 날 예수님을 믿고 나서 한 순간 그 버릇이 없어졌습니다."

할렐루야, 이 얼마나 아름다운 간증입니까? 결국 진리가 그를 자유롭게 만들어 준 것입니다.

그러면 이 진리란 무엇을 말씀하고 있는 것입니까?

첫째로 주님 자신을 말합니다. 본문 32절에 "진리를 알지니 진리가 너희를 자유케 하리라."고 했고 그 뒤 36절엔 "그러므로 아들이 너희를 자유케 하면 너희가 참으로 자유하리라."고 했습니다. 또한 요한복음 16:4절에서 주님은 말씀하셨습니다. "내가 곧 길이요 진리요 생명이니 나로 말미암지 않고는 아버지께로 올 자가 없느니라."라고 했습니다. 이처럼 예수님이 바로 진리라고 하였고, 요한복음 1:14절에 보면 "말씀이 육신이 되어 우리 가운데 거하시매"라고 했습니다, 바로 육신의 모습으로 계시된 예수님이 역사 속에 나타난 진리 자체란 말씀입니다.

다음으로 주님의 말씀이 바로 진리입니다. 많은 사람들은 성경은 인간이 하나님에 대해 기록한 책으로 오해합니다. 아닙니다. 성경은 하나님께서 인간에 대해 말씀하신 것입니다. 외적으로 보면, 성경은 여러 사람들에 의해 기록되었습니다. 그러나 좀 더 깊이 따지고 보면, 성령이 바로 성경의 기록자이고, 인간은 성령에 의해 사용되어진 나팔이요, 펜이요, 도구였을 뿐입니다.

3. 진리를 깨닫고 진리의 소유자가 되는 비결은 무엇인가?

본문 31절의 말씀은 대단히 중요한 구절입니다. "그러므로 예수께서 자기를 믿은 유대인들에게 이르시되, 너희가 내 말에 거하면 참 내 제자가 되고 진리를 알지니 진리가 너희를 자유케 하리라."고 하였습니다.
다시 말하면 주님의 제자가 되어야만 진리를 안다는 것입니다. 그러면
주님의 제자가 된다는 것은 무엇을 의미합니까?

첫째로 주님께 대한 믿음을 가진다는 것을 말합니다. 주님과 우리의
관계는 믿음으로 시작되는 관계입니다. 주님이 하신 모든 말씀을 참이
라고 받아 들여야 합니다. 그가 하나님의 사랑에 대해 말씀한 것이 참
이고, 죄에 대해 하신 말씀이 참이고, 삶의 참된 의미에 대해 하신 말씀
이 참되다고 받아들여져야 주님의 제자가 될 수 있습니다.

둘째로 주님의 제자가 되려면 그가 하신 말씀에 항상 거해야 합니다.
주님의 말씀에 거하려면 네 가지가 있어야 하는데 무엇보다도, 주님의
말씀에 늘 귀를 기울여야 하고, 다음은 항상 주님으로부터 배워야 합니
다. 제자(마데테스)란 말은 배우는 자란 말입니다. 교회에 오래 나온 사
람들 가운데 주님에게서 배우는 것을 중지한 분들을 가끔 볼 수 있는데
이것은 대단히 슬픈 일입니다. 그 사람은 주님의 제자가 아니기 때문입
니다. 이런 사람들은 참 자유의 삶을 살지 못하고, 율법에 얽매여 살고
있고, 교회의 관습에 얽매여 삽니다. 자기의 고집에 얽매여 삽니다. 그
래서 신앙적으로 난쟁이 생활을 합니다. 다음은 주님이 하신 말씀에 항
상 참여하는 특징을 가집니다.

끝으로 예수님의 말씀에 계속적으로 순종합니다. 이것이 바로 말씀에
거하는 생활입니다. 예수님의 제자가 된다는 말은 다른 것이 아니라 바
로 주님의 말씀에 거하는 생활을 의미합니다.

셋째로 주님의 제자가 되려면 무엇보다도 자신을 주님과 함께 십자가
에 못 박아야 합니다. 아무리 큰 빚쟁이도 죽으면 법에서 벗어나듯이
우리도 육이 죽어야 참으로 자유로울 수가 있습니다. 나폴레옹의 부인
조세핀은 사치 병으로 유명한 여자였습니다. 너무 광적이고 황제도 감

당할 수 없을 정도였다고 합니다. 최근에 이멜다가 너무 사치하다는 말을 듣고 있지만 그것은 비교도 안 될 정도였습니다. 마침내 나폴레옹이 귀양살이를 할 때 조세핀이 사망했다는 소식이 들려왔습니다. 이때 나폴레옹은 '이제야 조세핀이 행복하겠군' 하고 중얼거렸다고 합니다. 인간은 참으로 죽어야 자유롭게 된다는 진리를 보여준 것입니다.

4. 주님의 제자가 누리는 자유는 어떤 것인가?

첫째는 두려움으로부터 자유롭게 됩니다. 사람은 누구나 두려움이 있습니다. 어두움에 대한 두려움, 혼자 있는 것에 대한 두려움, 실직에 대한 두려움, 실패에 대한 두려움, 병에 대한 두려움 등 헤아릴 수 없을 만큼 많습니다. 그래서 그런지 성경 가운데 가장 많은 말씀은 두려워하지 말라는 말씀입니다. 어떤 분이 세어 보았는데 두려워하지 말라는 말이 성경에 365번이나 된다고 합니다. 저는 이것은 결코 우연이 아니라 매일 같이 우리가 두려움을 갖기 때문에 하신 말씀으로 봅니다. 그러나 주님은 우리들에게 말씀하십니다. "너희는 두려워하지 말아라." 왜요? 왜, 어떻게 두려워하지 않을 수 있습니까? 주님이 함께 하시기 때문입니다. 주님이 무엇이라고 했습니까? "볼지어다. 내가 세상 끝날 때까지 항상 너희와 함께 있으리라." 그렇습니다. 우리는 결코 혼자 있는 것이 아니고 주님과 함께 있습니다. 능력의 주님, 사랑의 주님과 함께 있습니다. 그러므로 두려워할 필요가 없다는 말입니다.

둘째로 주님의 제자는 자신으로부터 자유롭게 됩니다. 이 세상에서 가장 무서운 원수는 나 자신입니다. 그래서 자신을 변화시키려고 애를 쓰지만 변화되지를 않습니다. 그래서 우리는 마침내 바울처럼 탄식을 합니다. "오호라, 나는 곤고한 사람이로다. 이 사망의 몸에서 누가 나를 건져 내랴?"(롬 7:24). 자신에게서 해방된다는 말은 나쁜 관습의 속박

에서 벗어날 수 있다는 말입니다. 그러면 언제 우리가 자신으로부터 자
유롭게 됩니까? 주님이 우리를 변화시킬 때 우리는 자유롭게 될 수 있
고 우리를 얽어매는 모든 것에서 해방될 수가 있습니다.

셋째로 주님의 제자가 되면 우리는 다른 사람들로부터 자유가 됩니
다. 우리는 원하든 원치 않든 다른 사람들과 함께 살게 되어 있습니다.
여러 가지의 제도 속에서 살게 되어 있습니다. 그런데 주님의 제자가
아닌 사람들은 직장의 노예가 되고, 계급의 노예가 되고, 돈의 노예가
되어서 자기보다 우월한 사람의 지배를 받습니다. 그러나 주님의 제자
는 이런 것에서 자신을 자유롭게 할 수가 있습니다.

넷째로 중요한 것은 로마서에서 말씀한 대로 주님의 제자는 율법으로
부터 자유롭게 됩니다. 이것이 바로 진리이신 주님의 제자들에게 자신
을 통하여 주신 주님의 축복입니다. 이런 얽어매는 모든 것으로부터 자
유함을 얻는 귀한 축복이 여러분 모두에게 충만하시기를 주님의 이름으
로 축원합니다.

나를 좇으라

(요1:43-51)

　사람은 누구인가를 좇아다니게 되어 있습니다. 어려서는 부모를 좇아다니고, 좀 크면 친구들을 좇아다니고, 청년이 되면 사랑하는 연인을 좇아다니며 사랑하게 되고, 결혼하면 아내는 좋으나 싫으나 남편을 좇아다니고, 노인이 되면 자식을 좇아다니다가 죽는 것이 바로 인간입니다.

　그래서 우리는 우리 일생을 투자할 수 있는 분이 누구인가? 과연 우리는 누구를 좇아가야 하는가를 함께 살펴보면서 삶의 큰 전환점이 될 수 있기를 축원합니다.

1. 왜 주님은 우리에게 '나를 좇으라'고 하시는가?

(1) 방황

　우리가 성공과 행복을 원하면서도 안타깝게도 찾지 못하고, 허무한 것만을 찾아 방황하고 있기 때문입니다. 주님이 빌립을 만난 것도 그가 베드로와 안드레와 한 동네인 벳새다(고기잡이의 집이란 뜻대로 어촌)에 살면서 세례 요한의 제자로서 성품은 좀 내성적이고, 비사교적이었지만 단순하고, 메시야를 발견하기를 원하면서도 찾지 못해 방황하고 있었기 때문에 주님은 만나주신 것입니다. 빌립이 나다나엘을 만났을 때 그는 "모세가 율법에 기록하였고 여러 선지자가 기록한 그이를 우리가 만났다고 했을 때 이것은 나다나엘이 모세오경을 비롯해서 예언서를 얼마나 많이 읽고 연구했는가를 잘 말해줍니다. 그럼에도 불구하고 답답하게도 아직도 그 메시야를 만나지 못해서 방황하고 있었기에 주님은 그를 만나주신 것입니다. 이때 주님께서 빌립을 만나 나를 좇으라고 한 것은 책이나 남에게 들어서가 아니라 개인적으로 직접 만나보라는 뜻입니다. 오늘도 저와 여러분들이 주님을 직접 만날 수 있기를 축원합니다.

(2) 나를 좇으라 부르심

빌립과 나다나엘이 다른 영혼에 대한 사랑과 관심이 있었기 때문입니다. 본문 45절에 보면 빌립이 주님을 만난 후에 제일 먼저 찾아간 것이 나다나엘(하나님의 선물이란 뜻)이라고 하는 사람이었다. 공관복음에 보면 주님이 말씀을 증거할 때에 가장 많이 모인 곳이 바로 이 벳세다에서의 집회 때였습니다. 이때 오병이어의 기적을 베푼 것은 그만큼 많은 사람들이 모였기 때문입니다. 그러나 그들은 말씀보다는 먹는 데 더 관심이 많았습니다.

그러나 빌립이나 나다나엘, 베드로와 안드레는 그렇지 않았습니다. 주님의 제자들 중에서 벳세다 출신이 삼분의 일이나 되는 것은 놀라운 일입니다. 그러므로 오늘날도 영혼에 대한 관심이 많은 사람들을 주님은 '나를 좇으라'고 하시면서 부르십니다. 왜냐하면 우리들은 다양들이기 때문에 목자 없이는 방황하고 맹수의 밥이 되고 망하고 말기 때문입니다.

(3) 나다나엘의 편견

주님이 나다나엘을 만나주신 것은 그가 신앙심이 있었음에도 불구하고 편견에 사로잡혀 있었기 때문에 그것을 바로잡아주기 위대서입니다. 46절에 보면 나사렛에서 무슨 선한 것이 날 수 있느냐고 한 것은 나다나엘의 편견이었습니다.

당시 나다나엘은 말씀을 깊이 연구한 사람이기 때문에 메시야가 베들레헴에서 태어나는 것으로 알고 있는데(미5:2) '나사렛 예수'를 만났다고 하면서 메시야 운운했을 때 그는 격분했던 것입니다. 그래서 나사렛에서 무슨 선한 것이 날 수 있느냐고 물은 것입니다. 게다가 나사렛은 갈릴리 지역의 한 마을이기 때문에 당시 율법주의자들에게는 경멸의 대상이었습니다. 거기에는 이방인들이 많이 살고 있었고 말투도 표준어를 쓰지 않는 좀 쌍스러운 마을이었기 때문입니다. 그래서 갈릴리 지방을 조롱할 때 나사렛에서 무슨 선한 것이 날 수 있느냐고 말했던 것입니다. 한국에서도 자기 고장 사람들을 폄하하고 조롱하는 말들이 많은데 이것은 잘못입니다.

그러나 주님은 나다나엘의 본성을 잘 아시기 때문에 그런 편견을 교정시켜주기를 원했던 것입니다. 그래서 네가 직접 확인해 보라는 뜻으로 나를 좇으라고 한 것입니다. 여러분 나다나엘이 누구입니까? 예수님의 열두 제자 가운데 하나인 바돌로매입니다. 바돌로매란 말은 돌로매의 아들이란 말이지 참 이름은 아닙니다. 참 이름은 나다나엘이었습니다. 성경에 보면 '바'란 글자가 들어간 이름이 많습니다. 바도매오, 바요나 등.

(4) 메시야의 오심

주님께서 나다나엘을 향해 "보라 이는 참 이스라엘 사람이라"고 한 것은 그가 구약에 약속된 메시아를 믿었고 그 메시야를 기다렸기 때문입니다. 메시야의 오심을 기다리는 자들에게 주님은 찾아오시고, 나를 좇으라고 하십니다. 그러므로 우리들도 메시아를 대망하는 신앙을 가질 수 있기를 축원합니다.

(5) 주님의 만나주심

주님이 나다나엘을 만나주신 것은 그가 유대인들이 흔히 하듯이 무화과나무 아래에서 기도하며 말씀을 묵상하고 있었기 때문입니다. 여러분 주님을 참으로 만나기를 원하십니까? 그렇다면 말씀 안에서 찾으시기 바랍니다. 기도 가운데서 찾으시기 바랍니다. 말씀과 기도를 하는 사람들은 예외 없이 다 주님을 만나 승리를 할 수 있을 줄로 믿습니다.

2. '나를 좇으라'는 말의 뜻은 무엇인가?

크게 두 가지의 뜻이 있습니다.

(1) 제자가 되라

와서 배우고 '제자가 되라'는 뜻입니다.

(2) 본받으라

함께 있으면서 교제도 하고, 모든 면에서 그분을 닮으라, '본받으라'는 뜻입니다. 무엇을 본받아야 합니까? 첫째는 도덕적으로 인격적으로 주님을 본받아야 합니다. 둘째는 신앙적으로 본받아야 합니다. 주님은 하나님이시면서도 성자이기에 성부 되신 하나님께 십자가에 달리시기까지 순종했습니다.

3. '나를 좇으라'고 할 때

예수님이 '나를 좇으라'고 할 때 우리는 어떻게 해야 합니까? 빌립은 자신만 나온 것이 아니라 함께 메시야를 찾고 있었던 나다나엘까지 데리고 왔습니다. 그러나 나다나엘은 좀 신중한 사람이었습니다. 그는 성경적으로 보다 확실한가를 확인하고 싶었습니다. 그러자 빌립은 구약에 예언된 바로 그분을 만났다고 소개한 것입니다.

그것도 길게 설명한 것이 아닙니다. 구약에 예언된 분을 내가 만났다. 너도 와보라는 아주 간단한 말씀으로 말한 것입니다. 나다나엘이 주님에게 나아갔을 때 그는 주님이 자기 자신을 너무도 잘 알고 있다는 것을 보고 놀랐습니다. 48절에 보면 어떻게 나를 아시나이까 하고 물었습니다. 그것은 나다나엘이 구약의 말씀과 약속을 믿고 있는 것을 주님이 아시고 계셨기 때문입니다. 이때에 주님은 말씀하셨습니다. 빌립이 너를 부르기 전에 네가 무화과나무 아래 있을 때에 보았노라고 말씀했습니다.

예수님이 육안으로 보았다고는 생각되지 않습니다. 사실 그럴 기회가 전혀 없었기 때문입니다. 아마도 주님은 신적 권능으로 시간을 초월해서 알았고 게다가 나다나엘의 마음까지 읽고 계셨기 때문일 것입니다. 그러면 무화과나무 아래 있었다는 말은 무엇입니까? 당시 이스라엘에서는 5월부터 10월까지 무화과나무가 무성합니다. 그래서 모든 나무 중에서 가장 큰 그늘을 만들어주기 때문에 휴식처도 제공하고, 성경 읽기와 기도의 장소로 애용되었던 것입니다. 제가 예루살렘의 랍비 학교를 방문했을 때의 일인데 신학생들이 무화과나무 밑에서 기도하고 있는 것을 본 적이 있습니다.

나다나엘이 무화과나무 아래에서 기도하면서 간구한 것은 메시야의 임하심과 만남이었습니다. 그 기도가 예수님을 만남으로 성취가 된 것입니다. 할렐루야.

4. 끝으로 주님을 좇는 자에게 주시는 축복은 무엇인가?

(1) 먼저 사명자가 되십시오.

빌립은 주님을 좇은 후에 먼저 나다나엘을 찾아가서 그가 만난 주님을 소개하였고 증거하였습니다. 나다나엘은 "랍비여 당신은 하나님의

아들이시오 당신은 이스라엘의 임금(메시아적 왕)이로소이다."라고 신앙고
백을 했습니다. 이때 주님은 "이보다 더 큰일을 보리라"고 예언한 것입
니다.

그렇습니다. 저와 여러분이 사명자가 되면 이보다 더 큰일을 보게 될
것입니다. 믿습니까?

(2) 다음은 주님의 제자가 됩니다.

누가 하나님의 일을 하십니까? 주님의 제자들입니다. 누가 권능의 사
람이 됩니까? 주님의 제자들입니다. 누가 참으로 행복합니까? 주님의
제자들입니다.

(3) 하늘이 열리고

하늘이 열리고, 하나님의 사자들이 인자 위에 오르락내리락 하는 것
을 보게 됩니다. 하늘 문이 열리는 것은 야곱이 꿈을 꿀 때 일어난 사건
입니다. 주님이 세례를 받을 때 하늘의 문이 열렸습니다. 하늘 문은 아
무에게나 열리는 것이 아닙니다. 오직 사명을 받을 때와 축복을 받을
때 열리는 것입니다.

천사가 오르락내리락하는 것을 보았다는 것은 주님이 중보자가 되심
을 말씀한 것입니다. 그렇습니다. 하나님과의 교통은 오직 중보자 되시
는 주님을 통해서만 이루어집니다. 그러므로 이 시간에도 저와 여러분
들에게 중보자 되신 주님을 통해서 교통하심이 이루어지기를 축원합니
다.

(4) 여호와를 목자로 삼고

가장 중요한 것은 시편 23:1절의 말씀처럼 여호와를 나의 목자로 삼
고 있는 한 내게 부족함이 없으리로다. 즉 양처럼 주님을 좇게 되면 부

족함이 없을 것이란 말입니다. 믿습니까? 우리의 문제점은 제 마음대로 살려고 하고 제 마음대로 가고, 제 마음대로 결정하기 때문에 문제가 해결되지 않고 어려움이 많이 생기는 것입니다.

그러므로 우리 성도들은 다 양처럼 목자 되신 예수님만을 좇아가면서 푸른 초장으로 쉴만한 물가로 가서 영적인 안식을 누릴 뿐 아니라 풍성한 삶을 살 수 있기를 주님의 이름으로 축원합니다.

안식일을 지키지 아니하니

(요9:13-22)

오늘 많은 분들이 롱 위크엔드가 되어서 결석을 하였기 때문에 성수주일에 대한 설교를 하면 혹 우리 목사님, 우리를 깐다 하고 오해할까봐 걱정이 됩니다. 그러나 이 설교제목은 일 년 전에 결정되어 차례대로 설교를 하기 때문에 개인적인 감정은 전혀 없다는 것을 미리 말씀드리고, 있다면 하나님의 섭리와 뜻이 있을 뿐임을 이해하여 주시기를 바랍니다.

기독교는 본래 관계를 존중하는 종교입니다. 구약의 십계명을 보면 제1계명에서 제4계명은 어떻게 하나님과의 관계를 바로 가질 수 있는가를 가르쳐주고, 제5계명에서 제10계명은 사람들과의 관계를 바로 가질 수 있는가를 가르쳐줍니다. 그런데 하나님과의 관계를 바로 가지는 네 가지 비결을 제1계명은 참된 예배를 통해서 이루어지는데 그러려면 대상이 여호와 하나님이어야 한다고 가르쳐 줍니다. 사람이 되어서도 안 된다는 것입니다. 제2계명은 예배의 방법을 가르쳐 줍니다. 우상을 통해서는 하나님께 나아갈 수 없다고 가르쳐줍니다. 제3계명은 바른 예배의 태도에 대해서 말씀하고 있습니다. 망령되이 일컫지 말라고 합니다. 오늘 우리가 함께 살펴보려고 하는 것은 예배의 날을 가르쳐줍니다. 그래서 오늘 본문 가운데 '안식일을 지키지 아니하니'라는 제목으로 함께 네 가지 내용으로 살펴보려고 합니다. 안식일 제도는 왜 생겼는가?

안식일이 왜 주일로 바뀌었는가? 주일성수할 때에 하나님이 주시는 축복은 무엇인가? 어떻게 주일을 성수하는 것이 옳은가? 의 순서로 말씀을 드리겠습니다.

1. 안식일 제도는 왜 생겼는가?

안식일 제도 때문에 불편한 분들이 적지 않습니다. 그러나 안식일제도는 하나님의 축복이심을 믿으시기 바랍니다.

출애굽기 20장에 보면 안식일을 기억하라고 했습니다. 왜 그랬을까요? 인간은 건망증이 심해서 자꾸만 잊어버리기 때문입니다. 그래서 기억하라고 말씀하신 것입니다. 그러나 심리학자들은 한 번 머리에 들어간 것은 절대로 잊히지 않는다고 말합니다. 마치 한 번 녹음된 테이프가 지우기 전에는 잊히지 않듯이 머릿속에 들어간 사실들은 잊을 수가 없는 것입니다. 그러나 실제로 우리는 자주 잊고 삽니다. 왜 그렇습니까? 유쾌하지 않고, 기쁨이 없으면 잊어진다고 말합니다. 말하자면 머릿속에 녹음은 되었는데 어디에 있는지 찾지를 못하는 것입니다. 그래서 잠재의식 속에 그냥 묻혀 있는 것입니다. 또 우리가 잊는 것은 다른 것에 몰두하기 때문입니다. 더 중요하다고 생각되는 일이 있으면 그만 잊게 됩니다.

특별히 우리들이 중요하면서도 잊고 사는 것이 있다면 그것은 거룩을 잊고 사는 것입니다. 하나님을 잊고 사는 것입니다. 물론 하나님께 예배를 드리는 날까지 잊고 사는 것입니다. 재미있는 사실은 사람들이 의사와 어포인트를 한 날은 안 잊습니다. 친구들과 만나기로 한 날도 안 잊습니다. 학생들이 월요일에 학교에 가는 것도 안 잊습니다. 그런데 주일날 하나님께 나아와서 예배드리는 것은 깜박하고 잊습니다. 왜 그럴까요? 우선순위에서 하나님께 예배드리는 것이 위에 잊지 않기 때문입니다. 그래서 성경은 이 날을 기억하라. 잊지 말라고 말합니다.

그러면 왜 하나님은 안식일 제도를 만들어 우리들을 괴롭게 하는 것일까요? 더구나 이번 주간은 롱 위크엔드가 되어서 적어도 사흘 이상 쉬는 기간이어서 가족들끼리 놀러간 분들도 솔직히 많지 않습니까? 주일을 지키라고 하지 않았으면 여기에 참석한 분들도 쉴 수 있는데 왜 하나님은 우리들을 귀찮게 합니까?

(1) 안식일에 대한 오해

먼저 알아야 할 것은 사람이 안식일을 위해서 있는 것이 아니고 안식일이 사람을 위해서 있다는 사실을 기억해야 합니다. 중요한 것은 하나님이 인간을 가장 잘 아신다는 점입니다. 왜냐하면 하나님이 인간을 만들었기 때문입니다. 영국의 로열 아카데미에서 일을 하다가 인간이 며칠 만에 쉬는 것이 가장 좋은가를 연구했습니다. 결론은 칠일 만에 하루를 쉬는 것이라는 결론이 나왔습니다.

재미있는 사실은 불란서의 혁명이 성공한 뒤에 엿새 일하고 하루 쉬면 생산량이 적으니 아흐레 일하고 하루 쉬게 하자고 결정했습니다. 그런데 이게 웬일입니까? 생산량이 40% 줄었습니다. 또 러시아의 경우입니다. 레닌은 꾀를 부렸습니다. 7일 일하고 8일째 쉬게 하면 예배를 못보게 될 것이라고 생각한 것입니다. 그런데 생산량이 30%가 떨어졌습니다. 그러자 레닌은 당황해서 5일 동안 일하고 엿새 되는 날 쉬도록 했습니다. 그래도 생산량이 향상되지 않습니다. 그래서 할 수 없어서 모든 것을 환원조치 하였습니다.

켈리포니아를 골든 스테이트라고 부르는데 이것은 옛날 서부개척 때에 사금을 캐기 위해서 동부의 사람들이 켈리포니아로 몰려들었기 때문입니다. 그때에는 누구든지 말뚝만 박으면 자기의 소유물이 되는 시대였습니다. 그래서 모두들 서부로 향하여 달렸습니다. 그때에 청교도들도 끼어 있었습니다. 그러나 그들은 안식일에는 쉬었기 때문에 하루씩 떨어지게 되었습니다. 게다가 이들은 네 집안에 있는 육축이라도 쉬게 하라고 한 말씀대로 말도 쉬게 하였습니다. 이들은 한 주에 하루를 쉬면서 예배를 드렸습니다. 그런데 이게 웬일입니까? 서부에 도착하여 보니 청교도들이 제일 먼저 도착하였습니다. 쉬지 않고 달리던 사람들은 무리를 해서 오다가 중간에서 말이 지쳐 병이 나기도 하고, 사람이 병이 들어 여러 날 쉬게 되었던 것입니다.

여러분 세상에서 가장 장수하는 민족이 누구인지 아십니까? 유대민족입니다. 왜 그런지 아십니까? 안식일 준수 때문입니다. 그러므로 하나님께서 한 주에서 하루를 쉬게 하고 일하지 못하도록 한 것은 바로 우리들을 축복하기 위해서이지 다른 이유가 없습니다. 인간은 일생 동안 일해야 합니다. 한 주에 하루를 쉬면 일생 동안 일할 수 있지만 계속 일만 하면 결국 수명이 짧아지고, 돈은 벌었는데 남편은 도박과 바람이 나게 됩니다. 이것이 한 주를 놓고 보면 아주 작은 일처럼 보이겠지만 그러나 일생을 두고 보면 하나의 혁명입니다. 축복의 근원이 됩니다. 믿습니까? 그래서 하나님은 안식일 제도를 만드신 것입니다.

(2) 인간의 기억 능력

다음은 인간의 기억이 일주일을 가지 못하기 때문에 이 날에 영적 주유소인 교회에 나와서 영적 기름도 넣고, 세상으로 향하였던 우리의 초점을 하나님께로 향하게 하기 위해서 우리는 하루 쉬면서 예배를 드리는 것입니다.

2. 안식일이 주일로 바뀌게 된 이유

안식일은 본래 창조기념일입니다. 그래서 안식일을 지킴으로 창조신

앙을 다지는 것입니다. 하나님이 창조자 되시고 우리는 그의 피조물이
므로 오직 하나님만 의지하도록 깨우쳐 주는 날이 바로 안식일입니다.
그런데 문제는 인간이 범죄하고 사탄의 자식들이 되었을 때에 하나님은
그의 독생 성자 예수 그리스도를 보내주셔서 우리를 구원하여 주신 것
입니다. 그런데 주님이 언제 부활하셨습니까? 바로 주일입니다. 그러므
로 주일은 부활 기념일입니다. 다시 말하면 창조기념일은 부활 기념일
을 통해서 완성된 것입니다. 인간의 범죄로 인해 역사가 탈선하게 된
것을 주님의 부활을 통해서 다시 회복된 것입니다. 그러므로 안식일은
주일이 오기까지의 잠정적 예배일입니다. 따라서 안식일에 예배드려야
한다고 주장하는 것은 큰 잘못입니다. 신학을 모르는 무지의 소치입니
다.

　우리가 안식일 성수에서 주일성수로 바뀌면서 여기에 연속성과 비연
속성이 있게 되었습니다. 비연속성은 날짜의 변화, 강조의 차이가 생겼
습니다. 그러나 한 주에 하루를 쉬면서 예배를 드린다든지 예배의 대상
같은 것은 그대로 연속성을 가지는 것입니다. 따라서 안식일은 주일의
그림자요 모형일 뿐입니다. 이것을 바로 보지 못하면 우리는 유대교인
은 될 수 있을지 모르나 진실 된 그리스도인이 될 수는 없습니다.

3. 주일 성수할 때 주시는 하나님의 축복은 무엇인가?

(1) 리듬의 회복과 재충전

　우리가 동양과 서양을 비교하여 보면 동양은 먼저 문화가 발전하였지
만 지금 생각해 보면 서양에 비해 너무도 뒤떨어졌습니다. 동양에서는
주일 개념이 없기 때문에 서양에 비해 지난 이천 년 동안 300년을 더
일했으나 떨어진 것은 삶의 리듬을 상실하고 재충전을 못하였기 때문입
니다.

주일을 성수하는 것이 개인은 물론이고, 국가적으로도 큰 영향이 있습니다. 먼저 생활의 리듬을 지키게 해줍니다. 둘째는 영적으로 재충전을 해줍니다. 그러나 하나님의 축복은 이것 외에도 크게 세 가지가 더 있습니다.

이사야 58:14절에 보면 안식일을 지키는 자에게 세 가지의 축복을 주시겠다고 약속했습니다.

첫째는 즐거움을 얻을 것이라고 했고,

둘째는 높은 곳에 올라가는 복, 즉 번영과 또 아무도 손을 못 대는 안정의 복을 주시겠다고 했습니다.

셋째는 야곱의 업을 얻게 하겠다고 했습니다. 야곱의 업이 무엇입니까? 이것은 야곱에게 약속한 가나안 땅을 주시겠다는 약속입니다. 하나님 나라를 상속하겠다는 것입니다.

4. 어떻게 주일을 성수하는 것이 옳은가?

중요한 것은 하나님의 방법이 최선의 방법임을 알아야 합니다. 인간의 생각이 아무리 좋아보여도 그것은 하나님의 방법보다 낫지를 못합니다. 인간을 지으신 분이 하나님이시기 때문에 언제나 하나님의 방법이 최선의 방법입니다. 그러므로 주일 성수도 하나님의 방법대로 해야 합니다.

(1) 위로부터 주시는 위엣 것을 바라보고

첫째로 위를 바라보는 날이 되어야 합니다. 이것은 배터리처럼 재충전하는 것을 말합니다. 인간은 세상 것만으로는 만족하지 못하기 때문에 위로부터 주시는 위엣 것을 바라보고, 위엣 것을 찾아야 삽니다. 왜냐하면 인간은 하나님께서 생령으로 창조함을 받았기 때문입니다.

따라서 주일을 먼저 기억하고, 거룩하게 지켜야 합니다. 이것은 항상 주일을 하나님과 만나는 날로 정하고, 주일마다 하나님과 사귀고, 그의 음성을 듣는 날로 확정해 놓는 것입니다. 사실 한 주간 세상에 살다보면 너, 나를 막론하고 다 세속화되고 죄로 얼룩진 상태에 놓이게 되므로 주일에 목욕하지 않으면 더러워서 주님과 동행할 수가 없는 것 입니다.

(2) 주님의 날

주일이란 말은 주님의 날이란 말이기 때문에 주님의 일을 하는 날로 정해야 옳습니다. 구약시대와 다른 것은 주일은 주님의 일을 하는 날입니다. 그런데 우리는 내 일을 하고 있습니다. 주님이 우리로 하여금 주님의 일을 하도록 하는 것은 우리를 축복해주시기 위해서입니다. 말씀을 듣고, 예배를 드리고, 복음을 전하고, 빛과 소금의 사명을 감당하는 것입니다. 주님이 우리에게 맡기는 일을 감당하는 날이 바로 주일입니다. 그러므로 우리는 일요일이란 말을 사용하지 말아야 합니다.

(3) 천국이 먼저

천국이 먼저로 내 심령 속에 다음에는 가정에, 직장에 우리 사회에 임할 수 있도록 기도와 말씀과 전도와 섬김을 통해서 이루어지도록 하는 것입니다.

하나님께 속한 자는

(요8:42-59)

　이민 교회의 특성 가운데 하나는 '소속감이 부족하다'는 점입니다. 어떤 경우에는 소속감이 전혀 없는 경우도 있습니다. 그래서 교회가 아무리 은혜가 풍성해도 다 남의 일이기 때문에 재미가 없고, 다 그림의 떡이 됩니다. 게다가 소속감이 없기 때문에 교회 옮기는 것을 마치 셋집을 옮기듯이, 이사하듯이 쉽게 결정을 합니다. 그래서 항상 부평초처럼 떠다니는 교인들을 많이 볼 수 있습니다. 우리 교회는 좀 나은 편이지만 그럼에도 그런 현상이 없지 않은데 우리 모두의 무관심과 부족 때문인 것을 고백하지 않을 수 없습니다.

　그런데 이런 떠돌이 사람들은 그 영혼이 고향이 없는 것과 같아서 마음의 뿌리가 전혀 내리지 못하고 계속해서 오늘은 이곳 내일은 저곳으로 떠다니게 됩니다. 그래서 자녀들까지 바른 신앙을 갖지 못하고 결국 문제아로 전락하기 쉽습니다. 그래서 오늘은 '하나님께 속한 자'란 제목으로 바른 소속감을 갖기를 주님의 이름으로 축원합니다.

1. 세 가지 종류의 교인들

　첫째는 하나님께 속한 사람이요

　둘째는 세상에 속한 사람이요

　셋째는 사탄에게 속한 사람입니다.

물론 교회에 출석하는 사람은 사탄에게 속한 사람은 아닙니다. 그러나 적지 않은 사람들이 세상에 속한 사람들입니다. 이것을 교회적으로 분류해 보면,

(1) 교회 소속감 가진 교인

내 교회라는 소속감을 가지고 섬기며 참여하는 이상적인 교인들이 있습니다. 이런 사람은 다 하나님께 속한 사람입니다.

(2) 구경꾼 같은 교인

굿이나 보고 떡이나 먹자는 식의 구경꾼 같은 교인들이 있습니다. 이런 사람은 아직 하나님께 속한 사람이 아니라 아직은 세상에 속한 사람입니다. 그런 사람은 빨리 하나님께 속해야 안전합니다. 그렇지 않으면 길가 밭에 뿌리운 씨앗처럼 새들이 날아와서 믿음의 씨, 복음의 씨를 먹어버리게 될 것입니다.

(3) 잠정적 교인

얼마 동안은 내 교회처럼 열심히 하다가 기분이 상하면 떠나는 잠정적인 교인들이 있습니다. 하나님과 세상의 사이에 속한 사람입니다. 문제는 신앙이 성장하지 않아서 결국 열매를 맺지 못한 채 잎만 무성한 나무로 끝나게 될 위험성이 있습니다. 이런 사람도 빨리 뿌리를 내려서 마음의 고향을 가져야 합니다. 소속감을 가져야 합니다.

불행한 것은 엘에이에는 둘째와 셋째 유형의 교인들이 많다는 점입니다. 그러나 우리가 알아야 할 것은 하나님은 우리를 사랑하시고, 우리들을 필요로 하고 있다는 점입니다. 나는 있어도 그만 없어도 그만이야 하고 생각하는 사람은 하나님의 마음을 모르기 때문입니다. 하나님은 여러분들을 필요로 하고 있습니다. 믿습니까? 이제 중요한 것은 하나님

께 속한 사람이 되어서 하나님의 도구로 사용되어지는 것입니다. 이것이 행복이요 성공이요 축복입니다. 할렐루야.

2. 왜 우리는 영적으로 소외감을 느끼는가?

(1) 이민생활

'이민생활의 특성상' 한곳에 오래 머물지 못하는데서 소속감을 잃고 있습니다. 그런 현상을 주정부에서도 잘 알고 있기 때문에 바로 시민권을 주지 않고, 먼저 영주권을 주어서 적응하는 시간적 여유를 주는 이유가 바로 여기에 있습니다.

(2) 억지 직업

이민 온 사람들이 '안정된 직업을 가지고 있지 못하기 때문'입니다. 이민 온 분들의 대부분이 자기의 전공과는 거리가 먼 분들이 적지 않습니다. 전혀 적성이 맞지 않지만 할 수 없이 주어진 직업을 억지로 가지고 있는 분들이 대부분입니다. 그러니까 애착도 없고, 소속감도 없습니다.

(3) 영세성 교회

대부분의 교회들이 '자기의 건물이 없고, 임시로 빌려 쓰고 있고 영세성을 면하지 못하고 있기 때문에' 교인들까지도 마음을 한 곳에 둘 수가 없기 때문에 소속감을 가지고 있지 못합니다.

(4) 성도의 훈련

교인들이 '전혀 훈련이 되어 있지 않아서' 교회 중심의 생활이 아니라 개인중심으로 살면서 교회를 단순히 필요에 의해서 이용하고 있기 때문입니다.

(5) 희생의 공포

'깊이 교회에 참여하면 손해라는 잘못된 생각'에서 작은 희생을 두려워하기 때문에 소속감 없이 살게 되는 것입니다.

(6) 동기부여 부족

'동기부여가 잘 되어 있지 않아서', 소외감을 느끼는 분들이 적지 않습니다. 그래서 교회에 깊이 관여하지 못하고 있는 것입니다. 그러므로 우리는 바른 동기부여가 이루어져서 하나님께 속한 사람들이 다 될 수 있기를 바랍니다. 소속감을 가진 성도들이 되시기를 축원합니다.

3. 하나님께 속한 자들에게 주시는 축복은?

(1) 하나님의 '말씀에 은혜를' 받습니다.

교회는 성도들 간의 교제도 무시할 수 없지만 그러나 첫째는 말씀에 은혜를 받아야 합니다. 말씀에는 관심 없고, 그저 모여서 교제하는 것만으로는 부족합니다.

물론 체험도 중요하고, 교제도 중요하고, 봉사도 중요하지만 그러나 대부분의 교인들을 보면 말씀에 은혜를 받지 못하고 있기 때문에 얼마 안 가서 시험에 들고 맙니다. 말씀공부에 정성을 쏟는 분들 치고 믿음이 자라지 않는 사람이 없습니다. 그래서 롬 10:17절에서 말씀했습니다. "믿음은 들음에서 나며 들음은 그리스도의 말씀으로 말미암느니라"고 했기 때문입니다.

(2) '열매 맺는 생활'을 합니다.

가지가 나무에 붙어 있지 않으면 그 나무는 열매를 맺지 못합니다. 맺어도 얼마 안 가서 금방 말라버리고 맙니다. 그래서 요한복음 15장 4

절에서 말씀했습니다. "내 안에 거하라. 나도 너희 안에 거하리라. 가지가 포도나무에 붙어 있지 아니하면 절로 과실을 맺을 수 없음같이 너희도 내 안에 있지 아니하면 그러하리라." 하나님께 속해야, 줄기 되신 주님께 붙어 있어야 열매를 맺는다는 것입니다.

열매를 맺을 때 찾아오는 기쁨은 농부들이 맛보는 기쁨입니다. 저희 집에 작은 복숭아나무가 하나 있습니다. 조금 적과를 해주었는데도 열매를 아주 잘, 그리고 많이 맺어서 오는 분들에게 조금씩 따서 줄 수 있어서 얼마나 큰 기쁨을 주는지 모릅니다.

(3) 섬기는 기쁨이 있습니다.

교회는 주님의 지체요. 우리는 바로 교회의 구성원들입니다. 그러므로 하나님의 일은 우리들 교인들의 구성원들에 의해서 이루어지고 있습니다. 우리가 바로 주님의 손이요 발이기 때문입니다. 이 세상에서 가장 행복한 것은 섬길 때입니다. 물론 사랑이 없는 섬김은 종노릇 하듯이 괴롭고 힘들고 고역이 되지만 그러나 사랑이 있는 섬김은 바로 행복입니다.

남편이 사랑으로 일터에서 일할 때에는 피곤을 모릅니다. 아내가 사랑하는 남편과 자녀들을 위해서 음식을 장만하기 위해서 일할 때에는 피곤하거나 괴롭지 않습니다. 행복합니다. 문제는 소속감이 있어야 합니다. 교회의 소속감, 하나님께 속하였다는 믿음이 있어야 교회 일에 기쁨과 즐거움을 느낍니다.

한국에서 오신 많은 분들이 저를 보면 목회하기에 얼마나 힘드냐고 묻습니다. 그러나 저는 정말 행복합니다. 제 일생에 가장 행복한 때가 바로 지금의 생활입니다. 물론 고달픈 것도 있고 괴로운 것도 없는 것은 아닙니다.

그러나 저를 인정해 주고, 성도들과 저 사이에 같은 소속감을 가지고 있기 때문입니다. 저는 여러분들이 이런 소속감을 통한 기쁨이 넘치기를 축원합니다.

(4) 하늘나라의 상급이 있습니다.

성경에 보면 주님의 이름으로 물 한 그릇 대접해도 상급을 잃지 않는다고 했습니다. 하물며 하나님께 속한 백성들이 주의 일을 했을 때 어떻게 상급이 없겠습니까? 물론 우리가 이 땅에서 인정받고 보수를 받고 상급을 받는 것도 나쁘지 않습니다. 그러나 더 중요한 것은 하나님의 나라에서의 상급입니다. 이 상급을 다 받을 수 있기를 축원합니다.

4. 하나님께 속한 사람이 되려면?

세상에서는 소속감을 갖도록 하기 위해서 꼭 같은 색상의 운동복을 입힌다든지 유니폼을 입혀서 그 회사의 소속감을 갖게 합니다. 교회에서도 청소년들의 훈련에서는 유니폼이 갖는 효과는 대단히 큽니다. 또 대학에 들어가면 신입생들을 위한 MT를 가져서 동아리 의식을 가지게 합니다. 그러나 하나님께 속하게 되는 비결은 전혀 다릅니다. 이 시간에는 그 비결을 통해서 하나님의 놀라운 축복을 받을 수 있기를 축원합니다.

(1) 무엇보다도 먼저 거듭나야 합니다.

거듭나지 않고는 아무도 하나님께 속할 수가 없습니다. 같은 교회에 나간다고 해서 되는 것도 아닙니다. 물과 성령으로 거듭나야 합니다. 거듭나면 지금까지와는 달리 영적으로 모든 것을 보게 됩니다. 그런데 물과 성령으로 거듭나려면 먼저 지난 죄는 회개하고, 예수님을 나의 구주로 영접하고, 나의 왕으로 섬겨야 합니다.

(2) 믿음이 자라고 성장해야 합니다.

믿음의 성장은 grow란 말속에 다 있습니다. 먼저 gospel(복음), regular prayer(정규적인 기도생활), obedience(말씀에 순종), witness(그리스도를 증거하는 생활)입니다. 복음은 영적인 음식과 같아서 우리들에게 성장케 하는 영양가가 됩니다. 다음에는 영적인 호흡인 정규적인 기도생활입니다. 호흡은 가만히 있을 때보다 일할 때 바쁠 때 더 자주 쉬듯이 기도도 바쁠 때 더 뜨겁게 기도해야 합니다. 다음에는 영적인 운동을 해야 합니다. 미국의 병중에서 비만증이란 병은 약 3분의 1정도가 여기에 걸려 있습니다. 가장 중요한 이유는 정규적인 운동을 하지 않은데서 비롯됩니다. 끝으로 주님을 증거하는 간증의 삶이 있어야 합니다. 여러분들이 참으로 성장하기를 원합니까? 영어의 성장이란 단어인 grow란 말대로 복음과 기도와 순종과 증거하는 삶이 있기를 축원합니다. 그러면 산을 옮기는 그런 살아 있는 능력의 믿음을 소유하게 될 줄로 믿습니다.

(3) 태신자를 잉태하고 영적 해산의 체험을 해야 합니다.

여자가 시집을 가면 얼마 동안은 한 가족의 의식을 갖지 못합니다. 비록 남편을 사랑해서 결혼을 했다 해도 시집 식구들과는 딴 남 같은 느낌을 버릴 수가 없습니다. 그러나 아기를 낳게 되면 그때에는 정말 그 집안의 한 식구가 됩니다. 이것은 교회도 마찬가지입니다. 태신자를 잉태할 뿐 아니라 해산하게 될 때에 교회에 대한 소속감이 생기고, 보람을 느끼게 되고 의미 있는 신앙생활을 할 수 있게 됩니다.

이제 우리 교회에서 곧 갖게 될 새 생명훈련에 함께 참여하여 태신자를 잉태하여 해산하는 역사가 나타나기를 축원합니다.

우리 한 번 따라 합시다. '나도 한 사람, 너도 한 사람, 우리 모두 한

사람씩!'

(4) 주님의 입장

항상 '주님께서 나와 같은 입장에 있다면' 어떻게 하셨을까? 하는 질문을 가지고, 그 해답대로 살아가야 합니다. 아주 간단한 표준이지만 이것이 바로 주님의 뜻을 깨닫는데 큰 도움이 됩니다. 지금 내가 당하고 있는 입장에 주님이 계신다면 어떻게 하실까 하고 자신을 객관화해 보면 우리는 금방 하나님의 뜻이 무엇인지를 깨닫게 됩니다. 이것이 바로 하나님께 속한 사람의 표준이요 방법입니다.

맺는말

지금도 하나님은 저와 여러분들을 필요로 하고 있습니다. 그러므로 우리는 하나님께 속한 사람이 되어서 날마다 보람 있는 삶을 살 수 있기를 축원합니다.

하나님이 죄인을 듣지 하니 하시고

(요9:23-34)

기도는 우리 성도들에게는 호흡과 같습니다.

천식이나 후두암 같은 호흡의 장애는 생명을 위태롭게 합니다. 그러므로 우리는 기도하는 습관을 길러야 합니다. 이것은 형식적으로 기도하라는 뜻이 아니라 기도가 생활화되고, 습관이 되고, 필수품이 되어야한다는 뜻입니다. 그렇지 않으면 영적인 천식에 걸려서 숨을 잘 쉴 수가 없습니다.

그러나 많은 사람들은 기도하지 않고 구걸만 합니다. 그러나 구걸과 기도는 전혀 다릅니다. 구걸은 어쩔 수 없는 경우에 비겁하게 무릎을 꿇는 것이지만 기도는 하나님을 우리의 삶에 간섭하도록 초대하는 것입니다. 그러므로 기도보다 우리를 더욱 부요하게 하고 힘 있게 하는 것은 세상에 없습니다.

그래서 이 시간에는 하나님이 죄인의 기도를 듣지 않으시는 이유를 중심으로 기도에 대해서 크게 세 가지로 함께 살펴보면서 은혜를 나누려고 합니다.

1. 왜 우리는 기도해야 하는가?

(1) 우리에게 필요한 것이 있기 때문에 기도합니다.

우리가 병에 걸렸을 때에 기도를 통해서 우리의 병을 고쳐주시고(약

5:16), 히스기야 왕의 경우처럼 죽게 되었을 때에 기도하니 생명을 연장시켜주십니다(왕하 20:5-6). 심지어 비를 오게도 하고, 오지 않게도 합니다.

(2) 기도의 명령

하나님께서 우리 성도들에게 기도하라고 하기 때문에 기도합니다.

대상 16:11절에 보면 "여호와와 그 능력을 구할지어다. 그 얼굴을 항상 구할지어다."라고 했습니다. 심지어 기도 않는 것이 죄가 된다고 했습니다. 사무엘은 기도하기를 쉬는 죄를 짓지 않겠다고 했습니다.

(3) 날마다 승리하는 기도

날마다의 삶속에서 승리하기 위해서 기도합니다.

출17:11절에 보면 "모세가 손을 들면 이스라엘이 이기고 손을 내리면 아말렉이 이기더니"라고 했습니다. 기도하면 하나님께서 지혜를 주셔서 감당케 하시고, 길을 열어주셔서 승리케 하십니다.

(4) 기도는 교회를 부흥케 합니다.

행 2:42-47절, "저희가 사도의 가르침을 받아 기도하기를 전혀 힘쓰니라. 주께서 구원받는 사람을 날마다 더하게 하시니라."

지금 우리 교회 안에서 젊은 층들이 중심이 되어 토요 새벽 기도운동을 일으키고 있는데 이것이 바로 우리 교회를 성장시키는 근본 원인이 됩니다.

(5) 우리가 하나님과 깊은 교제를 하기 위해서 기도합니다.

기도는 하나님과의 대화입니다. 대화는 바로 사랑이요, 사랑은 바로 대화입니다. 아무리 사랑하는 부부라도 대화가 끊어지면 사랑은 식어지듯이 하나님과 대화인 기도가 끊기면 신앙은 식어지고, 교제도 멀어집니다. 그래서 우리는 기도해야 하는 것입니다.

2. 응답받는 기도는 어떤 기도인가?

문제는 기도에는 응답이 있어야 합니다. 기도는 부지런히 하는데 응답이 없는 경우가 적지 않습니다. 왜 그렇습니까? 이유는 하나님이 원하는 기도를 드리지 않기 때문입니다.

사 58:9절에 보면 "네가 부를 때에는 나 여호와가 응답하겠고, 네가 부르짖을 때에는 내가 여기 있다 하리라"고 했습니다. 그러나 우리의 경험으로는 응답되지 않는 경우가 많은 것을 고백하지 않을 수 없습니다. 무엇 때문입니까? 왜 응답되지 않습니까? 응답받는 기도는 어떤 기도입니까?

(1) 회개함이 없는 기도는 응답되지 않습니다.

오늘 본문에 보니까 하나님이 죄인을 듣지 않으신다고 했습니다. 즉 죄가 하나님과 사람 사이를 가로막는다는 것입니다.

사 59:2절에 "오직 너희 죄악이 너희와 너희 하나님 사이를 내었고 너희 죄가 그 얼굴을 가리어서 너희를 듣지 않으시게 함이니" 그래서 시편 66:18절에서는 "내가 내 마음에 죄악을 품으면 주께서 듣지 아니하시리라"고 했습니다. 다시 말하면 은밀한 죄가 있을 때에 하나님은 우리의 기도를 응답하지 않습니다.

(2) 잘못된 동기로 기도하면 응답되지 않습니다.

약 4:3절에 "구하여도 받지 못함은 정욕으로 쓰려고 잘못 구함이니라" 응답받는 기도는 동기가 순수하고 단순해야 합니다.

개인 간에도 무엇을 부탁을 할 때 동기가 순수하지 않으면 상대방의 허락을 받을 수 없는 것입니다. 하나님과의 관계도 마찬가지입니다.

264 양은 그의 음성을 듣나니

(3) 의심하면서 기도하면 응답되지 않습니다.

약 1:6-7절에 "오직 믿음으로 구하고 조금도 의심하지 말라. 의심하는 자는 마치 바람에 밀려 요동하는 바다 물결 같으니 이런 사람은 무엇이든지 주께 얻기를 생각하지 말라"고 했습니다. 정말 주실까? 시간 낭비가 아닐까? 좀 죄송한 말씀입니다만 새벽기도와 금요집회에 나와서 한 번도 기도해 보지 않은 분들이 있다면 그것은 바쁜 것도 이유가 되겠지만 더 큰 이유는 기도가 응답되지 않기 때문에 시간낭비로 생각하기 때문입니다. 다시 말하면 의심이 생기기 때문입니다.

그러므로 우리는 믿음으로 기도해야 합니다. 막 11:24절에 보면 "그러므로 내가 너희에게 말하노니 무엇이든지 기도하고 구하는 것은 받은 줄로 믿으라 그리하면 그대로 되리라"고 했습니다.

또 믿음이 적어도 응답이 되지 않습니다.

마 17:20절에 "가라사대 너희 믿음이 적은 연고니라. 진실로 너희에게 이르노니 너희가 만일 믿음이 한 겨자씨만큼만 있으면 이 산을 명하여 여기서 저기로 옮기라 하여도 옮길 것이요 또 너희가 못할 것이 없으리라" 그러므로 기도할 때에는 믿음을 가지고 기도해야 합니다. 하나님은 살아계셔서 반드시 응답하신다는 믿음을 가지시기 바랍니다.

(4) 외식적으로 기도할 때 응답이 되지 않습니다.

마 6:5절에 또 "너희가 기도할 때에 외식하는 자와 같이 되지 말라." 무엇이 외식적인 기도입니까? 말을 많이 하는 기도, 아름다운 말만 하려고 하는 기도, 남을 감동시키려고 하는 기도, 훈계하려고 하는 기도, 배우처럼 꾸미려고 하는 기도, 이런 기도는 하나님이 응답하지 않습니다.

(5) 간절한 소원을 가지고, 끈질긴 기도가 응답됩니다.

눅 18:1절에 "항상 기도하고 낙심치 말아야 될 것을" 말씀하시면서 예로서 한 과부의 경우를 말씀하고 있습니다. 비록 불의한 재판관이라도 귀찮아서도 들어주실 것이라고 했습니다.

3. 무엇을 기도할 것인가?

(1) 자족하는 생활

무엇보다도 우리는 먼저 자족하는 생활을 할 수 있도록 기도해야 합니다. 잠언 30:8-9절에 보면 "나로 하여금 가난하게도 마옵시고, 부하게도 마옵시고, 오직 필요한 양식으로 내게 먹이시옵소서. 혹 제가 배가 불러 교만하여져서 하나님을 모른다 하여 여호와가 누구냐 할까 하오며 혹 내가 너무 가난하여 남을 속이고, 도적질하여 내 하나님 이름을 욕되게 할까 두려워 함이니이다."

(2) 중보의 기도

다음은 영어의 사도행전 이란 단어의 첫 자처럼 기도하면 됩니다. 제가 어렸을 때에 편지 쓰는 법을 배웠습니다. 생각처럼 쉽지 않았기 때문입니다. 하나님께 기도하는 것도 처음 하는 사람에게는 무슨 말부터 해야 하는지 염려가 되는 것입니다. 물론 먼저 하나님을 부르고 다음 네 가지 내용 Acts (adoration, confession, thanksgiving, supplication)과 끝으로 중보의 기도를 드려야 합니다. 우리 한 번 왼손을 펼치시기 바랍니다. 찬양과 고백과 감사와 간구와 중보의 기도의 순서대로 하시면 됩니다. 그러나 더 중요한 것은 기도는 단순해야 하기 때문에 마음에서 우러나오는 대로 하는 것이 바람직한 기도입니다.

남을 위해서 드리는 중보의 기도는 힘이 있습니다. 가장 유명한 것은 창세기 18:32절에 나오는 아브라함의 중보의 기도입니다. 그는 소돔과 고모라성의 멸망을 놓고 하나님과 간절히 기도해서 의인 10 사람만 있으면 멸망시키지 않는다는 응답을 받았던 것입니다. 다음은 모세의 중보의 기도입니다. 바울의 에베소 사람들을 위한 중보의 기도입니다. 무엇보다도 주님의 요 17:1절에 나오는 중보의 기도입니다.

맺는 말

성경에 나오는 모든 위대한 성도들은 다 기도의 사람들이었습니다. 기도하지 않는 위대한 성도들을 발견할 수가 없습니다. 그러므로 우리는 간절히 기도할 수 있기를 바랍니다. 야곱이 창 32:26절에서 "당신이 내게 축복하지 아니하면 가게 하지 아니하겠나이다." 하는 결사적 기도를 할 수 있기를 바랍니다. 왕상 18장에서 볼 수 있는 엘리야의 갈멜산에서의 바알선지자와의 대결하는 그런 생명을 다하는 기도가 필요한 것입니다. "오늘날 알게 하옵소서 여호와여 내게 응답하옵소서"라고 간절히 기도할 때에 승리했던 것입니다. 그래서 기도를 통한 하나님과의 깊은 교제와 승리가 우리 모두에게 있기를 주님의 이름으로 축원합니다.

재림의 약속

(행1:9-11)

1. 왜 주님은 재림하시는가?

(1) 약속을 지키기 위해서입니다.

하나님은 거짓말을 하실 수 없다고 했습니다. 민수기 23:19절에 "하나님은 인생이 아니시니 식언치 않으시고"라고 했습니다. 이것은 하나님의 속성상 못 하신다는 뜻입니다. 따라서 하나님께서 약속하신 재림의 약속을 어기실 수 없다는 것입니다.

(2) 주님 자신의 약속을 지키기 위해서도 재림하십니다.

요한복음 14:3절에 "가서 너희를 위하여 처소를 예비하면 내가 다시 와서 너희를 내게로 영접하여 나 있는 곳에 너희도 있게 하리라"고 했습니다. 이 약속을 주님은 지키십니다.

(3) 창조의 완성을 위해서 재림이 있어야 합니다.

하나님의 창조는 완전한 것이었습니다. 그러나 아담과 하와가 선악과를 먹음으로 하나님의 형상은 깨어졌고, 이 깨어진 형상을 다시 회복하게 하기 위해서 하나님은 예수님을 통한 십자가의 구속사역과 주님의 재림을 통한 심판을 하시는 것입니다. 아담과 하와의 선악과 사건은 일방적인 배신이었지만 하나님의 본래 가지고 있던 섭리의 뜻을 변경시킬 수는 없었습니다. 하나님의 창조는 주님의 재림으로 완성되고 맙니다.

(4) 성도들의 영원한 영광을 위해서 주님은 재림하십니다.

주님의 재림은 너희도 나 있는 곳에 있게 하리라 (요14:3)는 말씀에서 볼 수 있듯이 우리들에게 하늘의 영광을 주시려는데 그 목적이 있습니다. 천국은 인생이 가질 수 있는 최고의 영광의 극치입니다. 우리의 몸도 영광스럽게 변합니다. 환경도 신천 신지로 변합니다. 삶의 스타일도 이 땅의 것과는 비교할 수 없는 영광스러운 것으로 변합니다. 생각만 해도 좋습니다. 바로 그 영광을 위해서 주님은 재림하십니다.

2. 재림에 대한 확신의 근거는?

(1) 천사의 약속이 있습니다.

사도행전 1:11절에 "이 예수는 가심을 본 그대로 오시리라." 요한계시록에는 보다 분명하게 말씀하고 있습니다. "볼지어다 구름을 타고 오시리라. 각인의 눈이 그를 보겠고, 그를 찌른 자들도 볼 터이요 땅에 있는 모든 족속이 그를 인하여 애곡하리니 그러 하리라." 이 말씀은 주님의 재림이 승천하실 때와 마찬가지로 온 세상 사람들이 눈으로 볼 수 있도록 오신다는 것입니다. 주님의 재림에 관한 기록을 보면 인격적으로 오실 것이며, 문자적으로 볼 수 있게 오실 것이며, 영광과 권능 중에 오실 것이요 천사들과 함께 오실 것이고 속히 오실 것이며 돌발적으로 마치 도적과 같이 갑자기 임한다고 했습니다.

(2) 재림에 대한 수많은 성경적 근거가 있습니다.

통계를 보면 예수님의 재림에 대한 말씀이 신구약 성경에 1,845번이나 나오고, 신약성경에서는 260장 중에서 318번 나옵니다. 성경에는 예언의 말씀이 전체의 5분의 1 분량이 있는데 그 중에서도 재림의 예언이 3분의 1이나 됩니다. 그렇다면 성경에서 재림의 예언이 중심이라는 뜻입니다.

주의할 것은 재림의 때에 대해서는 성경에서 그 날과 시는 아무도 모른다고 했으니 그것을 알려고도 말고. 또 안다는 사람들의 사기에 속아 넘어가지 말아야 하겠습니다. 재림의 날과 시간은 하나님의 비밀에 속한 것이기 때문입니다.

(3) 주님 자신의 약속이 있습니다.

성경에 보면 주님이 다시 오시겠다고 약속한 말씀이 많이 나옵니다. 가장 분명한 약속은 요한복음 14:3절의 "가서 너희를 위하여 처소를 예비하면 내가 다시 와서 너희를 내게로 영접하여 나 있는 곳에 너희도 있게 하리라"입니다.

3. 재림의 주님을 기다리는 성도의 태도는 어떠해야 하는가?

(1) 재림 신앙의 확신을 항상 간직하여야 합니다.

데살로니가 전서 5:1절에서 말씀한 대로 주의 날, 즉 재림의 잘이 밤에 도적같이 임하기 때문입니다.

(2) 이 세대를 본받지 말아야 합니다(롬12:2).

원문의 뜻은 이 세대의 패션(fashion)을 표준으로 삼지 말라는 뜻입니다. 그러나 대부분의 사람들은 이 세상의 유행을 표준으로 삼고 살고 있습니다. 그러나 이런 것은 다 지나갑니다. 우리는 시대의 패션에 따라 변화되어서는 안 됩니다.

(3) 믿음의 잠에서 깨어나야 합니다(막13:37).

주님 맞을 준비를 해야 합니다. 슬기로운 다섯 처녀처럼 기름을 준비해야 됩니다. 그런데 불행하게도 많은 사람들이 세속의 잠을 자고 있습니다. 잠자면서 잠꼬대를 합니다. 야! 세상이 좋구나 하고.

(4) 가는 곳마다 복음전파에 힘써야 합니다.

이것은 재림하실 주님의 지상 명령입니다.

(5) 형식적인 신앙에서 벗어나야 합니다(계3:1).

지금 보면 경건의 모양만 있지 그 능력이 사라지고 있습니다. 그러면 살아 움직이는 신앙인지 형식적인 신앙인지 어떻게 알 수 있습니까? 항상 기뻐하고, 쉬지 말고 기도하고, 범사에 감사하는 생활을 하면 그 사람의 신앙은 살아 있는 증거입니다.

(6) 오직 하나님의 영광을 위해 자기가 있는 곳에서 죽도록 충성해야 합니다.

교회에서만이 아닙니다. 사업에도 충성하고, 가정에서도 충성하고, 모든 일에 후회함이 없도록 충성해야 합니다. 오직 하나님의 영광을 위하여 사는 삶이 되기를 축원합니다.

핵심스마트설교 (1)

양은 그의 음성을 듣나니

2021년 11월 5일 1판 1쇄 인쇄
2021년 11월 10일 1판 1쇄 발행

저   자 신성종
발행자 심혁창
마케팅 정기영
교   열 송재덕
디자인 박성덕
인쇄인 김영배
제   작 송선철
펴낸곳 도서출판 한글

우편 04116
서울특별시 마포구 신촌로 270(아현동)
수창빌딩 903호

☎ 02-363-0301 / FAX 362-8635
E-mail : simsazang@daum.net
창   업 1980. 2. 20.
이전신고 제2018-000182

* 파본은 교환해 드립니다
* 정가 20,000원

ISBN 97889-7073-594-8-93230